中国社会科学院文库
经济研究系列
The Selected Works of CASS
Economics

中国社会科学院创新工程学术出版资助项目

中国社会科学院文库·经济研究系列
The Selected Works of CASS · Econmoics

中华民族复兴的经济轨迹

——繁荣与稳定Ⅳ

The Economic Trajectory of
the Rejuvenation of the Chinese Nation
- Prosperity and Stability IV

刘树成 / 著

社会科学文献出版社
SOCIAL SCIENCES ACADEMIC PRESS (CHINA)

《中国社会科学院文库》
出版说明

《中国社会科学院文库》（全称为《中国社会科学院重点研究课题成果文库》）是中国社会科学院组织出版的系列学术丛书。组织出版《中国社会科学院文库》，是我院进一步加强课题成果管理和学术成果出版的规范化、制度化建设的重要举措。

建院以来，我院广大科研人员坚持以马克思主义为指导，在中国特色社会主义理论和实践的双重探索中做出了重要贡献，在推进马克思主义理论创新、为建设中国特色社会主义提供智力支持和各学科基础建设方面，推出了大量的研究成果，其中每年完成的专著类成果就有三四百种之多。从现在起，我们经过一定的鉴定、结项、评审程序，逐年从中选出一批通过各类别课题研究工作而完成的具有较高学术水平和一定代表性的著作，编入《中国社会科学院文库》集中出版。我们希望这能够从一个侧面展示我院整体科研状况和学术成就，同时为优秀学术成果的面世创造更好的条件。

《中国社会科学院文库》分设马克思主义研究、文学语言研究、历史考古研究、哲学宗教研究、经济研究、法学社会学研究、国际问题研究七个系列，选收范围包括专著、研究报告集、学术资料、古籍整理、译著、工具书等。

中国社会科学院科研局

2006 年 11 月

内容提要

　　本书是中国社会科学院学部委员、经济学部副主任，原经济研究所所长刘树成继《繁荣与稳定——中国经济波动研究》（2000 年）、《经济周期与宏观调控——繁荣与稳定 II》（2005 年）、《中国经济增长与波动 60 年——繁荣与稳定 III》（2009 年）之后，最新出版的第四本《繁荣与稳定》，全称为《中华民族复兴的经济轨迹——繁荣与稳定 IV》。本书的研究主题是，以中国经济增长与波动、经济周期与宏观调控为线索，探讨中华民族伟大复兴的经济发展轨迹。包括两大部分内容：一是探讨新中国成立 60 多年来，特别是近几年来应对国际金融危机中，中国经济增长与波动的曲线，说明中华民族伟大复兴征程中的艰辛探索和取得的成就与经验；二是探讨党的十八大后，中国经济的未来发展趋势和深化改革问题，说明如何为实现中华民族伟大复兴目标，创造良好的宏观经济环境和奠定完善的体制基础。本书紧扣时代主题，紧扣中国经济发展脉络，具有很强的前沿性和创新性。

Abstract

Written by Liu Shucheng, academician of Chinese Academy of Social Sciences (CASS), Vice Director of the Division for Economics and former Director of the Institute of Economics of CASS, this book, with the full name of *the Economic Trajectory of the Rejuvenation of the Chinese Nation – Prosperity and Stability* IV, is the newly – published 4th issue of the Book Series " Prosperity and Stability", following the preceding three issues of *Prosperity and Stability*: *A Study On China's Economic Fluctuation* (2000), *Economic Cycle and Macro – regulation – Prosperity and Stability* II (2005) and 60 *Years of China's Economic Growth and Fluctuation – Prosperity and Stability* III (2009). The research theme of this book is China's economic growth and fluctuations, business cycle and macro – control for clues, and explore the economic development track of the grand rejuvenation of the Chinese nation. The book is composed of two parts. In the first part, the book makes an investigation of China's economic growth and fluctuation curve during the last 60 years since the founding of the People's Republic of China, especially in the fight against the international financial crisis for the past few years, to illustrate the hard exploration during the process of the grand rejuvenation of the Chinese nation and the achievements and experiences ever gained. In the second part, the book discusses the future development trands and deepening reforms of China's economy in the wake of the 18th Chinese Communist Party Congress, to demonstrate how to create favorable macroeconomic conditions and to lay the perfect system foundation for achieving the goal of the grand rejuvenation of the Chinese nation. This book, with notable characteristics of being at the leading – edge and innovative, follows closely the theme of the era and the thread of China's economic development.

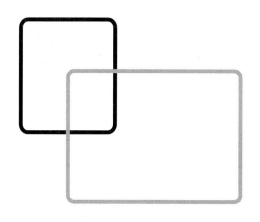

目　录

下篇　伟大复兴的新征程：经济
增长速度换挡期研究

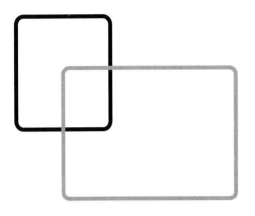

Contents

前　言
中华民族复兴的经济轨迹

　　跨越中华民族五千多年的悠久文明，走过明清时期的历史鼎盛，结束近代抵御列强入侵的浴血抗争，历经新中国成立后的艰辛探索，迎来改革开放的巨大成就，今天，我们站在新的历史起点上，深切感受到习近平总书记所说："现在，我们比历史上任何时期都更接近中华民族伟大复兴的目标，比历史上任何时期都更有信心、有能力实现这个目标。"[①]

　　本书的研究主题是，以中国经济增长与波动、经济周期与宏观调控为线索，探讨中华民族伟大复兴的经济发展轨迹。包括两大部分内容：一是探讨新中国成立60多年来，特别是近几年来应对国际金融危机中，中国经济增长与波动的曲线，说明中华民族伟大复兴征程中的艰辛探索和取得的成就与经验；二是探讨党的十八大后，中国经济的未来发展趋势和深化改革问题，说明如何为实现中华民族伟大复兴目标，创造良好的宏观经济环境和奠定完善的体制基础。该书将作者2009年至2013年间围绕上述研究主题所发表的前后连贯、互相衔接、逻辑性强的系列论文，以章节结构进行了汇编。全书分为上下两篇，共8章。上篇"复兴路上的艰辛探索：经济增长与波动曲线研究"，包括：第一章"新中国经济增长60年曲线的回顾与展望"，第二章"宏观调控目标的'十一五'分析与'十二五'展望"，第三章"年度经济走势跟踪与宏观调控分析"。下篇"伟大复兴的新征程：经济增长速度换挡期研究"，包括：第四章"当前和未来五年中国宏观经济走势分析"，第五章"巩固和发展经济适度回升的良好态势"，第六章"中国经济增长由高速转入中高速"，第七章"实现居民人均收入翻番的难度和对策"，第八章"新一轮改革的总突破口"。每章后面附有一个链接，是新闻媒体对作者相关的专访录，以更加活泼的形式反映该章的重要内容。同时，在第七章和

[①]　"习近平在参观《复兴之路》展览时强调，承前启后继往开来，继续朝着中华民族伟大复兴目标奋勇前进"，《人民日报》2012年11月30日。

第八章的链接部分，还分别选用了作者作为全国政协委员在全国政协十二届一次会议上的大会发言"不可低估居民人均收入翻番的难度"和在全国政协十二届二次会议上提交的"关于选择全面深化改革总突破口的提案"。这两个链接资料表明，它们的提出都是以作者的专业研究为基础的。这也反映了这些研究的现实应用价值。本书紧扣时代主题，紧扣中国经济发展脉搏，具有很强的时代性、前沿性和创新性。

围绕上述研究主题，本书提出了以下9个重要观点：

（1）提出改革开放以来中国经济增长与波动的新特点，即由过去的"大起大落型"转为"高位平稳型"。具体表现为：波动的强度，理性下降；波动的深度，显著提高；波动的幅度，趋于缩小；波动的平均高度，适度提升；波动的长度，明显延长，特别是在第10个周期中，上升阶段由过去一般只有短短的一两年，延长到8年（2000～2007年），这在新中国60多年的经济发展史上还是从未有过的。分析了相关原因，主要得益于改革开放；并总结了宏观调控的宝贵经验。

（2）指出近几年来我国经济发展所面临的国内外环境发生了重大变化。从国际看，世界经济已由国际金融危机前的"快速发展期"进入"深度转型调整期"。从国内看，经济发展已由"高速增长期"进入"增长速度换挡期"，或称"增长阶段转换期"。改革开放30多年来，中国经济以近两位数的高速增长创造了世界经济发展史上的"奇迹"，已成为世界第二大经济体。现在，中国经济发展开始进入潜在经济增长率下降的新阶段。

（3）提出在潜在经济增长率下降的新阶段，从宏观调控方面来说，为了保持经济的长期持续健康发展，一个重要的问题就是把握好潜在经济增长率下降的幅度。强调指出，潜在经济增长率的下降可以是一个逐步的渐进过程，先由"高速"降到"中高速"，然后再降到"中速"，再降到"中低速"，最后降到"低速"，分阶段地下降。

（4）提出宏观调控与其守住"下限"，不如把握"中线"。认为守住下限，是被动的。经济下滑具有惯性，一旦有个"风吹草动"，就很容易滑出下限。并对经济增长的"合理区间""中高速增长"进行了量化研究。

（5）提出为保持我国经济未来持续健康发展，从我国地域辽阔、人口众多的国情出发，要充分利用我国经济发展中"两大差距"所带来的"两大空间"：一是由地区差距所带来的发展空间；二是由城乡差距所带来的发展空间。

（6）提出未来一个时期我国经济波动可能呈现的特点，即我国经济增长与波动有可能走出一种锯齿形缓升缓降的新轨迹，即一两年微幅回升、一两年微幅回落、又一两年微幅回升，使经济在潜在经济增长率的适度区间内保持较长时间的平稳运行和轻微的上下起伏波动，这既不是简单的大落又大起的"V"形或"U"形轨迹，也不是大落之后很长时间内恢复不起来的"L"形轨迹。

（7）提出在分析经济走势时，要将经济增长的长期趋势与短期波动结合起来，应营造、巩固和发展经济适度回升的良好态势。分析了在新的国内外大背景下，我国经济增速能不能回升、要不要回升和怎样适度回升等问题。

（8）对十八大所提出的"居民人均收入翻番"目标的难度进行了剖析，并说明相关对策：提高居民收入的最根本环节是，把生产搞上去；提高居民收入的最重大举措是，抓好国民收入分配大格局的改革和调整；提高居民收入的最基本途径是，提高劳动者报酬收入。

（9）探讨在社会主义市场经济体制初步建立和初步完善之后，我国新一轮改革的总体突破口或重点任务问题，提出在新一轮全面深化改革中，应把加强制度建设，特别是加强法律制度建设作为总突破口，贯穿于经济建设、政治建设、文化建设、社会建设、生态文明建设和党的建设等各个方面，为实现中华民族伟大复兴的"中国梦"奠定完善的制度基础。

借此前言，我们对中华民族伟大复兴的经济发展轨迹做一简要的概述。表1给出了中国、印度、美国和日本各国 GDP 占世界 GDP 总量的份额，时间跨度很大，列出公元 1 年至 2030 年两千多年中的 13 个时间节点。这是国际著名的英国经济学家安格斯·麦迪森收集、整理、估算及预测的数据。①这些数据是麦迪森采用购买力平价法，以 1990 年"国际元"作为货币单位加工计算的。按照这个计算，1 国际元 = 0.7006 人民币元，或 1 人民币元 = 1.4273 国际元（1990 年时，人民币与美元之间的平均汇率是：1 美元 = 4.7832 人民币元，或 1 人民币元 = 0.2091 美元）。图 1 是根据表 1 的中国数据，绘制出公元 1 年至 2030 年期间 13 个时间节点上的中国 GDP 占世界份额的变化曲线，以勾勒出一个大致的轮廓。

---

① 〔英〕安格斯·麦迪森：《世界经济千年史》中文版，北京大学出版社，2003，第 261 页，表 B - 20；《中国经济的长期表现·公元 960 ~ 2030 年》，中文版，上海人民出版社，2008，第 109 页，表 4.6。麦迪森教授于 2010 年 4 月 24 日逝世，享年 83 岁。

表 1　中国、印度、美国和日本各国 GDP 占世界 GDP 总量的份额（公元 1 年至 2030 年）

单位:%

年　份	中　国	印　度	美　国	日　本
1	26.2	32.9	0.26	1.2
1000	22.7	28.9	0.43	2.7
1500	25.0	24.5	0.3	3.1
1600	29.2	22.6	0.2	2.9
1700	22.3	24.4	0.1	4.1
1820	32.9	16.0	1.8	3.0
1870	17.2	12.2	8.9	2.3
1913	8.9	7.6	19.1	2.6
1950	4.5	4.2	27.3	3.0
1978	4.9	3.3	21.6	7.6
1998	11.5	5.0	21.9	7.7
2003	15.1	5.5	20.6	6.6
2030	23.1	10.4	17.3	3.6

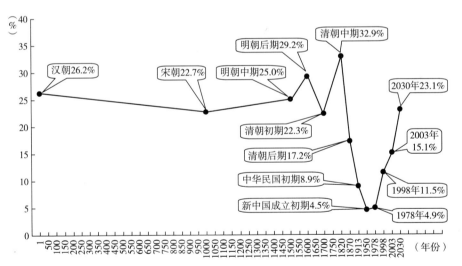

图 1　中国 GDP 占世界 GDP 总量的份额的变化曲线（公元 1 年～2030 年）

　　从表 1 和图 1 看到，中国在古代，从汉朝、宋朝、明朝，到清朝中期，"在相当长的时期内，一直是世界上数一数二的经济体"。① 到 1820 年，清

————————

① 〔英〕安格斯·麦迪森：《世界经济千年史》中文版前言，北京大学出版社，2003。

朝中期，中国 GDP 占世界的份额达到 32.9% 的历史峰值，位居世界第一，占到世界经济总量的三分之一。而在 1820 年时，印度 GDP 占世界的份额为16%，美国的份额仅为 1.8%，日本的份额也仅为 3%。

到近代，1840 年之后，中国在资本主义列强入侵下，逐步沦为半殖民地半封建社会。1870 年，清朝后期，中国 GDP 占世界的份额下降至17.2%。1913 年，中华民国初期，该份额下降至 8.9%。到 1950 年，中华人民共和国成立之初，该份额已下降到 4.5% 的低点。

1978 年，中国改革开放之初，GDP 占世界的份额略回升至 4.9%。1998年，上升到 11.5%。2003 年，上升到 15.1%。按照麦迪森的预测，"到2015 年时，中国可以在 GDP 总量和人口数量上，重新获得它在昔日曾经拥有的头号世界经济地位。"① 也就是说，按照麦迪森 1990 年 "国际元" 基准估算，到 2015 年时，中国 GDP 总量将超过美国。到 2030 年，中国 GDP 占世界的份额预计将达到 23.1%。届时，印度为 10.4%，美国为 17.3%，日本为 3.6%。

"经济合作与发展组织"（OECD）秘书长安赫尔·古里亚（Angel Gurría），于 2007 年专门给麦迪森所著《中国经济的长期表现·公元 960 ～ 2030 年》一书写了序言。古里亚在序言的一开头就气势磅礴地写道："当历史学家回顾我们所处的时代时，可能会发现几乎没有任何国家的经济发展可以像中国的崛起那样引人注目。可是，当他们进一步放开历史视野时，他们将看到那不是一个崛起，而是一个复兴。如今，中国可能正在变成世界上最大的经济体。然而，昔日它曾经享此殊荣，那不过就是一百多年以前的事情。"②

本书亦是作者继《繁荣与稳定——中国经济波动研究》（2000 年）、《经济周期与宏观调控——繁荣与稳定Ⅱ》（2005 年）、《中国经济增长与波动 60 年——繁荣与稳定Ⅲ》（2009 年）之后，最新出版的第四本《繁荣与稳定》，全称为《中华民族复兴的经济轨迹——繁荣与稳定Ⅳ》。③ 前后四本

---

① 〔英〕安格斯·麦迪森：《世界经济千年史》中文版前言，北京大学出版社，2003。
② 安赫尔·古里亚：《中国经济的长期表现·序言》，中译本，上海人民出版社，2008。
③ 第一本《繁荣与稳定》，全名为《繁荣与稳定——中国经济波动研究》，社会科学文献出版社，2000；第二本《繁荣与稳定》，全名为《经济周期与宏观调控——繁荣与稳定Ⅱ》，社会科学文献出版社，2005；第三本《繁荣与稳定》，全名为《中国经济增长与波动 60 年——繁荣与稳定Ⅲ》，社会科学文献出版社，2009。

《繁荣与稳定》，从中国经济增长与波动的研究视角，共同记述了新中国成立以来特别是改革开放以来中国经济迅速崛起的奇迹，见证了中华民族伟大复兴已走过的辉煌历程，展示了未来中国经济进一步走向繁荣与稳定的美好前景。这对于推动中国特色社会主义经济学的学科建设和发展，亦具有重要的理论意义和现实意义。

感谢社会科学文献出版社多年来给予的热情支持和帮助。希望广大读者对本书的探讨提出宝贵意见。

刘树成

2014 年 3 月

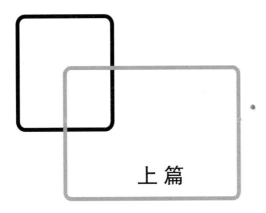

上 篇

复兴路上的艰辛探索：

经济增长与波动曲线研究

第一章
新中国经济增长60年曲线的回顾与展望[*]

中华人民共和国成立60周年之际，也正值应对百年不遇的国际金融危机的冲击之时，中国经济取得"企稳回升"的成效，即将步入"全面复苏"的关键时期。这里将对中国经济增长率60年的波动曲线进行回顾与展望。首先概述60年曲线的深刻变化，然后剖析改革开放以来这条曲线背后的经济结构所发生的新变化，这些新变化也是中国经济今后继续增长的重要推动因素。阐明新一轮经济周期即将来临，我们应认真吸取历史的经验和教训，努力延长新一轮经济周期的上升阶段。

第一节　60年曲线的深刻变化

新中国走过了60年光辉历程。60年来，中国经济发展取得了举世瞩目的辉煌成就；从年度经济增长率的角度来考察，也经历了一轮轮高低起伏的波动。图1-1绘出了60年来中国经济增长率的波动曲线（其中，1950年至1952年，为社会总产值增长率；1953年至2009年，为国内生产总值增长率；2009年为预估数8%）。[①]

---

* 本章选用的论文是"新中国经济增长60年曲线的回顾与展望"，《经济学动态》2009年第10期。

① 资料来源：1950~1952年，《全国各省、自治区、直辖市历史统计资料汇编（1949~1989）》，中国统计出版社，1990，第9页；1953~1992年，《新中国五十年统计资料汇编》，中国统计出版社，1999，第5页；1993~2007年，《中国统计年鉴2008》，中国统计出版社，2008，第40页；2008年，《中国统计摘要2009》，中国统计出版社，2009，第22页；2009年，预估数8%。

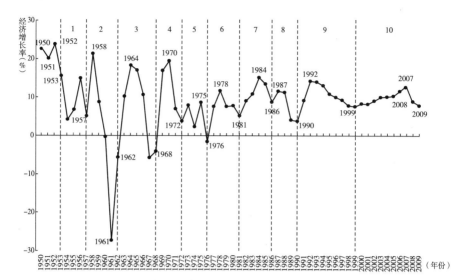

图 1－1　中国经济增长率波动曲线（1950～2009 年）

1949 年 10 月 1 日，新中国成立，开辟了我国历史发展的新纪元。1950 年、1951 年、1952 年，经过三年努力，国民经济迅速恢复。这三年，社会总产值增长率分别为 22.6%、20.1% 和 23.8%。这是新中国成立初期的恢复性增长。从 1953 年起，开始了大规模的经济建设，进入工业化历程，到 2009 年，按照"谷－谷"法划分，国内生产总值增长率（GDP 增长率）的波动共经历了 10 个周期。

1953 年开始第一个五年计划建设时，当年固定资产投资规模很大，经济增长率高达 15.6%。经济增长过快，打破了经济正常运行的平衡关系，高增长难以持续。1954 年、1955 年经济增速回落至 4% 和 6% 左右。经济运行略做调整后，1956 年再次加速，经济增长率又上升到 15%，难以为继，1957 年又回落到 5% 左右。1953 年作为启动，至 1957 年成为第一个经济周期。

1958 年，在当时的"大跃进"中，经济增长率一下子冲高到 21.3%，紧接着，1960～1962 年三年，经济增长率大幅回落，均为负增长。其中，1961 年经济增长率的降幅最大，为 −27.3%。这样，1958 年经济增长率的高峰（21.3%）与 1961 年经济增长率的谷底（−27.3%）之间的峰谷落差近 50 个百分点。这是第二个周期。

对经济运行调整之后，1964 年又上升到 18.3%，这是国防建设的前期高潮。接着，1966 年发动了"文化大革命"。1967 年、1968 年经济增长率回落，出现负增长，形成第三个周期。

1970 年，经济增长率又冲高到 19.4%，这是国防建设的后期高潮。1972 年又回落到 3% 左右。这是第四个周期。

随后，进入"文化大革命"的后期。1973 年，经济增速略有回升；1974 年又掉下来。1975 年略有回升；1976 年又掉下来，为负增长。这段时期，经济增长很微弱。1976 年 10 月，粉碎"四人帮"，结束了"文化大革命"。这两个小波动组成第五个周期。

如果我们把 60 年来中国经济增长率的波动曲线看作一个经济机体的心电图的话，那么，在 1972 年至 1976 年"文化大革命"的中后期，这个机体的脉搏跳动得非常微弱，上也上不去，国民经济濒临崩溃的边缘。而在此之前，脉搏的跳动又太剧烈，强起强落。

从新中国成立到 1976 年，我国社会主义建设虽然经历过一定曲折，但总体来说，仍然取得了很大成就。基本建立了独立的、比较完整的工业体系和国民经济体系，从根本上解决了工业化过程中"从无到有"的问题。党的十七大报告指出：我们要永远铭记，改革开放伟大事业，是在以毛泽东同志为核心的党的第一代中央领导集体创立毛泽东思想，带领全党全国各族人民建立新中国，取得社会主义革命和建设伟大成就以及艰辛探索社会主义建设规律取得宝贵经验的基础上进行的。新民主主义革命的胜利，社会主义基本制度的建立，为当代中国一切发展进步奠定了根本政治前提和制度基础。[1]

粉碎"四人帮"，结束"文化大革命"之后，1977 年、1978 年，全国上下"大干快上"的热情很高。1978 年经济增长率上升到 11.7%，1981 年回调到 5% 左右，这是第六个周期。1978 年 12 月，党的十一届三中全会拨乱反正，结束了"以阶级斗争为纲"的历史，全党工作中心转移到社会主义现代化建设上来；开启了中国改革开放和社会主义现代化建设新的历史时期；并提出，国民经济中一些重大的比例失调状况还没有完全改变过来，基本建设必须积极地而又量力地循序进行，不可一拥而上。1979 年 4 月，召开专门讨论经济问题的中央工作会议，正式提出用三年时间对整个国民经济进行调整。

---

① 胡锦涛："高举中国特色社会主义伟大旗帜，为夺取全面建设小康社会新胜利而奋斗"，《人民日报》2007 年 10 月 25 日。

在农村改革、城市改革推动下，1984 年经济增长率上升到 15.2%，1986 年回调到 8% 左右，形成第七个周期。

1987 年、1988 年，经济增长率分别上升到 11.6% 和 11.3%。1988 年，居民消费价格上涨到 18.8%。在调整中，经济增长率在 1989 年、1990 年分别下降到 4.1% 和 3.8%。这是第八个周期。

1991 年，经济增长率回升到 9.2%。1992 年，邓小平南方谈话和随后召开的党的十四大，为中国改革开放和社会主义现代化建设打开了一个新局面。然而，由于当时改革开放才十来年，原有的计划经济体制还没有根本转型，原有体制下的投资饥渴、片面追求速度的弊端还没有被克服。在这种情况下，经济增长很快冲到 14.2% 的高峰，出现经济过热现象。1994 年，居民消费价格滞后上涨到 24.1%。在治理经济过热中，1993 年下半年至 1996 年，国民经济运行成功地实现了"软着陆"，既大幅度地降低了物价涨幅，又保持了经济的适度快速增长。[①] 随后，又成功地抵御了亚洲金融危机的冲击和克服国内有效需求的不足。1999 年，经济增长率平稳回落到 7.6%，结束了第九个周期。

从 2000 年起，进入现在的第十个周期，到 2007 年，经济增长率连续 8 年处于 8% 以上至 13% 的上升通道内。这 8 年，经济增长率分别为 8.4%、8.3%、9.1%、10%、10.1%、10.4%、11.6% 和 13%。2008 年和 2009 年，中国经济面临着国际国内四重调整的叠加，即改革开放 30 年来国内经济长期快速增长后的调整与国内经济周期性的调整相叠加，与美国次贷危机导致的美国经济周期性衰退和调整相叠加，与美国次贷危机迅猛演变为国际金融危机而带来的世界范围大调整相叠加。[②] 2008 年，经济增长率回落到 9%。2009 年，预计回落至 8% 左右，完成第十个周期。2010 年，中国经济有望进入新一轮，即第十一轮周期的上升阶段。

总体来看，改革开放 30 年来，中国经济增长与波动呈现出一种"高位平稳型"的新态势。这种新态势表现为五个特点。

1. 波动的强度：理性下降。每个周期经济增长率的高峰从前面几个周期的 20% 左右，回落到改革开放之后、20 世纪 80 年代和 90 年代的 11% 至

---

① 刘国光、刘树成："论'软着陆'"，《人民日报》1997 年 1 月 7 日。

② 刘树成："2008～2009 年国内外经济走势分析"，经济蓝皮书春季号《中国经济前景分析——2009 年春季报告》，社会科学文献出版社，2009 年 4 月。

15% 左右。进入新世纪后，在第十个周期，峰位控制在 14% 左右。

2. 波动的深度：显著提高。每个周期经济增长率的低谷在前几个周期经常为负增长，而改革开放之后，每次经济调整时，经济增长率的低谷均为正增长，再没有出现过负增长的局面。

3. 波动的幅度：趋于缩小。每个周期经济增长率的峰谷落差由过去最大的近 50 个百分点，降至改革开放之后的 6、7 个百分点。在第十个周期，预计峰谷落差仅为 5 个百分点左右。

4. 波动的平均高度：适度提升。1953 ~ 1978 年（以 1952 年为基年）的 26 年中，GDP 年均增长率为 6.1%；1979 ~ 2009 年（以 1978 年为基年）的 31 年中，GDP 年均增长率为 9.7%，比过去提升了 3.6 个百分点。

5. 波动的长度：明显延长。在前八个周期中，周期长度平均为 5 年左右，表现为一种短程周期。而 20 世纪 90 年代初之后，在第九、十个周期中，周期长度延长到 9 ~ 10 年，扩展为一种中程周期。特别是在第十个周期中，上升阶段由过去一般只有短短的一两年，延长到 8 年，这在 60 年来中国经济发展史上还是从未有过的。

第二节　曲线背后经济结构的新变化

中国经济的增长与波动表现出"高位平稳型"的新态势，其原因是多方面的。我们曾以"外在冲击－内在传导"分析框架，将改革开放以来中国经济"高位平稳型"增长的主要原因概括为两大类：一类是宏观调控作为一种外在冲击的不断改善；另一类是经济结构作为内在传导机制的增长性和稳定性的增强。[①] 这里，进一步着重分析改革开放以来中国经济结构的七大变化。

1. 体制结构的变化，为经济的"高位平稳型"增长提供了重要的体制性基础

改革开放以来，中国的经济体制发生了重大变化，由过去高度集中的计划经济体制逐步转变为社会主义市场经济体制。在原有计划经济体制下，企业的产、供、销和投资等生产经营活动均没有自主权，完全由国家计划统一

[①] 刘树成、张晓晶："中国经济持续高增长的特点和地区间经济差异的缩小"，《经济研究》2007 年第 10 期。

管理，经济生活僵化。在社会主义市场经济体制下，经济活动的主体具有了自主权、价格杠杆、竞争机制、要素市场等市场机制被引入，市场在资源配置中日益发挥基础性作用，这为经济发展注入了前所未有的生机和活力。

2. 所有制结构的变化，为经济的"高位平稳型"增长提供了基本经济制度条件

所有制结构的变化，包括产值方面的所有制结构变化和就业方面的所有制结构变化。

从产值方面的所有制结构变化来看，以工业企业所有制结构为例，在工业总产值中各种所有制企业所占的比重都发生了重要变化。1978年，工业企业的所有制经济类型只有两种：国有工业和集体工业。在工业总产值（当年价格）中，二者分别占77.6%和22.4%。2007年，在规模以上工业企业的工业总产值中（"规模以上"是指年主营业务收入在500万元人民币以上的工业企业），按登记注册类型分，所有制实现形式已多样化（见表1-1①），其中：非公司制的国有企业占9%；集体企业占2.5%；股份合作企业占0.9%；联营企业（含国有联营企业）占0.4%；有限责任公司（含国有独资公司）占22.3%；股份有限公司（含国有控股企业）占9.9%；私营企业占23.2%；其他内资企业占0.3%；港澳台商投资企业（含合资、合作、独资）占10.5%；外商投资企业（含合资、合作、独资）占21%。

表1-1　工业总产值中各种所有制企业所占比重

单位:%

序　号	按登记注册类型分	1978年	2007年
1	国有企业（非公司制）	77.6	9.0
2	集体企业	22.4	2.5
3	股份合作企业		0.9
4	联营企业（含国有联营企业）		0.4
5	有限责任公司（含国有独资公司）		22.3
6	股份有限公司（含国有控股企业）		9.9
7	私营企业		23.2
8	其他内资企业		0.3
9	港澳台商投资企业（含合资、合作、独资）		10.5
10	外商投资企业（含合资、合作、独资）		21.0

① 资料来源：根据《中国统计年鉴2008》，中国统计出版社，2008，第485页数据计算。

从就业方面的所有制结构变化来看，以城镇就业人员的所有制类型为例，1978 年，主要是两种：国有单位和集体单位，二者分别占 78.3% 和 21.5%；个体就业人员仅有一点，占 0.2%。2007 年，就业的所有制结构发生了很大变化，在城镇就业人员中，国有单位所占比重由 1978 年的 78.3%，下降到 2007 年的 21.9%；集体单位所占比重由 21.5% 下降到 2.4%；私营企业和个体的就业比重共达 26.9%；城镇其他类型就业的比重达 32.9%（见表 1 – 2①）。

表 1 – 2　城镇就业人员中各种所有制企业所占比重

单位:%

序　号	按登记注册类型分	1978 年	2007 年
1	国有单位	78.3	21.9
2	集体单位	21.5	2.4
3	股份合作单位		0.6
4	联营单位（含国有联营企业）		0.1
5	有限责任公司（含国有独资公司）		7.1
6	股份有限公司（含国有控股企业）		2.7
7	私营企业		15.6
8	个体	0.2	11.3
9	港澳台商投资企业		2.3
10	外商投资企业		3.1
11	城镇其他		32.9

在改革开放中，微观基础的重造，使各种所有制经济共同发展和相互促进，使市场主体和投资主体多元化，发挥了各种市场主体和投资主体的积极性，为经济的高位、平稳增长提供了重要的基本经济制度条件。

3. 资源供给结构的变化，为经济的"高位平稳型"增长提供了必要的物质条件

市场机制的引入及其在资源配置中所发挥的基础性作用，以及所有制结构的变化，使经济的供给面增添了活力，使长期存在的资源供给严重短缺的

---

① 资料来源：根据《中国统计年鉴 2008》，中国统计出版社，2008，第 110～111 页数据计算。

状况基本改变。原有的煤、电、油、运、材（重要原材料，如钢铁、水泥）等资源供给的"瓶颈"制约不同程度地逐步缓解，有的还出现了一定程度的、阶段性的相对过剩。这从物质上支撑了经济的高位、平稳运行。

4. 产业结构的变化，为经济的"高位平稳型"增长提供了重要的产业基础

在国内生产总值中，三次产业的产值结构发生了重要变化（见图1-2①）。第一产业的比重下降，由1952年的50.5%，下降到1978年的28.2%，又下降到2008年的11.3%。第二产业的比重，由1952年的20.9%，上升到1978年的47.9%；改革开放以来，第二产业比重相对稳定，到2008年为48.6%。第三产业的比重，由1952年的28.6%，下降到1978年的23.9%；改革开放以来，第三产业比重上升，到2008年为40.1%。

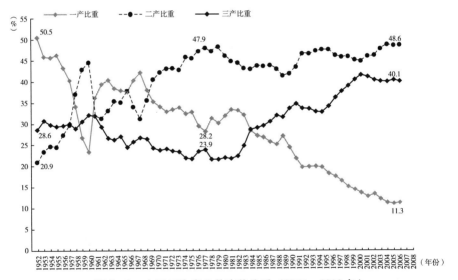

图1-2　中国三次产业的产值比重（1952～2008年）

改革开放以来，第一产业比重继续下降，第二产业比重相对稳定，第三产业比重上升，这有利于经济在适度高位的平稳运行。因为在三次产业中，第一产业增长与波动的特点是，增长速度较低，波动幅度较小，但受自然条件影响较大；第二产业的特点是，增长速度高，但波动幅度也较大；第三产

---

① 资料来源：1952～1977年，《中国国内生产总值核算历史资料1952～1995》，中国国家统计局国民经济核算司编，东北财经大学出版社，1997，第30页；1978～2008年，《中国统计摘要2009》，中国统计出版社，2009，第21页。

业的特点是，增长速度较高，而波动幅度较小，一般又不受自然条件的太大影响。所以，随着第三产业比重的上升，整个经济的稳定性会增强。

5. 城乡人口结构的变化，为经济的"高位平稳型"增长提供了强大的需求动力

改革开放促进了劳动力要素的流动，推动了工业化进程，提高了城市化率（城市人口占总人口的比重）。城市化率的提高，带来巨大的城市基础设施建设和房地产建设需求，带动了各种相关产业的蓬勃发展。1949 年，中国城市化率仅为 10.6%，1978 年上升到 17.9%，2008 年上升到 45.7%。相应地，乡村人口占总人口的比重从 1949 年的 89.4%，下降到 1978 年的 82.1%，又降到 2008 年的 54.3%（见图 1 - 3①）。

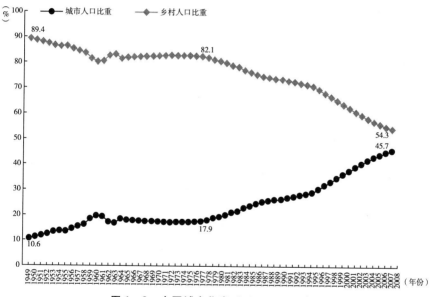

图 1 - 3　中国城市化率（1949～2008 年）

6. 消费结构的变化，为经济的"高位平稳型"增长提供了新的消费需求动力

改革开放以来，随着人均收入水平的提高，推动着消费结构的升级，使消费结构由"吃、穿、用"向"住、行"升级，由生存型向发展型和享受型升级。消费结构的升级，推动了产业结构的调整和优化，形成经济增长的

---

① 资料来源：1949～1977 年，《中国统计年鉴 1983》，中国统计出版社，1983，第 104 页；1978～2008 年，《中国统计摘要 2009》，中国统计出版社，2009，第 40 页。

重要推动力。

7. 地区结构的变化，为经济的"高位平稳型"增长提供了广阔的地理空间

改革开放以来，在 20 世纪 80 年代和 90 年代，东部沿海地区经济增长很快；20 世纪 90 年代末期以来，中西部地区加快了发展。在这次国际金融危机的影响下，东部沿海地区受冲击较大，而中西部地区的工业生产增速、固定资产投资增速等普遍高于东部沿海地区。2009 年上半年，全国规模以上工业增加值同比增长 7.0%；分地区看，东部地区增长 5.9%，中部地区增长 6.8%，西部地区增长 13.2%。2009 年上半年，全国城镇固定资产投资增长 33.6%；分地区看，东部地区增长 26.7%，中部地区增长 38.1%，西部地区增长 42.1%（见表 1－3①）。

表 1－3 2009 年上半年工业生产和投资增长率

单位:%

指 标	全 国	东 部	中 部	西 部
规模以上工业增加值增长率	7.0	5.9	6.8	13.2
城镇固定资产投资增长率	33.6	26.7	38.1	42.1

以上分析表明，改革开放以来我国的经济结构发生了许多重要变化。这些新变化也有助于当前应对国际金融危机对我国经济的影响；这些新变化也还会在今后我国经济的发展中继续起到促进作用。

第三节　新一轮经济周期即将来临

从应对国际金融危机的角度看，我国经济走势可分为三个阶段。

从 2008 年 7 月至 2009 年 2 月，为第一个阶段，即"急速下滑"阶段。当时，经济增长速度下滑过快，成为影响我国经济社会发展全局的突出矛盾。党中央、国务院明确提出把保持经济平稳较快发展作为经济工作的首要任务，实施了积极的财政政策和适度宽松的货币政策，出台了应对国际金融危机的一揽子计划。

从 2009 年 3 月开始，预计持续到年底，为第二个阶段，即"企稳回

---

① 资料来源：国家统计局网站。

升"阶段。我国经济目前正处于这个阶段。一系列宏观调控措施渐显成效，扭转了经济增速过快下滑的趋势，但回升的基础尚须进一步巩固。

2010年，我国经济有望进入第三个阶段，即"全面复苏"阶段，也就是进入新一轮经济周期的上升阶段。所谓"全面复苏"是指，大部分的行业，或者大部分的经济指标都陆续回升。而在企稳回升阶段，只有部分主导行业和部分主导指标开始回升。

第一与第二阶段，可从工业生产增速（全国规模以上工业增加值当月同比增长率）的波动明显看出（见图1-4①）。工业生产增速是反映实体经济运行状态的一个具有代表性的指标。2008年6月，工业生产增速为16%，到2009年1~2月，猛降到3.8%，历时8个月，下降了12.2个百分点。2009年3~8月，已连续6个月回升，走出一个"V"字形（见图1-4中虚线）。

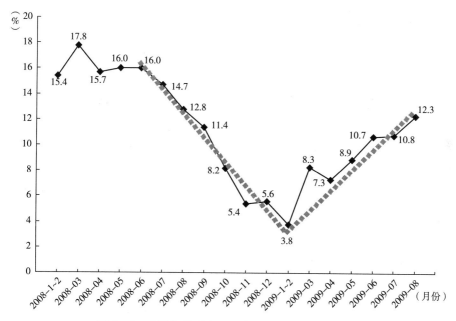

图1-4　全国规模以上工业增加值当月同比增长率

国际金融机构对中国2010年经济增长也做出了明显回升的预测。据2009年7~10月间发布，各国际金融机构对中国2010年经济增长的预测为

①　资料来源：国家统计局网站。

（见表 1 - 4）：摩根士丹利，10%；巴克莱资本，9.6%；法国巴黎银行，9.5%；汇丰银行，9.5%；国际货币基金组织，9%；摩根大通，9%；亚洲开发银行，8.9%；瑞银证券，8.5%。综合区间为 8.5% ~ 10%。

表 1 - 4 国际金融机构对 2010 年中国经济增长率的预测

单位:%

机构名称	预测值
摩根士丹利	10.0
巴克莱资本	9.6
法国巴黎银行	9.5
汇丰银行	9.5
国际货币基金组织	9.0
摩根大通	9.0
亚洲开发银行	8.9
瑞银证券	8.5
综合区间	8.5 ~ 10.0

第四节 努力延长新一轮经济周期的上升阶段

中国经济在有效地应对国际金融危机的严重冲击中，2010 年有望进入新一轮（第十一轮）经济周期的上升阶段。现在，又到要说"努力延长经济周期上升阶段"的时候了。

在第十轮经济周期的上升过程中，2003 年 11 月召开的中央经济工作会议曾提出："当前，我国经济发展正处于经济周期的上升阶段"，"要倍加珍惜当前经济发展的好势头，巩固和发展这个好势头"。[1] 这是中央经济工作会议首次采用"经济周期"概念对我国经济走势进行分析和判断。当时，笔者曾写了一篇文章，题为《努力延长经济周期的上升阶段》，载于《人民日报》。[2] 现在，第十轮经济周期即将结束，其实际运行结果是，上升阶段 8 年（2000 年至 2007 年），下降阶段 2 年（2008 年和 2009 年）。上升阶段一直延长到 8 年，这在新中国成立以来的经济发展史上还是首次。

---

[1] "中央经济工作会议在北京召开"，《人民日报》2003 年 11 月 30 日。
[2] 刘树成："努力延长经济周期的上升阶段"，《人民日报》2003 年 12 月 18 日。

新一轮经济周期即将到来。无疑，我们要继续努力，尽可能长地延长新一轮周期的上升阶段。怎样延长呢？根据以往历史的经验和教训，最基本的是要把握好两点：一是要把握好新一轮周期的波形；二是要把握好新一轮周期的适度增长区间。

一　把握好新一轮周期的波形

从我国已有的十个周期看，在波形上，主要有三种波动模式。

第一种是"大起大落型"。这是 1953 年至 20 世纪 80 年代末，前八个周期中有代表性的波形，特别是以 1958～1962 年的第二个周期为典型。上升阶段一般很短，仅有 1～2 年，经济增长率说起就起，而且起得很高，紧接着就进入下降阶段，一般为 2～4 年，一个周期平均为 5 年左右。

第二种是"大起缓落型"。20 世纪 90 年代初之后，波形发生了变化，由"大起大落型"变为"大起缓落型"。这反映在 1991～1999 年的第九个周期。这个周期上升阶段为 2 年，下降阶段为 7 年，共持续 9 年。其上升阶段与前八个周期一样，仍具有"大起"的特点；但下降阶段却与过去不同，吸取了历史上大起大落的教训，及时进行了"软着陆"的宏观调控，使过高的经济增长率缓慢下降，避免了过去"大起"之后的"大落"。到 1996 年，"软着陆"基本成功。在此基础上，又抵御了亚洲金融危机的冲击和克服了国内有效需求的不足。这样，经济增长率从 1992 年高峰时的 14.2%，缓慢下降到 1999 年的 7.6%，7 年间平均每年下降仅 0.9 个百分点。

第三种是"缓起急落型"。这是 2000～2009 年的第十个周期。在这个周期中，从一开始就注意吸取历史上大起大落的教训，注意防止过高、过急的"大起"，使经济增长率平稳地上升，成功地延长了经济周期的上升阶段。经过连续 8 年的上升，到 2007 年，在国内经济运行的惯性推动下和国际经济增长的有利环境下，经济增长率上升到 13%，逐渐偏快。2008 年，在国际金融危机的严重冲击和国内调整的趋势下，经济增长率一下子降到 9%，一年间下降了 4 个百分点，于是形成"缓起急落"的波形。

在新一轮经济周期，我们应该争取实现一种新的良好的波动模式，即"缓起缓落型"。这就是既要缓起，也要缓落。在周期上升阶段，要尽可能长时间地缓起；在周期下降阶段，要平稳地小幅缓落。

二　把握好新一轮周期的适度增长区间

要实现"缓起缓落型"的波动模式，关键是要把握好新一轮周期的适度增长区间，这就是对经济增长速度的高低把握问题。

目前，关于回升后中国经济应保持怎样的增长速度问题，已开始在媒体上讨论，预计很快会热烈起来。大体有五种意见。

第一种，认为中国经济今后不应再追求高速度，而应实现 7%~8% 左右的中速发展。

第二种，认为经济全面复苏后，仍可保持 10% 以上的高增长。

第三种，认为今后十几年（2008~2020 年），有可能保持 9% 以上的增长。

第四种，认为 5 年内（2008~2012 年），平均增速可达 9.5% 以上；随后 10 年（2013~2022 年），将达 8.5%；再随后 10 年（2023~2032 年），将达 7.5%。

第五种，认为在新一轮经济周期内，或者说在今后一个中期内（如 8 年左右，2010~2017 年），可保持 8% 至 10% 左右的适度高位增长。

我们主张第五种观点。这包含四层意思：一是速度不能太低；二是速度不能太高；三是把握适度增长区间及其相关因素；四是紧密跟踪和适时调控。

1. 速度不能太低

在我国目前的经济发展阶段，经济增长速度不宜低于 8%。若低于 8%，就会给企业经营、城乡就业、居民收入提高和人民生活带来严重困难，给国家财政收入和社会事业发展带来严重困难，这将会影响整个社会的安定和谐。在国际金融危机影响下，我国 GDP 增长率在 2008 年第四季度降低到 6.8%，2009 年第一季度和第二季度分别降低到 6.1%、7.9%，给企业生产和城乡就业带来严重挑战，使全国财政收入在 2008 年 10 月至 2009 年 4 月（除 2008 年 12 月）连续出现负增长。可见，经济增长率低于 8% 不行。

2. 速度不能太高

我国经济周期波动的历史经验和教训反复告诉我们，"大起大落"的要害是"大起"。因为过急、过快、过高的"大起"，容易产生高能耗、高物耗、高污染、高通胀的巨大压力，容易造成对经济正常运行所必要的各种均衡关系的破坏，从而导致随后的"大落"。在我国以往十个周期中，各高峰年份的 GDP 增长率分别为：1956 年，15%；1958 年，21.3%；1964 年，18.3%；1970 年，19.4%；1975 年（"文化大革命"后期），8.7%；1978 年，11.7%；1984 年，15.2%；1987 年，11.6%；1992 年，14.2%；2007 年，13%。从我国的经验数据看，经济增长率不宜高过 11%。

3. 把握适度增长区间及其相关因素

在今后一个中期内，中国经济为什么能够保持 8% 至 10% 左右的适度高位增长呢？我们前面所分析的改革开放以来经济结构的七大变化，也就是推动经济高位平稳增长的七大因素（市场经济体制因素、所有制因素、资源供给因素、产业结构因素、城市化因素、消费升级因素、地区发展因素等），在新一轮周期中仍然会发挥作用。这里，需要特别指出的是，城市化率的提高，以及相应的房地产业特别是住宅业的发展，仍然是新一轮周期中重要的动力源之一。

对于我国未来城市化率的提高，学术界有不同看法，归纳起来主要有以下四种。

第一种看法，认为我国现有统计上的城市化率（2008 年为 45.7%）被低估了，因为没有包括全部进城的农民工。若包括全部农民工，则实际的城市化率已较高（为 60% 左右）。因此，未来城市化的发展空间已经不大，仅有 10 年时间和 10 个百分点左右的空间。

第二种看法，与第一种相反，认为我国现有统计上的城市化率被高估了，因为把在城镇居住半年以上的农民工也计算在内了。若考虑到这部分农民工还没有真正变为城里人，那么实际的城市化率还很低（不到 40%）。因此，未来城市化的发展空间还很大。

第三种看法，以现有统计为基础，认为我国仍处于快速城市化阶段。到 2020 年，城市化率可达到 60% 左右；2030 年，达到 65% 至 70% 左右；2050 年，达到 75% 至 80% 左右，即到 21 世纪中叶实现城市化。

第四种看法，认为我国人口众多，城市化率不必太高，到 2020 年达到 60% 多一点就可以了。

以上针对我国城市化率的问题，虽然有各种不同看法，但至少有一点是相同的，即未来 10 年内城市化的发展还是有较大空间的。这不仅包括在数量上有提高城市化率的问题，还包括在质量上有提高城市化水平的问题，诸如在城市中加强日常生活基础设施建设、加强交通通信基础设施建设、加强文化教育卫生医疗基础设施建设、加强环境保护基础设施建设，以及加强广大居民（包括原有城市居民和进城农民工）的住宅建设等问题。目前在我国，一方面，大部分的一般商品是产能过剩；另一方面，许多公共品或准公共品的供给（如上述各种基础设施和保障性住房等）还远远不足。这为我国经济未来的发展提供了重要动力。

为了顺利地推进我国城市化的发展，特别是更好地使住宅业成为新一轮经济周期的重要支柱产业，就必须有效地解决房价不断上涨的问题。这个问题解决不好，将会严重影响城市化的发展，甚至影响社会安定。我国住宅业的发展经历了三个阶段：原先，在高度集中的计划经济体制下，城市中的住宅问题主要是由政府包了，住宅严重短缺；后来，住宅商品化了，完全推向市场，推动了住宅业的大发展，也使房价不断攀升；再后来，把市场化和政府责任相结合。现在看来，为有效抑制房价不断上涨的趋势，必须进一步采取"釜底抽薪"的办法，即把政府保障部分再加以扩大，不仅把城市低收入群众住房问题从市场中抽出来，还要把城市中等收入群众住房问题也从市场中抽出来，纳入政府保障范围。但对城市中等收入群众的住房保障是"保"人人都有居住权，都能租上房，而不是"保"人人都有房产权；而且是在政府保障下，进行市场化操作，租住房有高、中、低档，可自主选择。

4. 紧密跟踪和适时调控

我们说努力延长经济周期的上升阶段，并不是说在周期的上升阶段要使经济增长率一年比一年高，而是说要使经济在适度增长区间内保持较长时间的平稳增长和轻微波动，而不致很快引起经济增长率的显著下降。我们要充分注意，在一个经济周期的上升阶段，经济增长具有上升惯性。在上升过程中，在部门之间、行业之间、企业之间，在固定资产投资与产品生产之间，在经济扩张与物价上涨之间，具有连锁扩散效应或累积放大效应，这就使经济增长有从一般"较快"、到"偏快"、再到"过热"的风险。这就要求宏观调控部门紧密跟踪经济走势的发展和变化，适时适度地不断进行必要的调控，以尽可能长地延长经济周期的上升阶段和尽可能平稳地对过快上升态势进行调整。

参考文献

陈佳贵主编，刘树成、汪同三副主编《经济蓝皮书：2009 年中国经济形势分析与预测》，社会科学文献出版社，2008。

陈佳贵主编，刘树成、汪同三副主编《经济蓝皮书春季号：中国经济前景分析——2009 年春季报告》，社会科学文献出版社，2009。

刘国光、刘树成："论'软着陆'"，《人民日报》1997 年 1 月 7 日。

刘树成：《中国经济的周期波动》，中国经济出版社，1989。

刘树成：《中国经济周期波动的新阶段》，上海远东出版社，1996。

刘树成：《繁荣与稳定——中国经济波动研究》，社会科学文献出版社，2000。

刘树成：《经济周期与宏观调控——繁荣与稳定Ⅱ》，社会科学文献出版社，2005。

刘树成：《中国经济增长与波动 60 年——繁荣与稳定Ⅲ》，社会科学文献出版社，2009。

刘树成、张晓晶："中国经济持续高增长的特点和地区间经济差异的缩小"，《经济研究》2007 年第 10 期。

·链接·

专访录　纪念建党 90 周年特别报道[*]
——尊重经济规律才能成功驾驭宏观经济

再过几天就是中国共产党成立 90 周年纪念日。90 年来，中国共产党从最初只有几个人的革命小党逐步发展成为拥有八千多万党员的执政党。

中华人民共和国成立至今已经走过了 60 多个年头，中国成功实现了从高度集中的计划经济体制到充满生机和活力的社会主义市场经济体制，从封闭半封闭到全方位、多层次、宽领域对外开放的伟大历史转折。

社会主义市场经济对中国共产党来说是个全新的课题。如何在一个全新的体制下熟练地、正确地驾驭中国经济这艘大船，在波诡云谲的国际公海——国际市场上顺利前行，对执政的中国共产党是个严峻的考验。近日，《经济参考报》记者专访了曾经多次参与党的重要会议文件和政府工作报告起草工作的著名经济学家、中国社会科学院学部委员、中国社会科学院经济研究所前所长刘树成研究员。在我国经济学界，刘树成以研究经济周期和宏观调控著称，是我国数理经济研究领域的开创性人物。来到位于北京潘家园的寓所，刘树成已经分门别类地为记者精心准备了一系列图表和资料，标上编号，整齐码放在写字台上，一如其治学做人的严谨和认真。寒暄未已，他开宗明义，用"在游泳中学习游泳"比喻党和政府几十年来在实践中学习和利用经济规律，成功管理宏观经济、推动中国经济持续快速平稳发展的历程。

一　中国经济已经走上复兴之路

《经济参考报》：改革开放 30 多年来，中国经济保持了长期快速稳定的发展，已经成为世界上第二大经济体，中国经济的崛起引起了国际社会的广

---

[*]　本链接选用的是《经济参考报》记者田如柱、金辉对作者的专访录"纪念建党 90 周年特别报道——尊重经济规律才能成功驾驭宏观经济"，《经济参考报》2011 年 6 月 28 日。

泛关注。按照您的理解，对中国的崛起应该做怎样的描述和历史定位？

刘树成："经济合作与发展组织"（OECD）秘书长安赫尔·古里亚在英国著名经济学家安格斯·麦迪森的经典之作《中国经济的长期表现·公元960～2030年》第二版的序言中写道："当历史学家回顾我们所处的时代时，可能会发现几乎没有任何国家的经济发展可以像中国的崛起那样引人注目。可是，当他们进一步放开历史视野时，他们将看到那不是一个崛起，而是一个复兴。如今，中国可能正在变成世界上最大的经济体。然而，昔日它曾经享此特荣，那不过就是一百多年以前的事情。"

按照麦迪森的研究和分析，中国经济在古代汉朝、宋朝，到明朝，一直领先于世界。直至1820年清朝嘉庆年间，中国国内生产总值在世界上所占份额位居第一，达到32.9%的顶峰。只是从1840年之后，资本主义列强入侵中国，中国才逐步沦为半殖民地半封建社会。到中华人民共和国成立之时，中国国内生产总值在世界上所占份额降低到4.5%。

中国人民在中国共产党的带领下，经过60多年的艰苦奋斗，在经济建设上取得了令世人瞩目的成就，尤其是改革开放以来中国经济的表现更可以用惊艳来形容，按照国际货币基金组织的统计，2010年中国国内生产总值超过日本，上升为世界上第二大经济体。我认同安赫尔·古里亚和安格斯·麦迪森的说法，中国的崛起的确"是一个复兴"，我们已经走上了复兴之路。

二　中国的经济增长与周期波动

《经济参考报》：您是国内研究中国经济周期波动方面的专家，从20世纪80年代以来，您就密切关注1949年以来中国经济增长周期并做过充分研究，取得了丰硕的学术成果。在您看来，新中国成立以来中国经济增长的周期波动有什么规律吗？为什么会形成这样的波动周期？每个周期有什么样的特点？

刘树成：新中国走过了60多年的历程。60多年来，中国经济发展取得了举世瞩目的辉煌成就。从年度经济增长率的角度来考察，也经历了一轮轮高低起伏的波动。

1950～1952年，经过三年努力，国民经济迅速恢复。

从1953年起，我国开始了大规模的经济建设，进入工业化初期阶段，由此也开始进入经济的周期波动历程。到2009年，经济增长率的波动共经历了十轮周期。2010年，进入了新一轮即第十一轮经济周期。

第一个周期：1953～1957年。

1953 年是"一五"计划的第一年。当时没有经验，向苏联学习。当年，固定资产投资规模很大，经济增长速度很高（GDP 增长率达 15.6%），立即遇到供给面的三大"瓶颈"制约：①生产资料供给紧张；②工业消费品的供给紧张；③自然灾害严重，粮食供给紧张。由此，经济的高速增长难以为继，1954 年、1955 年经济增长减速。1956 年经济增长再次加速（GDP 增长率达 15%），再次受到三大"瓶颈"制约，1957 年又不得不减速。

第二个周期：1958～1962 年。

1958 年 5 月，中共八大二次会议根据毛泽东的倡议，正式提出"鼓足干劲、力争上游、多快好省地建设社会主义"的总路线。

以"快"为中心的"大跃进"，使经济增长率一下子冲高到 21.3% 的顶峰。超高速的经济过热增长，伤害了整个经济发展的机体，打乱了经济正常运行的秩序，造成国民经济重大比例的严重失调，又遇到生产资料、工业消费品、粮食这三大"瓶颈"制约。由此引起全面短缺，高速增长难以为继。随后，1960 年、1961 年和 1962 年三年，经济增长率大幅下落，均为负增长。这第二个周期，是一个典型的"大起大落"，形成一个深深的"大峡谷"。对此中央提出八字方针：调整、巩固、充实、提高。

第三个周期：1963～1968 年。

调整之后，1964 年经济增长又出现 18% 左右的高峰。20 世纪 60 年代初，蒋介石叫嚣反攻大陆，中苏关系破裂，国防建设进入前期高潮。1966 年 5、6 月份，发动了"文化大革命"。随后，1967 年、1968 年又陷入低谷，出现负增长。形成第三个周期。

第四个周期：1969～1972 年。

国防建设进入后期高潮。标志性事件如 1969 年 3 月中苏边境的珍宝岛自卫反击战。

1970 年，经济增长再次冲高到 19% 左右。1972 年又回落下来。形成第四个周期。

第五个周期：1973～1976 年。

随后，进入"文化大革命"的后期。1973 年，经济增速略有回升，1974 年又掉下来（1974 年 1 月，"批林批孔"），1975 年略有回升（1975 年邓小平主持工作），1976 年又掉下来，为负增长。1976 年初，反击所谓"右倾翻案风"。1976 年 10 月，粉碎"四人帮"，结束了"文化大革命"。这两个小波动组成第五个周期。

第六个周期：1977～1981 年。

粉碎"四人帮"，结束了"文化大革命"之后，全国上下"大干快上"的热情很高。1978 年 GDP 增长率上升到 11% 以上，有些"过热"。

1978 年 12 月，党的十一届三中全会拨乱反正，结束了"以阶级斗争为纲"的历史，全党工作中心转移到社会主义现代化建设上来，开启了中国改革开放和社会主义现代化建设新的历史时期。1979 年、1980 年、1981 年对国民经济进行了大调整。

第七个周期：1982～1986 年。

1984 年，在农村改革、城市改革推动下，GDP 增长率上升到 15% 左右。为治理"过热"，1986 年经济增长率又回调。这是第七个周期。

第八个周期：1987～1990 年。

1987 年、1988 年，经济增长率又上升到 11% 以上。同时，物价（居民消费价格）上升到 18.8%。这是新中国成立以来物价上涨的第二个高峰。随后，治理整顿，GDP 增长率回调到 1989 年的 4.1% 和 1990 年的 3% 左右。这是第八个周期。

第九个周期：1991～1999 年。

1991 年，经济回升。1992 年初，邓小平南方谈话，提出"又快又好"。邓小平南方谈话和随后召开的党的十四大，为中国改革开放和社会主义现代化建设打开了一个新局面。

然而，由于当时改革开放才十多年，原有的计划经济体制还没有根本转型，原有体制下的投资饥渴、片面追求速度的弊端还没有被克服。经济增长很快冲到 14.2% 的高峰，出现经济过热现象。在这种情况下，党中央一再强调："更好地把解放思想与实事求是结合起来，进一步把党的十四大确定的路线方针政策和目标任务贯彻好、落实好，确保经济建设又快又好地发展。""充分调动、保护、发挥群众的积极性，促进经济又快又好地发展。"

在"又快又好"思想指导下，1993 年下半年至 1996 年，国民经济运行成功地实现了"软着陆"，既大幅度地降低了物价涨幅（物价在 1994 年上升到 24.1%），又保持了经济的适度快速增长。随后，成功地抵御了亚洲金融危机的冲击并克服了国内有效需求的不足。1999 年是第九轮经济周期的谷底年份，经济增长率为 7.6%，结束了第九个周期。

第十个周期：2000～2009 年。

从 2000 年起，进入第十个周期，到 2007 年，经济增长率连续 8 年处于

8% 至 14% 的上升通道。2008 年和 2009 年，中国经济面临着国际国内四重调整的叠加，即改革开放 30 年来国内经济长期快速增长后的调整与国内经济周期性的调整相叠加，与美国次贷危机导致的美国经济周期性衰退和调整相叠加，与美国次贷危机迅猛演变为国际金融危机而带来的世界范围大调整相叠加。2008 年，经济增长率回落到 9.6%。2009 年，回落至 9.2%，完成第十个周期。

2010 年，GDP 增长率回升到 10.3%，高于 2009 年，从而进入新一轮即第十一轮经济周期。

三 30 年"高位平稳"发展的中国经济

《经济参考报》：通过您的介绍，我们可以得出一个这样的结论，就是改革开放之前的周期运动变化频率很大，改革开放后中国经济走势一直比较平稳，没有出现历史上那么明显的大波动。我们还记得，在您所说的第十个周期开始之初，您和新华社李长久等学者曾成功预测中国经济将进入一轮经济增长的"长周期"，引起中央领导的重视，并指示当时由您任所长的中国社会科学院经济研究所组织讨论和研究，为此经济所曾和《经济参考报》合作共同组织过研讨会，《经济参考报》理论周刊用多个版面专题报道了专家学者们的发言。您能为我们的读者专门介绍一下改革开放后中国经济周期的特点吗？

刘树成：那是一次非常愉快的合作。经济所和《经济参考报》有很好的合作传统，有过多次愉快的合作。

总体来看，改革开放 30 多年来，中国经济增长与波动呈现出一种"高位平稳型"的新态势。这种新态势表现为五个特点。

第一，波动的强度：理性下降。每个周期经济增长率的高峰从前面几个周期的 20% 左右，回落到改革开放之后、20 世纪 80 年代和 90 年代的 11% 至 15% 左右。进入新世纪后，在第十个周期，峰位控制在 14% 左右。

第二，波动的深度（波谷的位置）：显著提高。每个周期经济增长率的低谷在前几个周期经常为负增长，而改革开放之后，每次经济调整时，经济增长率的低谷均为正增长，再没有出现过负增长的局面。

第三，波动的幅度：趋于缩小。每个周期经济增长率的峰谷落差由过去最大的近 50 个百分点，降至改革开放之后的 6、7 个百分点。在第十个周期，峰谷落差仅为 5 个百分点。

第四，波动的平均高度：适度提升。1953～1978 年（以 1952 年为基年）的 26 年中，GDP 年均增长率为 6.1%；1979～2010 年（以 1978 年为基年）的 32 年中，GDP 年均增长率为 9.9%，比过去提升了 3.8 个百分点。

第五，波动的长度：明显延长。在前八个周期中，周期长度平均为 5 年左右，表现为一种短程周期。而 20 世纪 90 年代初之后，在第九、十个周期中，周期长度延长到 9～10 年，扩展为一种中程周期。特别是在第十个周期中，上升阶段由过去一般只有短短的一两年，延长到 8 年，这在新中国经济发展史上还是从未有过的。

四　调控中摸索宏观管理经验

《经济参考报》：20 世纪 90 年代以来，党中央、国务院对宏观经济调控的手法越来越娴熟，节奏越来越稳健，更加注重经济和法律等手段的结合使用，您认为党中央、国务院调控宏观经济有哪些基本经验？

刘树成：以财政政策、货币政策等为主要内容的间接调控体系建立以来，我国宏观调控取得了积极成效，推动了国民经济的持续快速发展。特别是在应对 2008 年国际金融危机冲击的过程中，由于正确把握宏观调控的方向、重点、节奏和力度，采取一系列促进经济平稳较快发展的政策措施，迅速扭转和遏制了经济增速下滑的趋势，使中国经济率先走出低谷，经济回升向好的趋势不断得到巩固。

经过长期的探索和实践，我国在宏观调控过程中积累了丰富而宝贵的经验，主要包括以下几个方面。

第一，坚持运用市场机制和宏观调控两种手段。要坚持发挥市场机制作用和加强宏观调控的有机统一，一方面要把握好社会主义市场经济改革方向，充分发挥市场配置资源的基础性作用；另一方面要不断完善宏观调控体系，充分发挥我国社会主义制度决策高效、组织有力、集中力量办大事的优势，促进经济平稳较快发展。

第二，坚持发展经济与改善民生的内在统一。要围绕改善民生谋发展，把改善民生作为经济发展的出发点、落脚点和持久动力，着眼维护社会公平正义，让全体人民共享改革发展成果，促进社会和谐稳定。

第三，坚持处理好短期目标和长期发展两个方面的关系。宏观调控中所采取的各种政策措施，既是保增长、保民生、保稳定的应急之举，也是推动科学发展的长远之策。当前，加快转变经济发展方式已成为我国实现经济社会可持续发展的紧迫任务。加快转变经济发展方式是处理好短期目标和长期发展两方面关系的核心。为此，必须坚持把调整优化经济结构作为加快转变发展方式的战略重点，把深化改革开放作为转变发展方式的重要动力。深化改革、完善体制机制是搞好宏观调控的重要保障。要加大改革力度，努力突破体制障碍，逐步形成科学发展的体制保障。

第四，坚持发挥中央和地方两个积极性。我国地域辽阔，各地情况千差万别，充分发挥中央和地方两个积极性是在长期实践中得出的宝贵经验。中央要坚持深入调查研究，广泛听取地方的意见建议，见微知著，科学民主决策，帮助和指导各地解决改革发展中遇到的矛盾和问题，提高政策和决策的及时性、针对性和有效性，增强地方和企业的信心。各地方各部门要从大局出发，坚持"全国一盘棋"思想，自觉维护中央权威，做到政令畅通、令行禁止，不折不扣地贯彻中央各项决策部署，创造性地加以落实，因地制宜地做好工作，在全国上下形成科学发展的强大合力。

第五，坚持宏观调控与微观监管相结合。政府的市场监管职能属于微观经济管理范畴，是与宏观经济管理对应的重要经济职能，虽然不属于宏观调控的内容，但与宏观调控具有相互配合的作用。在我国，为适应市场经济发展的需要，与不断完善宏观调控体系相对应，市场监管体系也逐步建立健全，形成了包括行政执法、行业自律、舆论监督、群众参与在内的基本框架。

第六，坚持统筹国内国际两个大局。在现阶段经济发展水平和产业结构的基础上，内需和外需对我国经济社会发展都十分重要、不可或缺。要把扩大内需作为长期战略方针，坚定不移地实行互利共赢的开放战略，加快形成内需和外需协调拉动经济增长的格局。要坚持立足国内、以我为主，把政策着力点放在全面扩大国内需求上，充分发挥我国经济回旋余地大、内需潜力大的优势，有效弥补外需缺口；同时，又要坚持扩大开放，因势利导，趋利避害，认真实施稳定外需的政策。全面适应国际形势变化和国内发展要求，不断提高开放型经济水平，进一步拓展对外开放的广度和深度。

上述经验对于我国进一步实施好宏观调控，提高驾驭社会主义市场经济的能力，促进国民经济又好又快发展，具有重要而深远的意义。

第二章
宏观调控目标的"十一五"
分析与"十二五"展望[*]

新世纪头二十年是我国发展的重要战略机遇期。"十一五"规划（2006～2010 年）和"十二五"规划（2011～2015 年）是我国全面建设小康社会进程中的重要规划。这里将对我国"十一五"时期宏观经济调控目标的实现情况进行分析，对"十二五"时期的经济增长目标提出相应的政策建议和论证。

第一节　《"十一五"规划纲要》中关于宏观
调控的指导原则和主要目标

《"十一五"规划纲要》的"第一篇"，即"指导原则和发展目标"中，提出了六条指导原则。第一条就是关于宏观调控的指导原则，提出"必须保持经济平稳较快发展"，要求"正确把握经济发展趋势的变化，保持社会供求总量基本平衡，避免经济大起大落，实现又快又好发展"。

《"十一五"规划纲要》提出了经济社会发展的九组主要目标。第一组目标就是"宏观经济平稳运行"，这包括四个方面的目标。①经济增长方面

---

*　本章选用的论文是"宏观调控目标的'十一五'分析与'十二五'展望"（与张晓晶、汤铎铎合作），《经济研究》2010 年第 2 期；"'十二五'时期我国面临的国内外环境分析"，《经济蓝皮书春季号：中国经济前景分析——2011 年春季报告》，社会科学文献出版社，2011 年 4 月。

分为 2 个具体目标, 即总量 GDP 年均增长 7.5%; 人均 GDP 年均增长 6.6%, 比 2000 年翻一番。②就业方面分为 3 个具体目标, 即城镇新增就业和转移农业劳动力各 4500 万人, 城镇登记失业率控制在 5%。③价格方面, 价格总水平基本稳定。④国际收支方面, 基本平衡。

《"十一五"规划纲要》提出了 22 个量化指标, 包括 14 个预期性指标和 8 个约束性指标。以上经济增长方面的 2 个具体目标和就业方面的 3 个具体目标, 均为预期性指标。

第二节 《"十一五"规划纲要》中宏观调控目标的实现情况

1. 关于经济增长目标

"十一五"时期各年 GDP 增长率分别为: 2006 年, 11.6%; 2007 年, 13%; 2008 年, 9.6%; 2009 年, 8.7%; 2010 年, 我们预测为 9.5% (见图 2 - 1)。这五年, GDP 年均递增 10.5%, 超过了《"十一五"规划纲要》所提出的年均增长 7.5% 的预期目标。

"十一五"时期 GDP 增长率的具体波动情况为: 头两年, 2006 年和 2007 年, 承接了 2000 年以来 GDP 增长率连续上升的趋势, 也就是承接了"九五"最后一年和整个"十五"期间 GDP 增长率连续上升的趋势, 分别达到 11.6% 和 13%。这样, 从 2000 年至 2007 年, 我国 GDP 增长率连续 8 年保持在 8% 至 13% 的上升通道, 走出了一条新中国成立以来在历次经济周期波动中从未有过的最长的上升轨迹。而在过去历次经济周期波动中, 上升阶段往往只有短短的一两年。但是, 随着 GDP 增长率的节节攀升, 也出现了"三过"问题, 即固定资产投资增长过快、货币信贷投放过多、贸易顺差过大等问题。这使我们面临着经济增长由偏快转为过热、价格由结构性上涨演变为明显通货膨胀的风险。针对这种情况, 2007 年底举行的中央经济工作会议提出了宏观调控的"双防"任务 (防止经济增长由偏快转为过热, 防止价格由结构性上涨演变为明显通货膨胀)。与此相适应, 稳健的货币政策调整为从紧的货币政策, 并继续实行稳健的财政政策。

"十一五"的第三年, 2008 年, 美国次贷危机恶化, 并迅速演变为百年不遇的国际金融危机。这样, 国内的经济调整与国际的金融危机相叠加, 使经济增长过快下滑成为影响我国经济社会发展全局的突出矛盾。在应对国际金融危机的冲击中，我国及时采取了积极的财政政策和适度宽松的货币政策，实施了"一揽子计划"。经过努力，到 2009 年第二季度之后，有效遏止了经济增长明显下滑态势，在全球率先实现经济形势总体回升向好。从季度看，2008 年四个季度的 GDP 增长率分别为 10.6%、10.1%、9% 和 6.8%；① 2009 年四个季度分别为 6.2%、7.9%、9.1% 和 10.7%。从全年看，2008 年和 2009 年，GDP 增长率分别回落到 9.6% 和 8.7%，实属来之不易。

"十一五"的最后一年，2010 年，如果国内外经济环境不出现重大意外情况，总体上看，经济发展环境将会好于 2009 年，GDP 增长率有可能回升到 9.5%。

如果把最近的四个五年计划或规划，即"八五"到"十一五"做个比较的话（见表 2-1），我们看到，"十一五"期间 GDP 年均增长 10.5%，低于"八五"期间的 12.3%，高于"九五"和"十五"期间的 8.6% 和 9.6%。从各五年计划或规划期间 GDP 增长率波动的标准差来看，"十一五"期间为 1.77 个百分点，小于"八五"期间的 2.16 个百分点，大于"九五"和"十五"期间的 1.02 和 0.87 个百分点。若直观地看波动幅度，即从各五年计划或规划期间 GDP 增长率的最高点与最低点之间的落差来看，"十一五"期间为 4.3 个百分点，小于"八五"期间的 5 个百分点，大于"九五"和"十五"期间的 2.4 和 2.1 个百分点。"八五"期间，GDP 增长率一起一落，波动幅度较大（见图 2-1）；"九五"期间，GDP 增长率基本处于平稳回落之中，波动幅度较小；"十五"期间，GDP 增长率处于平稳上升之中，波动幅度最小；"十一五"期间 GDP 增长率的波动小于"八五"，而大于"九五"和"十五"，这在应对百年不遇的国际金融危机的背景下，可以说基本实现了"十一五"规划所提出的保持经济平稳较快发展的总要求。

表 2-1 "八五"至"十一五"经济增长的比较

	GDP 年均增长率（%）	GDP 增长率的标准差	GDP 增长率的最高点与最低点的落差（百分点）
"八五"计划	12.3	2.16	5.0
"九五"计划	8.6	1.02	2.4

① 国家统计局将 2008 年全年 GDP 增长率由 9% 修订到 9.6%，但没有公布 2008 年各季度 GDP 增长率的修订数。这里的季度数是与原全年 GDP 增长率 9% 相对应的。

续表

	GDP 年均增长率（%）	GDP 增长率 的标准差	GDP 增长率的 最高点与最低点的落差（百分点）
"十五"计划	9.6	0.87	2.1
"十一五"规划	10.5	1.77	4.3

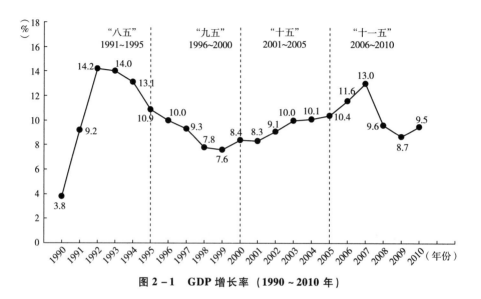

图 2 - 1　GDP 增长率（1990～2010 年）

　　值得提出的是，在"十一五"期间，我国 GDP 总量在 2006 年超过英国，2007 年又超过德国，成为世界第三大经济体。按照国际货币基金组织的预测，我国在"十一五"的最后一年，2010 年，GDP 总量将超过日本，成为世界第二大经济体。

　　从人均 GDP 的增长情况看，"十一五"时期各年分别为：2006 年，11%；2007 年，12.5%；2008 年、2009 年和 2010 年，分别预估为 9%、8.1% 和 8.9%。① 这五年，人均 GDP 年均递增 9.9%，超过了《"十一五"规划纲要》所提出的年均增长 6.6% 的预期目标。若以 1978 年人均 GDP 为100，2000 年其不变价指数为 575.5，2010 年将达 1411，为 2000 年的 2.45倍，超额完成了《"十一五"规划纲要》所提出的比 2000 年翻一番的目标。

---

　　①　近几年来，我国人均 GDP 增长率一般低于 GDP 增长率 0.6 个百分点。按照这个情况，在前面 2008 年、2009 年和 2010 年 GDP 增长率分别为 9.6%、8.7% 和 9.5% 的基础上，这三年人均 GDP 增长率的预估数分别为 9%、8.1% 和 8.9%。

2. 关于就业目标

"十一五"时期的前三年，2006 年、2007 年、2008 年，我国城镇新增就业分别为 1184 万人、1204 万人、1113 万人。在国际金融危机严重冲击和国内经济增速下滑的影响下，我国就业形势严峻。2008 年第四季度后，城镇登记失业人数首次突破 900 万人（达 915 万人）。据对 15 个城市 513 家企业的持续监测，2008 年 10 月到 2009 年 3 月，岗位流失情况严重，累计减幅达 8% 以上。[1] 经过各方面努力，从 2009 年第二季度之后，城镇新增就业走出低谷，企稳回升。2009 年城镇新增就业 1102 万人。[2] 这样，前四年合计共 4603 万人，已完成《"十一五"规划纲要》所提出的城镇新增就业 4500 万人的预期目标。

我国城镇登记失业率，2006 年、2007 年、2008 年分别为 4.1%、4%、4.2%。从 2008 年第四季度后，城镇登记失业率上升了 0.3 个百分点，达到 4.3%，是近五年来的新高。2009 年预计为 4.3%。[3] 据人力资源和社会保障部预测，2010 年，随着整个经济形势的好转，城镇新增就业和城镇登记失业率会相对稳定。这样，城镇登记失业率也可以完成"十一五"规划中控制在 5% 的预期目标。

关于转移农业劳动力的情况，还没有看到相关的统计。

3. 关于价格目标

"十一五"时期的前三年，2006 年、2007 年、2008 年，我国居民消费价格上涨率分别为 1.5%、4.8%、5.9%。2009 年由正转负，为 - 0.7%；2010 年，我们预测为 3%。总体上说，达到了"十一五"规划中价格总水平基本稳定的目标。但是，从居民消费价格月同比上涨率来看（见图 2 - 2），由 2007 年 6 月的 4.4% 开始明显攀升，到 2008 年 2 月上涨到 8.7%，达到这一轮物价上涨的峰值。部分地区居民消费价格上涨率在多个月份超过 10%。随后，在一系列调控措施下，并随着经济增长率的回落，居民消费价格月同比上涨率逐步下降，到 2009 年 2 月出现负增长，一直到 2009 年 11 月才由负略微转正。

4. 关于国际收支目标

1990 年至 2004 年，我国外贸顺差（净出口额）一直在 500 亿美元之

---

[1] 资料来源："就业形势逐季好转"，《人民日报》2009 年 12 月 25 日。

[2] 资料来源：《人力资源和社会保障部 2009 年第四季度新闻发布会》，中国网，2010 年 1 月 22 日。

[3] 同上。

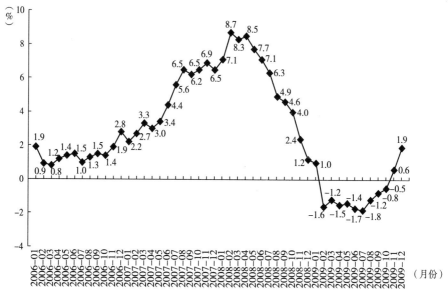

图 2 - 2 居民消费价格上涨率（2006 年 1 月至 2009 年 12 月）

下，2005 年开始急剧增长（见图 2 - 3）。"十一五"时期的前三年，2006 年、2007 年、2008 年，我国外贸顺差分别为 1774.8 亿美元、2618.3 亿美元、2955 亿美元。外贸顺差偏大，成为我国经济发展中的一个问题。2009 年外贸顺差降为 1961 亿美元。2010 年，我们预测为 2200 亿美元。总的来看，要完成"十一五"规划中国际收支基本平衡的目标，还需一个过程。

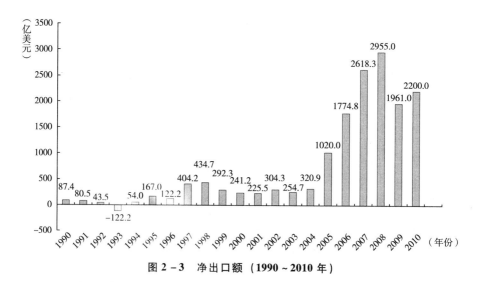

图 2 - 3 净出口额（1990～2010 年）

第三节　对"十二五"时期经济增长目标的政策建议

在宏观经济调控各项目标中，GDP增长率目标具有综合性和核心性。这里，我们着重讨论"十二五"时期经济增长目标问题。先看从"八五"到"十一五"这四个五年计划或规划期间经济增长目标的设定与实际运行结果之间的差距（见表2-2）。

表2-2　"八五"时期至"十一五"时期经济增长的目标值与实际值

	GDP增长的目标值	GDP实际年均增长率（%）	实际值高于目标值（百分点）
"八五"计划	8%~9%	12.3	3.3~4.3
"九五"计划	8%左右	8.6	0.6
"十五"计划	7%左右	9.6	2.6
"十一五"规划	7.5%	10.5	3.0

"八五"时期（1991年至1995年），经济增长目标原设定为6%，后调整为8%~9%，而实际运行结果为12.3%，比调整后的目标高出3.3~4.3个百分点。

"九五"时期（1996年至2000年），经济增长目标设定为8%左右，实际运行结果为8.6%，高出目标0.6个百分点。

"十五"时期（2001年至2005年），经济增长目标设定为7%左右，实际运行结果为9.6%，高出目标2.6个百分点。

"十一五"时期（2006年至2010年），经济增长目标设定为7.5%，实际运行结果为10.5%，高出目标3个百分点。

从这四个五年计划或规划看，除"九五"外，实际经济增长率都较高地超过了原来设定的目标。"十二五"规划怎样设定经济增长目标呢？可以有以下三种方法。

第一种方法，仍沿用过去的习惯，把目标值设定得比较低，如仍像"十一五"规划那样设定为7.5%。这样做的好处是：一来，留有余地，有把握完成；二来，引导各方不要片面追求过高的速度；三来，长期以来大家都习惯了把五年计划或规划的目标设定得比较低，如果"十二五"提高了，容易使人误以为要追求高速度。但问题是，实际运行的结果往往过高地超过了目标，使目标失去了可信度。

第二种方法，设定目标区间。这一目标区间可称之为以潜在经济增长率为基准的适度经济增长区间。从我国目前的发展阶段出发，建议潜在经济增长率把握在9%，目标区间设定为8%～10%。这样做的好处是：一来，使增长目标具有一定弹性，可以应对国内外经济形势的非预期变化，给宏观调控留有适度空间；二来，给不同地区经济增长目标的设定留有相应的调整空间，有利于各地区从实际出发设定本地的目标。一些地区可能增长得快一点，一些地区可能增长得慢一点，也都在目标区间内；三来，8%～10%的增长区间可能更接近于"十二五"期间的实际，执行结果不至于离实际太远。

第三种方法，不是给出单一的五年固定不变的目标值，也不是笼统地给出一个目标区间，而是对未来五年中的各年设定不同的、可以反映经济波动趋势的目标值。这就是以潜在经济增长率为基准，对未来各年给出高低有别的目标预测值（对"十二五"期间各年的测算和分析，也将在本章第四节给出）。这样做的好处是：一来，使各年增长目标具有动态性，即把经济的年度短期运行与五年的中期波动走势有机地结合起来，使大家在经济波动的动态中把握各年的目标；二来，有利于宏观调控政策将目光放得更远一些，即宏观调控不只着眼于当年的经济增长目标和当年的经济平稳运行，还着眼于各年间的相互衔接，使宏观调控政策既能保持连续性和稳定性，又可根据经济波动的不同态势具有相应的针对性和灵活性；三来，这也是国际上已有的做法。如美国《总统经济报告》，从1979年开始，每年都给出未来多年（5～6年）的目标预测值。世界银行的《全球发展金融》，一般会提供一个3年的预测。而国际货币基金组织的《世界经济展望》，也会提供一个未来5年的预测结果。现以美国《总统经济报告》为例。根据美国国会1946年《就业法》的规定，从1947年起，每年初都由总统经济顾问委员会撰写经济报告，由总统签署后，提交国会。该报告主要回顾和总结上年的经济运行情况，分析和展望当年及下一年的短期经济发展，就政府的主要经济目标和国内外经济政策进行阐释。1978年，美国国会将1946年《就业法》修订为《充分就业和平衡增长法》。新法要求政府在每年初的《总统经济报告》中不仅提出当年和下一年的短期经济发展目标，还要提出未来中期的经济发展目标。由此，从1979年起，每年《总统经济报告》都制定和阐明当年及未来若干年的经济发展目标,并列出一张相应的经济目标预测表。表 2 - 3 就是 2009 年 1 月最新发表的《总统经济报告》中的预测表。表中发布了对 2009 年至 2014 年六年中各年的经济目标预测值。表中包括的经济指标有 8 个:①名义 GDP 增长率,②实际 GDP 增长率,③GDP 价格指数变化,④消费者价格指数变化,⑤失业率,⑥利息率(91 天国库券),⑦利息率(10 年期国债),⑧非农部门受雇就业人数。

表 2 - 3 美国《总统经济报告》中的政府经济目标预测

单位:%

年 份	名义 GDP	实际 GDP (环比)	GDP 价格指数 (环比)	消费者 价格指数 (CPI - U)	失业率	利息率, 91 天 国库券	利息率, 10 年期 国债	非农部门 受雇就业人数 (平均月度变化, 第四季度对 第四季度,千人)
2007 (实际值)	百分比变化,第四季度对第四季度				水平,日历年			
	4.9	2.3	2.6	4.0	4.6	4.4	4.6	104
2008	2.4	- 0.2	2.5	2.8	5.7	1.4	3.8	- 114
2009	2.2	0.6	1.7	1.7	7.7	0.7	4.2	- 235
2010	6.6	5.0	1.5	1.7	6.9	2.0	4.6	222
2011	6.5	5.0	1.5	1.8	5.8	3.5	4.9	269
2012	5.1	3.4	1.6	1.9	5.0	3.9	5.1	261
2013	4.5	2.7	1.7	2.0	5.0	3.9	5.1	121
2014	4.5	2.7	1.8	2.1	5.0	3.9	5.1	115

以上第二、三种方法也可以用于把握"十二五"时期的实际经济运行。

第四节 对"十二五"时期经济增长目标的测算与分析

一 潜在经济增长率及其测算方法

现对以上第二、三种政策建议进行具体的测算和分析。这两种政策建议都要以潜在经济增长率为基准。"十一五"期间的实际经济运行也给了我们两方面的教训:其一,经济增长率过高,如高过 11%,就容易引发严重的通货膨胀，产生高能耗、高物耗、高污染等严重问题；其二，经济增长率过低，如低于 8%，像在国际金融危机冲击下 2008 年第四季度和 2009 年第一季度那样，经济增长率低到 6.8% 和 6.2%，也会给城乡就业等带来巨大压力。归结到一点，为了保持经济的平稳较快发展，在宏观调控中，一个重要的环节就是要把握好潜在经济增长率。

所谓潜在经济增长率是指，一个经济体，一定时期内，在各种资源正常限度地充分利用且不引发严重通货膨胀的情况下，所能达到的经济增长率[1]。潜在经济增长率表明一定时期内经济增长的中长期趋势。现实经济运行围绕潜在经济增长率上下波动。现实经济增长率过高地超过潜在经济增长率，会受到资源、环境等的严重制约，引起严重的通货膨胀；反之，现实经济增长率过低地小于潜在经济增长率，则会造成生产能力过剩和资源的严重闲置，引起失业，引起通货紧缩。现实经济增长率可在适当的幅度内围绕潜在经济增长率上下波动，既不面临资源的严重制约，也不导致资源的严重闲置，物价总水平也保持在社会可承受的范围内，这一波动幅度即为适度经济增长区间。因此，潜在经济增长率的测算和把握，是正确分析经济运行态势和实施宏观调控政策的重要基础。

精确地测算和判定潜在经济增长率，是一个困难的问题。这是因为，不同的测算方法所得出的结果可能不尽相同；同时，对一定时期内潜在经济增长率的把握也还需要考虑各种实际情况的变化。因此，潜在经济增长率不单纯是一个数量上的测算问题，还包含着多种因素的分析和把握问题。这里，将根据我国改革开放 30 年来的数据资料，利用趋势滤波法、生产函数法和菲利普斯曲线法这三种方法分别测算我国的潜在经济增长率，以此作为对"十二五"时期分析的基点。[2]

二 潜在经济增长率和适度经济增长区间的测算与分析

1. 趋势滤波法

趋势滤波法利用已有的经济增长数据，通过频率选择滤波方法分离长期

---

① 刘树成、张晓晶、张平："实现经济周期波动在适度高位的平滑化"，《经济研究》2005 年第 11 期。

② 我们在"实现经济周期波动在适度高位的平滑化"（刘树成、张晓晶、张平，2005）一文中，曾利用趋势滤波法和菲利普斯曲线法做过测算，当时的样本期分别为 1978～2004 年和 1980～2004 年。这里的测算，样本期得以延长，分别为 1978～2009 年和 1978～2008 年。

增长趋势和短期波动成分，其中的长期增长趋势部分即代表潜在增长。该方法是潜在经济增长率最简单的测算方法。该方法有很多滤波器可供选择，但是在年度数据上各个滤波器差别不大。因此，我们选择最简单也最常用的HP 滤波器。HP 滤波器由 Hodrick 与 Prescott（1980）提出，此后获得了广泛应用。他们认为，虽然现代经济增长理论取得了重大进展，但是还不足以利用增长核算得出精确的长期增长趋势。在趋势分解方面，增长理论可以告诉我们趋势是平滑的。据此，他们设计了一个滤波器，该滤波器从时间序列$\{x_t\}_{t=1}^{T}$ 中得到一个平滑的序列 $\{y_t\}_{t=1}^{T}$。$\{y_t\}_{t=1}^{T}$ 是下列问题的解：

$$\min_{\{y_t\}_{t=-1}^{T}} \left\{ \sum_{t=1}^{T} (x_t - y_t)^2 + \lambda \sum_{t=1}^{T} \left[(y_t - y_{t-1}) - (y_{t-1} - y_{t-2}) \right]^2 \right\}$$

上式大括号中多项式的第一部分是波动成分的度量，第二部分是趋势项平滑程度的度量，λ 是自由参数，调节二者的权重。当 λ 取 0 时，序列 $\{y_t\}_{t=1}^{T}$ 和原始序列重合；当 λ 趋于无穷大时，序列 $\{y_t\}_{t=1}^{T}$ 在一条直线上。

测算的基本步骤如下：首先，将我国 1978～2009 年的 GDP 增长指数（1978 年为 100，2009 年为 1805.5）进行 HP 滤波，分解出趋势项和波动项，λ 取值 6.25。[①] 然后，将趋势项做一阶差分，得到 HP 滤波后的趋势增长率，如图 2-4 中的粗黑曲线所示。HP 滤波后的趋势增长率比实际增长率

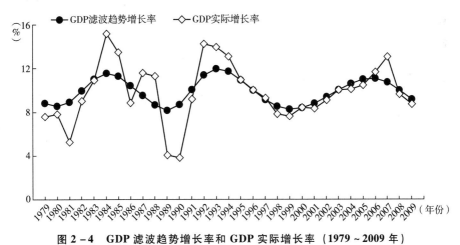

图 2-4　GDP 滤波趋势增长率和 GDP 实际增长率（1979～2009 年）

---

① 这里 λ 取值 6.25，是根据 Ravn 与 Uhlig（2002）的研究。他们的研究认为，λ 的取值应该是观测数据频率的 4 次方，即年度数据应取 $\lambda = 6.25$，季度数据应取 $\lambda = 1600$，月度数据应取 $\lambda = 129600$。

平滑，大体处于 8% ~12% 的区间内。滤波后的 GDP 趋势增长的年均递增速度为 9.87%，这与 1979 ~2009 年 31 年间 GDP 实际增长的年均递增速度9.78% 很接近，仅差 0.09 个百分点。我们可以将 8% ~12% 这一区间视为我国改革开放以来以 9.8% 为潜在经济增长率中线的适度经济增长区间。

在今后的"十二五"时期，要考虑三大因素的变化：一是要更加注重提高经济增长的质量和效益，更加注重经济发展方式转变和经济结构调整；二是资源、能源、环境等约束不断强化；三是外需在一段时期内将处于萎缩和低迷状态。因此，在"十二五"时期，适度经济增长区间的上限可下调 2个百分点，即适度经济增长区间可把握在 8% ~10%，潜在经济增长率的中线可把握为 9%。这对宏观调控的政策含义是：当实际经济增长率高出 10%时，就要实行适度的紧缩性宏观调控政策；当实际经济增长率低于 8% 时，就要实行适度的扩张性宏观调控政策；当实际经济增长率处于 8% ~10% 的区间时，可实行中性的宏观调控政策。

在"十二五"时期，适度经济增长区间把握在 8% ~10%，也有一系列的支撑因素。①体制因素。社会主义市场经济体制在改革中的不断完善，以公有制为主体的多种所有制经济的共同发展和相互促进，为经济的适度增长打下了重要的制度基础。②资源供给因素。改革开放 30 年来的经济发展，为经济的适度增长提供了必要的物质条件。③工业化和城市化因素。我国工业化和城市化的加快发展，为经济的适度增长提供了强大的内需动力。④消费升级因素。收入水平提高和消费结构升级，为经济的适度增长提供了新的消费需求动力。⑤新兴产业和科技因素。新兴产业和科学技术的发展为经济的适度增长提供了新的增长源泉。⑥地区因素。东、中、西部各地区在应对国际金融危机中的调整和发展，为经济的适度增长提供了广阔的地理空间。

2. 生产函数法

生产函数法利用总量生产函数估计潜在增长率，需要收集和测算资本存量、就业人口、人力资本等数据。从基本理论角度来看，生产函数法最为严格，利用的信息也最多。然而，从实际操作层面看，由于许多数据不易收集，测算得到的数据也因方法不同而存在较大差异，因而导致最后所得到的潜在增长率存在较大差异。我们的测算方法和日本央行（Bank of Japan，BOJ）的方法非常接近。假设形式如下的对数线性总量生产函数：

$$\ln Y = (1 - \alpha)\ln K + \alpha\ln L + \ln T \tag{1}$$

其中，Y 代表实际实现的 GDP，K 代表实际投入的资本，L 代表实际投入的劳动，T 是全要素生产率（Total Factor Productivity，TFP）。α 是劳动投入份额，设定规模报酬不变，即资本投入和劳动投入份额之和等于1。然后，再假设同样形式的潜在总量生产函数：

$$\ln Y^* = (1 - \alpha)\ln K^* + \alpha \ln L^* + \ln T \tag{2}$$

其中带星号的变量是相应变量的潜在水平。（1）式中，Y、K、L 和 α 是已知变量，可以据此求出全要素生产率 T。（2）式中，K^* 和 L^* 是已知变量，代入前面求出的 T，就可以推出潜在产出 Y^*。整个测算方法比较简单，关键在于如何确定这些已知变量。

测算过程中，5个变量和1个参数需要事先确定，即 Y、K、K^*、L、L^* 和 α。Y 数据的获得相对直接和容易。根据测算需要，把 1978～2008 年的实际 GDP 增长指数转换为以 1991 年价格表示的实际 GDP 序列，即得到（1）式中的 Y。现对于其他数据和参数的测算及获得略做说明。

关于资本投入。在我国的宏观经济数据统计中，没有直接可用的总量资本数据，需要利用有关数据测算。最常用的测算方法是永续盘存法，以下式表示：

$$K_t = (1 - \delta)K_{t-1} + I_t/P_t \tag{3}$$

其中，K 是实际资本存量，I 是名义资本形成，P 是投资价格指数，δ 是折旧率。据此，要测算资本存量，有 4 个变量需要确定：基期资本存量 K_0、名义资本形成总额、投资价格指数和折旧率。

关于基期资本存量的确定，在我国有很多讨论。[①] 由于我们的研究关心的是潜在经济增长率，基期资本存量的绝对数量对此影响不大。因此，我们直接采用林毅夫等测算的 1978 年资本存量 10072.51 亿元，并用投资价格指数将其转化为 1991 年价格，为 21302.53 亿元，相当于当年 GDP 的 3 倍。关于名义资本形成总额，可直接从历年《中国统计年鉴》获得。关于投资价格指数，1991 年之前，我国的宏观经济统计没有提供，这成为测算资本存量的一个重要问题。有学者研究发现[②]，上海市的价格波动和全国相对一

---

① 张军、章元："对中国资本存量 K 的再估计"，《经济研究》2003 年第 7 期；林毅夫、郭国栋、李莉、孙希芳、王海琛："中国经济的长期增长与展望"，北京大学中国经济研究中心讨论稿，2003。

② 张军、章元："对中国资本存量 K 的再估计"，《经济研究》2003 年第 7 期。

致,《上海市统计年鉴》提供了 1991 年之前的上海市固定资本形成价格指数,可以作为同期全国变量的良好替代。因此,我们以 1978～1990 年的上海数据和 1991～2008 年的全国数据合成投资价格指数序列,以 1991 年为基期。关于资本折旧率,从国际经验来看,大多数国家在4%～6%之间。我国资本存量的许多研究也大体采用这一区间的数值。这里,我们采用5%的折旧率。至此,(3) 式中的变量和参数均已确定,可以据此算出我国 1978～2008 年的资本存量。

应该注意的是,上面得到的资本存量是 K^*,而不是 K。因为 K^* 是现实存在的全部资本,而 K 则是实际投入生产的资本。这就涉及资本利用率的问题。在经济过热和繁荣时期,可能会存在固定资本的超负荷使用和运转;而在经济过冷和衰退时期,可能存在固定资本闲置或使用不足。与日本相比(Kamada & Masuda,2001;BOJ,2003),我国相对缺乏刻画资本利用程度的指标和数据。在本研究中,我们使用发电设备平均利用小时数来刻画我国的资本利用程度,它是指在一定时期内发电设备运行的平均小时数。首先,这一指标是对电力行业资本利用程度的良好刻画,因为小时数高表明设备利用充分,甚至是超负荷运转,小时数低则表示设备利用率低,甚至存在闲置。其次,这一指标和总发电量正相关,而总发电量可以部分刻画整个国民经济的资本利用程度。发电量高表明电力需求旺盛,相关行业的固定资产利用充分;发电量低则表明电力需求萎缩,相关行业固定资产利用不足。1978～2008 年,发电设备平均利用小时数的最大值出现在 2004 年,为 5455 小时,最小值出现在 1999 年,为 4393 小时。我们取整个序列的中数作为固定资本合理充分利用时的小时数。用这个小时数除整个序列,构造资本利用率指标序列。然后,将资本利用率和此前算出的潜在资本存量相乘,得到实际投入生产的资本存量 K。

关于劳动投入。目前,我国就业人员统计数据有两种来源。一种是人口普查,给出每年就业人员总数,以家庭为调查单位;一种是"三合一"劳动统计[①],给出每年分行业就业人员数,以企业为调查单位。有学者研究指出,由于这两种统计在方法上存在差异,因此统计结果也存在差异。人口普

---

① "三合一"统计一词是国家统计局劳动统计部门内部的用法,由三种不同的统计构成:由国家统计局以及劳动和社会保障部负责的城镇单位劳动统计,国家工商行政管理总局对城镇私营企业就业人员、个体劳动者的行政登记,以及由农村社会经济调查总队负责的乡村就业人员统计(见岳希明:"我国现行劳动统计的问题",《经济研究》2005 年第 3 期)。

查的就业以当时状态为标准,即 15 岁以上,在调查周内从事过有收入的工作;"三合一"统计的就业采用经常状态标准,即以被调查人在较长一段时间内(一般是一年)的工作状态来判断就业。因此,人口普查统计出来的就业人口总数要比"三合一"统计的加总结果大。显然,人口普查统计的就业人数倾向于高估,因为一部分非充分就业的人员也被包括在内;"三合一"统计的就业人数倾向于低估,因为这部分人员的劳动投入被排除在外。由于我国的劳动统计很不全面,因此我们的研究用人口普查统计的就业人数代表潜在的就业人数,用"三合一"统计的就业人数代表实际投入的就业人数。从二者的统计方法上来看,这种设定方法大体能反映我国的真实就业状况。但是这样得到的还不是 L 和 L^*,因为要得到真实的劳动投入,至少还有两个因素需要考虑。第一是劳动时间,即使劳动力数量不发生变化,工作时间的变化也会影响投入生产的劳动总量;第二是劳动的质量,高素质劳动者的增多在就业人数上无法反映,这样会低估投入生产的劳动总量[①]。由于在我国缺乏可用的劳动时间数据,因此我们的研究只考虑第二个因素,即劳动者质量。

1990 年第四次人口普查之前,我国的总就业人员数采用"三合一"统计的结果,此后即开始采用人口普查数。这样,我国的总就业人数序列在1990 年出现了一个非常突出的异常点,从 1989 年的 55329 万人猛增到 1990 年的 64749 万人,增长速度达到了 17%。从数据的可获得性上来看,1978~2002 年的"三合一"统计总就业人数可以直接获得,1990~2008 年的人口普查统计总就业人数可以直接获得。我们利用 2004~2008 年人口普查数的增长率推出"三合一"统计在对应年份的人数,再利用 1978~1990 年"三合一"统计人数的增长率推出人口普查统计在对应年份的人数。这样,我们不但解决了就业人数的异常点问题,也得到了研究所需要的潜在就业人数和实际就业人数。

劳动者质量又被称作人力资本。人力资本涵盖的内容比较广泛,但是一般的研究大多用劳动者的受教育情况来进行度量。刻画受教育情况的较好量化指标是受教育年限,因此,人力资本存量就等于劳动者受教育时间的加总。例如,一个受过小学教育的劳动者的人力资本为 6(人年),一个受过硕士研究生教育的劳动者的人力资本为 19(人年),如果这两个人组成一个

---

① 岳希明、任若恩:"测量中国经济的劳动投入:1982~2000",《经济研究》2008 年第 3 期。

经济体，则整个经济体的人力资本存量为 25（人年）。假设期初的人力资本存量为 H_0，此后各期的人力资本存量可以根据下式推算：

$$H_t = (1 - \delta_{t-1})H_{t-1} + \Delta H_t \qquad\qquad (4)$$

其中，δ_{t-1} 代表 $t-1$ 期的人力资本折旧，包括人口自然死亡、退出劳动人口和知识折旧等因素。ΔH_t 则表示 t 期新增的人力资本。有学者最近的研究（王小鲁等，2009）全面考虑了我国劳动力人口的受教育时间情况，计算出了我国 1952～2008 年的人力资本存量。然后，用劳动年龄人口（扣除在校学生）除人力资本存量，得到人均教育水平。我们的研究直接使用他们的数据。有了就业人数和人均教育水平，二者相乘就是全部劳动投入。用前面得到潜在就业人数乘以人均教育水平得到 L^*，实际就业人数乘以人均教育水平得到 L。

关于劳动投入份额。确定要素投入份额有两种方法，一种是根据国民经济核算中资本和劳动的收入分配比例来计算；一种是根据总量生产函数来估计。从相关研究的结果来看，两种方法存在巨大差异。林毅夫等根据第一种方法得到的资本投入份额为 0.3[①]，郭庆旺、贾俊雪根据第二种方法估计的资本投入份额为 0.69。[②]，其他一些相关研究的估计值大体在这两个值之间。对于我们的研究而言，这意味着劳动投入份额的取值大致在 0.3 和 0.7 之间。

用收入分配数据计算要素投入份额，人力资本等劳动投入质量因素已经包含在内，也就是说，人力资本要素所获得的收入也计入劳动所得。本研究的劳动投入虽然也考虑了人力资本因素，但是平均受教育年限并不能完全度量劳动力数量，还有一些其他因素未能纳入。对本研究而言，0.7 应该是高估了劳动投入份额。用总量生产函数估计要素投入份额，由于对资本存量和劳动投入数据的估算不一，结果也就出现了很大差异。另外，在相应的回归中一般都会出现比较严重的自相关和多重共线性等问题，估计结果不是很稳健。因此，本研究采用一个折中的结果，取劳动投入份额为 0.6，即 $\alpha = 0.6$。

根据上面的数据和参数，先利用（1）式计算得到 TFP。从（1）式得

---

① 林毅夫、郭国栋、李莉、孙希芳、王海琛："中国经济的长期增长与展望"，北京大学中国经济研究中心讨论稿，2003。

② 郭庆旺、贾俊雪："中国潜在产出与产出缺口的估算"，《经济研究》2004 年第 5 期。

到的 TFP 不仅包括除了劳动和资本投入以外的其他要素的贡献，还包括一些随机扰动和噪音。因此，用 HP 滤波去除掉这些因素，得到相对平滑的趋势项。TFP 是以 1991 年为 100 的指数，滤波中的参数 λ 取 6.25。结果如图 2 - 5 所示。

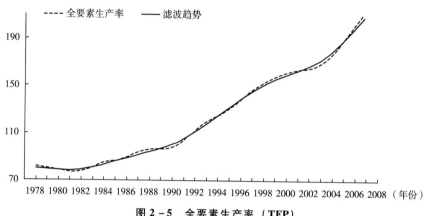

图 2 - 5 全要素生产率（TFP）

得到趋势 TFP 以后，再利用（2）式求出潜在产出。对潜在产出做一阶差分，就得到潜在增长率。结果如图 2 - 6 所示。根据生产函数法的计算，1979 ~ 2008 年 30 年间我国潜在产出的年均递增速度为 9.98%，这与同一期

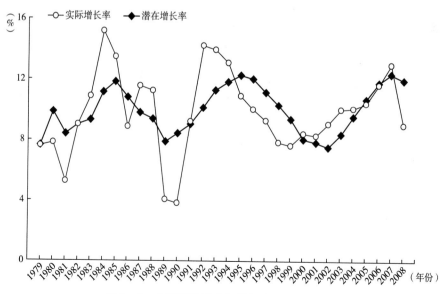

图 2 - 6 中国经济的实际增长率和潜在增长率

间我国 GDP 实际增长的年均递增速度 9.82% 很接近，仅差 0.16 个百分点。这一期间，潜在增长率的波动区间大体上亦处于 8%～12%。生产函数法的计算结果与上述趋势滤波法的计算结果较为相似。根据生产函数法的计算，作为对"十二五"时期的政策建议，同样出于上述趋势滤波法时的各种因素考虑，适度经济增长区间可把握在 8%～10%，潜在经济增长率的中线可把握为 9%。

现将我国的潜在增长率按照要素贡献进行分解，结果如图 2－7 所示。从 1978～2008 年，我国的潜在增长平均有 40.8% 来自资本的贡献，25.1% 来自劳动的贡献，34.1% 来自全要素生产率 TFP。从图 2－7 可以看出，与资本和劳动相比，TFP 的波动较大，可以解释我国大部分的趋势波动。1979～1984 年期间，劳动的贡献份额很大，这是因为此前我国人均教育水平基数很小，在这段时间增长很快，此后的增长则逐步趋缓。从图 2－7 还可以看出，进入新世纪后我国的潜在增长率平稳上升，其中劳动贡献基本保持不变，增量主要来自资本贡献和 TFP 贡献，TFP 贡献的增量又大于资本贡献。

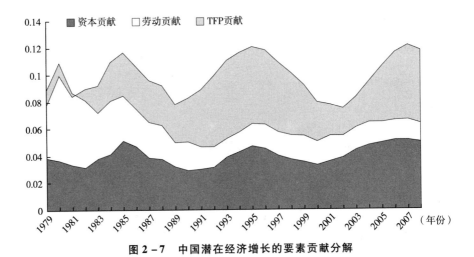

图 2－7　中国潜在经济增长的要素贡献分解

3. 菲利普斯曲线法

菲利普斯曲线法又称价格调整法，它利用经济增长和通货膨胀的替代关系，通过简单的回归方程来确定某一稳态通货膨胀率条件下的经济增长率。菲利普斯曲线法有一定的理论基础，所利用的经济增长率和通货膨胀率数据也简单易得，因而成为一种比较常用的测算方法。

根据菲利普斯曲线方程，我们建立通货膨胀率（以居民消费价格 CPI 上涨率表示）与 GDP 增长率之间的关系，然后利用 1978～2009 年二者的年度数据进行回归。因为二者均为一阶差分后的变量，所以应该都是平稳变量。单位根检验的结果支持这一结论。这样，就可以用最小二乘法（OLS）进行回归。结果如下：

$$\Delta p_t = 0.9899 \times \Delta p_{t-1} - 0.3634 \times \Delta p_{t-2} + 0.9561 \times \Delta y_t - 7.4206$$

$$(6.314)\qquad(-2.361)\qquad(3.401)\qquad(-2.367)$$

$$R^2 = 0.6563，调整 R^2 = 0.6167，DW = 1.85$$

其中，Δp_t 代表居民消费价格上涨率，Δp_{t-1} 代表滞后一期的居民消费价格上涨率，Δp_{t-2} 代表滞后两期的居民消费价格上涨率，Δy_t 代表 GDP 增长率。方程中括号内数字为 t 统计量。从回归结果看，各变量系数的 t 统计量都很显著，R^2 为 65.6%，调整 R^2 为 61.7%，DW 值为 1.85，计量结果是令人满意的。

该方程的经济含义有以下几方面。①通货膨胀率受其自身的影响。滞后一期的通货膨胀率变动 1 个单位，可使当期通货膨胀率同向变动 0.9899 个单位，即近 1 个单位，这符合适应性预期假说；同时，滞后两期的通货膨胀率变动 1 个单位，可使当期通货膨胀率反向变动 0.3634 个单位。综合看，过去一期和两期通货膨胀率变动 1 个单位，可使当期通货膨胀率同向变动 0.6265 个单位。②通货膨胀率受经济增长率的影响。GDP 增长率变动 1 个单位，导致当期通货膨胀率变动 0.9561 个单位。这反映出通货膨胀率变动与 GDP 增长率变动的一致性。

根据该方程，可以计算出不同稳态通货膨胀率水平下的 GDP 增长率（见表 2-4）。稳态是指增长率保持不变。稳态通货膨胀率，即没有加速通货膨胀。从表 2-4 看出，稳态通货膨胀率上升 1 个百分点与 GDP 增速上升 0.39 个百分点是相对应的。根据一般经验，社会可承受的通货膨胀率水平为 1%～5%，相对应的 GDP 增长率为 8.15%～9.71%。如果通货膨胀率水平为 3%，则相对应的 GDP 增长率为 8.93%。根据菲利普斯曲线方程的计算，可以把通货膨胀率水平 3% 条件下的 GDP 增长率 8.93% 视为潜在经济增长率，把通货膨胀率水平 1%～5% 条件下的 GDP 增长率 8.15%～9.71% 视为适度经济增长区间。这个结果，与上面根据趋势滤波法和生产函数法对"十二五"时期提出的设定建议是比较接近的。

表 2 - 4   不同稳态通货膨胀率水平下的 GDP 增长率

单位:%

通货膨胀率	通货膨胀										
通货膨胀率	0	1	2	3	4	5	6	7	8	9	10
GDP 增长率	7.76	8.15	8.54	8.93	9.32	9.71	10.11	10.50	10.89	11.28	11.67
通货膨胀率	通货紧缩										
通货膨胀率	-10	-9	-8	-7	-6	-5	-4	-3	-2	-1	0
GDP 增长率	3.85	4.25	4.64	5.03	5.42	5.81	6.20	6.59	6.98	7.37	7.76

三   宏观经济运行的中期预测与分析

这里,对我国未来 6 年("十一五"最后一年和整个"十二五"期间)各年的经济增长率进行预测。具体来说,首先利用常用的自回归单整移动平均(Autoregressive Integrated Moving Average,ARIMA)模型进行初步的基准预测。这一基准在一定程度上反映了经济的周期波动成分。然后,再对预测结果进行一些调整。

1. 基准预测

1995 年诺贝尔经济学奖得主卢卡斯(Lucas)在回顾宏观经济时间序列的数量特征时说:"从技术上说,任何一个国家的 GNP 围绕其趋势的运动都可以用一个很低阶的具有随机干扰项的差分方程来很好地描述。"[1] 因此,用单变量时间序列模型来刻画和预测产出序列非常常见。我们采用 ARIMA 模型作为经济增长率的预测基准。该模型的缺点是利用的信息量很少,只是实际 GDP 的历史值;优点是比较简明地刻画了产出的周期波动成分。

现利用 ARIMA 模型预测经济增长率。经济增长率是实际 GDP 序列的一阶差分,ADF 检验显示,在 1% 的置信水平上拒绝 GDP 序列(y)的一阶差分(Δy)有单位根。我们通过赤池信息准则(AIC)和施瓦茨信息准则(SIC)(迪博尔德,2003),选择了 ARIMA(3,1,3)模型。利用 1978 ~ 2009 年 GDP 增长率数据,回归结果如下:

$$\Delta y_t = 0.099 + 1.295 \Delta y_{t-1} - 0.47 \Delta y_{t-2} - 0.155 \Delta y_{t-3} + u_t - 1.027 u_{t-1} - 0.901 u_{t-2} + 0.952 u_{t-3}$$

---

[1] Lucas, Robert E., 1977, "Understanding Business Cycles", In *Carnegie - Rochester Conference Series on Public Policy*, Vol. 5, pp. 7 - 29.

（197） （12.5） （－2.64） （－1.18） （－6.15） （－9.22） （5.94）

$R^2 = 0.767$，调整 $R^2 = 0.704$，DW = 2.05

根据括号中的 t 值，上式中除了 Δy_{t-3} 项的系数之外，其他系数都是显著的，拟合优度和 DW 统计量也都比较合意。利用上述模型预测 2010～2015 年的经济增长率，结果如表 2－5 所示。

表 2－5 ARIMA（3，1，3）模型预测的经济增长率

单位:%

年　　　份	2010	2011	2012	2013	2014	2015
经济增长率	9.8	9.8	9.6	9.5	9.5	9.6

从表 2－5 的初步预测结果看，经过 2008～2009 年我国第十轮经济周期的下降阶段之后，从 2010 年开始将进入新一轮经济周期的上升阶段。如果按照原始数据的以往惯性，经济增长率会在 2010 年和 2011 年出现一个 9.8% 的峰值，此后稍有回落。

2. 预测结果的调整

上面基准预测结果的一个显著特点是，在 2010 年和 2011 年出现一个增长峰值，此后略有回落，但仍然处在相对比较高的水平。考虑到新世纪以来我国经济增长表现出明显的经济周期上升阶段延长的特征，我们设想了另一种经济增长路径，即宏观调控政策根据新形势、新情况，适时适度地进行必要的微调，加之经济发展方式有所转变，从而使新一轮经济周期的上升阶段得以延长，避免经济增长的急上急下。由此，可以设想这样的情景，经济增长从 2010～2013 年逐步缓慢上行，此后才逐步回落至潜在水平附近，如表 2－6 所示。

表 2－6 宏观经济运行的中期预测

单位:%

年　　　份	2010	2011	2012	2013	2014	2015
经济增长率	9.5	9.8	10.0	10.3	9.5	9.0

准确预测未来若干年内的经济增长是一项困难的任务，因此我们在这里特别强调，此处进行中期预测的主要目的并不是要完全准确地预测未来的增长，而是为如何设定经济波动趋势目标值做一个示例。以潜在经济增长率为基础，结合对一些基本宏观经济关系的分析和把握，可以为未来增长设定一

个反映经济波动趋势的动态目标值，以供跟踪监测和社会各方面参考。

综合以上分析，我们对"十二五"时期经济增长目标的设定提出三种建议：其一，仍沿用过去的习惯，把目标值设定得比较低，如仍像"十一五"规划那样设定为7.5%；其二，可以设定目标区间。这一目标区间可称为以潜在经济增长率为基准的适度经济增长区间。从我国目前发展阶段出发，建议潜在经济增长率把握在9%，目标区间设定为8%~10%；其三，不是给出单一的五年固定不变的目标值，也不是笼统地给出一个目标区间，而是对未来五年中的各年设定不同的、可以反映经济波动趋势的目标值，具体列于表2-6。第二、三种建议也可以作为"十二五"时期在实际经济运行中的把握。

第五节 "十二五"时期我国面临的国内外环境分析

现从"十二五"时期我国所面临的国内外经济发展环境的角度，做进一步考察。2010年10月党的十七届五中全会通过的"十二五"规划建议、2011年3月温家宝总理在十一届全国人大四次会议上的《政府工作报告》，都全面分析了我国"十二五"时期面临的国内外环境，均强调指出，综合判断国际国内形势，我国发展仍处于可以大有作为的重要战略机遇期。

一 "重要战略机遇期"论断的深刻含义

对国内外各种环境条件进行动态考察和趋势分析，从而对国际国内形势做出科学判断和准确把握，是我们正确制定重大战略目标与任务的前提和基础。综合判断国际国内形势，我国发展仍处于可以大有作为的重要战略机遇期，这一论断为制定和实施"十二五"规划的宏伟目标与任务提供了最基本的国内外环境条件，是我们制定和实施"十二五"规划的科学前提。能否抓住重大历史机遇，也就是能否充分利用国内外一切有利条件，排除各种不利因素的影响，历来是关系我们革命和建设事业兴衰成败的大问题。

在刚刚跨入21世纪的时候，2002年，党的十六大首次提出，综观全局，21世纪头二十年，对我国来说，是一个必须紧紧抓住并且可以大有作为的重要战略机遇期。2007年，党的十七大重申，从新的历史起点出发，抓住和用好重要战略机遇期。当新世纪第一个十年已经过去，第二个十年刚刚开始的时候，面对国际金融危机的严重冲击及其深远影响的新情况，面对国内改革开放 30 多年来我们取得的举世瞩目的经济快速增长"奇迹"以及所带来的新矛盾，我国发展是否仍然处于重要战略机遇期，是否仍然可以大有作为，是我们首先需要回答的大问题。现在，我们有了明确答案：综合判断国际国内形势，我国发展仍处于可以大有作为的重要战略机遇期。这一论断的深刻含义在于，在新世纪第二个十年的开端，统一认识，凝聚力量，进一步增强机遇意识和忧患意识，继续抓住和用好我国发展的重要战略机遇期，更加奋发有为地朝着全面建设小康社会伟大战略目标再上新台阶。

二 国际环境分析

1. 国际环境总的特点是，两个大趋势和一个总潮流没有改变，即世界多极化和经济全球化的客观趋势深入发展，和平、发展、合作仍是时代潮流

世界多极化，即世界多种力量相互并存、相互借助、相互制约，在国际事务中平等参与、共同发挥作用的格局。它是冷战结束以来世界两极格局终结、国际关系趋于缓和、各种力量此消彼长和重新组合的必然结果。国际金融危机后，世界力量对比正在发生新的变化，发展中国家特别是新兴市场国家的整体实力正在上升。世界多极化的深入发展有利于进一步遏制霸权主义和强权政治，推动建立公正合理的国际政治经济新秩序，有利于维护世界和平与稳定。争取较长时期的和平国际环境和避免新的世界大战仍然是可能的。

经济全球化，即生产、贸易、投资、金融等经济活动在全球范围内的广泛拓展，是资本、技术、劳动力、信息等各类生产要素在全球范围内的大规模流动和配置的过程。它是当代生产力发展、科学技术发展、国际分工发展到较高水平的必然结果。国际金融危机后，经济全球化的趋势继续深入发展，世界各国经济的相互依存、相互影响进一步加深，新的跨国并购、跨境投资、技术合作和产业转移的势头正在上升。经济全球化的深入发展有利于生产要素在全球的优化配置，促进世界经济的发展，有利于各国参与国际经济合作与竞争，拓宽自己的发展空间，也有利于世界和平与稳定。

在世界多极化和经济全球化大趋势的推动下，和平、发展、合作仍是时代潮流。求和平、谋发展、促合作，关系到各国人民的福祉，代表了各国人民的根本利益，是各国人民的共同愿望。顺应时代潮流，维护世界和平，在平等互利的基础上加强各国之间的友好合作，寻求和扩大各国利益的汇合点，促进共同发展和繁荣，已经成为越来越多国家的现实选择。

2. 在国际上两个大趋势和一个总潮流没有改变的情况下，国际金融危机的冲击和影响深远，世界经济格局也正在发生深刻变化，表现出一些具体的新特点

（1）世界经济结构加快调整

国际金融危机后，世界经济结构进入调整期，各国正在调整自己的发展模式，以寻求新优势。发达国家由于金融体系受到重创，信贷难以恢复正常，加之就业的恢复滞后于经济复苏，失业率居高不下而收入下降，致使长期以来形成的过度负债、过度消费的模式被打破，试图通过扩大投资和出口、重振制造业来恢复经济增长。新兴市场国家出口拉动型增长模式受阻后，在努力稳定外需市场的同时，试图通过扩大内需，开拓新的增长点来进一步发展经济。资源输出国借助资源优势，加强自我开发利用，延伸产业链，试图改变单纯依赖资源出口的发展模式。世界经济结构的这种大调整，将会给国际市场上的需求结构和供给结构带来较大影响。在需求面，消费将持续不振；在供给面，竞争将更加激烈。

（2）全球经济治理机制深刻变革

全球经济治理机制是指对国际上重大经济、财政、金融、货币等问题进行磋商和解决的组织机构及其协调活动。在国际金融危机的严重冲击下，原来由少数几个发达国家所垄断的传统国际经济协调平台已难以应对现今复杂多变的世界经济形势，必须形成更多国家平等参与、共同发挥作用的机制。如加强二十国集团的作用，使其成为国际社会讨论和协调宏观经济政策的主要平台。由此，世界经济治理机制进入变革期。包括国际金融监管改革、国际金融组织体系改革、国际货币体系改革等都已成为国际社会的重要议题。

（3）科技创新和产业转型孕育突破

大的经济危机，对于旧的产业结构来说，是一种清理机制，而对新的产业结构来说，则是一种催生机制。在国际金融危机冲击、全球气候变化、资源环境压力加大等多重压力下，世界科技创新和产业转型正处于新的孕育期，全球将进入空前的创新密集和产业振兴时代。世界许多国家纷纷把加强科技创新，加强前沿基础研究，加强人才培养，加快培育和发展新能源、新材料、新信息网络、生物医药、节能环保、低碳技术、绿色经济等新兴产业，作为新一轮科技革命和产业革命的重点，抢占未来经济和科技发展的战略制高点。美国政府在 2009 年 9 月出台了《美国创新战略：推动可持续增长和高质量就业》报告，提出加大投资，恢复美国基础研究的国际领先地位；强调培养符合 21 世纪知识和技能的下一代人才，培养世界一流的劳动力队伍；提出推动市场竞争，激励创新创业；在清洁能源、先进汽车、卫生保健等国家优先领域催生重大突破。欧盟 2010 年 3 月出台了《欧洲 2020 战略》，提出未来经济发展三大重点：发展基于知识和创新的智能经济；提高资源利用效率和发展绿色技术，实现可持续增长；提高就业水平，加大技能培训投入，实现经济、社会和地区融合的高就业的包容性增长。日本提出了《未来开拓战略》。俄罗斯提出了发展可再生能源的《国家政策重点方向》。韩国提出了《绿色发展国家战略》等。

（4）发展中国家特别是新兴市场国家整体实力步入上升期

在应对国际金融危机中，发达国家普遍陷入困境，经济低迷，复苏缓慢，而发展中国家特别是新兴市场国家率先复苏，凸显经济快速、稳定增长的良好势头。按国际货币基金组织最新公布的《世界经济展望》，2009 年，发达经济体的经济增长率为 −3.4%，而新兴和发展中经济体为 2.6%；2010 年，发达经济体为 3%，而新兴和发展中经济体为 7.1%。国际货币基金组织将对比鲜明的发达经济体的慢速复苏同新兴和发展中经济体的快速复苏现象，称为"双速复苏"。发展中国家特别是新兴市场国家逐渐成为世界经济增长的重要引擎。同样根据国际货币基金组织的报告，按照市场汇率估算，中国、印度、巴西、俄罗斯"金砖四国"的 GDP 总量，2008 年占世界份额的 15%，到 2015 年将上升至 22%，四国经济总量将超过美国，四国的GDP 增量也将占世界增量的三分之一。在国际事务中，发展中国家正在争取更多的参与权和话语权，正在发挥着越来越重要的作用。

3. 国际环境总体上有利于中国和平发展，但影响和平、发展、合作的不稳定和不确定因素仍然较多

首先，两个"压力"还将长期存在，即发达国家在经济上科技上占优势的压力、霸权主义和强权政治的压力将长期存在。其次，以上世界经济格局的一些新特点，利弊共存，既有机遇也有挑战，特别是国际上围绕资源、市场、技术、人才的竞争更加激烈，贸易保护主义时有加剧。最后，当前，世界经济将继续复苏，但复苏的动力不强，隐忧时有发生。这些，对中国经济、社会发展也提出了新的挑战。

三　国内形势分析

1. 国内经济走势总的特点是，长期向好的趋势没有改变，我国仍处于工业化、信息化、城镇化、市场化、国际化深入发展阶段，"五化"相互促进，发展空间还很大

工业化，是我国全面建设小康社会的最基本的物质技术条件和基础。按照已经实现工业化的国家的一般情况，工业化过程分为两大阶段，第一阶段是工业化初步发展，工业比重超过农业；第二阶段是工业化深度发展，农业比重进一步下降，工业比重亦下降，服务业比重超过工业。从我国三次产业增加值占国内生产总值的比重变化看（见表2-7），1952年，以农业为主的第一产业占50.5%，远大于以工业为主的第二产业的比重20.9%，第三产业比重为28.6%。1970年，第二产业比重上升为40.5%，首次超过第一产业。1978年，改革开放之初，第一产业比重下降为28.2%，第二产业比重上升为47.9%，第三产业比重比1952年有所下降，为23.9%。到2010年，第一产业比重继续下降为10.2%，第二产业比重基本稳定，略有微弱下降，为46.8%，第三产业比重上升为43%，但仍低于第二产业。从产值比重这个角度看，我国工业化的发展总体上尚处于中期阶段。然而，从我国三次产业就业比重的变化看，到目前，第一产业的就业比重虽然有明显下降，但仍高于第二产业。第一、二、三次产业的就业比重，1952年分别为83.5%、7.4%和9.1%，2009年分别为38.1%、27.8%和34.1%。这与我国是人口大国有关。实现工业化仍然是我国现代化进程中艰巨的历史性任务。"十二五"时期，我国要加快推进工业化，提高工业化的水平和质量，改造提升制造业，培育和发展战略性新兴产业，发展结构优化、技术先进、清洁安全、附加值高、吸纳就业能力强的现代产业体系，坚持走中国特色新型工业化道路。

表2-7　三次产业比重

单位:%

年　份	三次产业增加值占国内生产总值比重			三次产业就业人数占总就业人数比重		
	一产	二产	三产	一产	二产	三产
1952	50.5	20.9	28.6	83.5	7.4	9.1
1978	28.2	47.9	23.9	70.5	17.3	12.2

年 份	三次产业增加值占国内生产总值比重			三次产业就业人数占总就业人数比重		
	一产	二产	三产	一产	二产	三产
2010	10.2	46.8	43.0	38.1 *	27.8 *	34.1 *

资料来源:《中国统计年鉴2010》,中国统计出版社,2010,第39页。其中,三次产业就业人数占总就业人数比重中,带 * 数据为2009年数;三次产业增加值占国内生产总值比重中2010年数据来源为:国家统计局《中华人民共和国2010年国民经济和社会发展统计公报》,《人民日报》2011年3月1日。

信息化,是一场新的科技革命。信息技术的广泛应用,已成为促进经济和社会发展的重要手段。我国呈现出以信息化带动工业化,以工业化促进信息化,信息化和工业化相融合的后发优势,引发了生产方式变革,推动了经济发展方式转变,为我国在高起点上推进工业化进程提供重要的技术支撑。我国信息基础设施水平快速跃升,全国信息通信干线光缆已达2120万芯公里(光缆是多芯的,其统计方法是,用芯数乘以光缆长度,称为"芯公里"),成为全球最大的信息通信网络。全国固定电话用户、移动电话用户、互联网网民人数均已居世界第一位。"十二五"时期,我国要全面提高信息化水平,加快建设宽带、泛在、融合、安全的下一代国家信息基础设施,推进经济、社会各领域信息化,进一步推动信息化与工业化的深度融合,建设信息中国。

城镇化,是工业化和信息化的重要载体,是扩大内需特别是扩大消费需求的最大潜力所在。我国城镇化率(城镇人口占总人口的比重),1949年为10.6%,1978年上升到17.9%。"十一五"时期,我国城镇化发展很快,城镇化率由2005年的43%,上升到2010年的47.5%,上升了4.5个百分点,年均上升0.9个百分点(见图2-8)。"十二五"期间,我国还要积极稳妥地推进城镇化,不断提高城镇化的水平和质量,增强城镇综合承载能力,预防和治理"城市病"。"十二五"期末,2015年,城镇化率预计达到51.5%,年均上升0.8个百分点。2014年,我国城镇人口将首次超过乡村人口,这对于具有13亿多人口的大国来说,将是一个历史性的重大变化。

市场化,是推动我国经济、社会发展的重要体制机制保障。改革开放30多年来,我国已经成功实现了从高度集中的计划经济体制向充满活力的社会主义市场经济体制的伟大历史转折。市场机制的引入及其在资源配置中

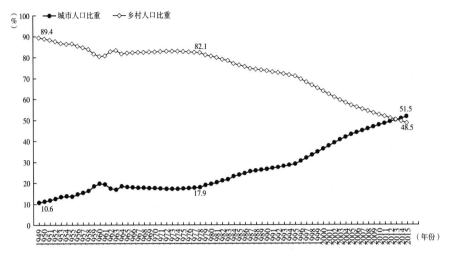

图 2 - 8 中国城镇化率

资料来源:《中国统计年鉴 2010》,中国统计出版社,2010,第 95 页。"十二五"期间为预计数。

所发挥的基础性作用,提高了资源配置的效率,有力地推动了我国经济的快速增长。市场机制发挥作用,基于以公有制为主体、多种所有制经济共同发展的基本经济制度的建立和发展。从工业企业所有制结构的变化来看,在工业总产值中各种所有制企业所占的比重发生了重要变化。改革开放之初,1978 年,工业企业的所有制经济类型只有两种:国有工业和集体工业。在工业总产值(当年价格)中,它们分别占 77.6% 和 22.4%。2009 年,在规模以上工业企业的工业总产值中("规模以上"是指年主营业务收入在 500 万元人民币以上的工业企业),按登记注册类型分,所有制实现形式已多样化(见表 2 - 8)。其中:①非公司制的国有企业占8.3%;②集体企业占 1.7%;③股份合作企业占 0.7%;④联营企业(含国有联营企业)占 0.2%;⑤有限责任公司(含国有独资公司)占22.1%;⑥股份有限公司(含国有控股企业)占 9.2%;⑦私营企业占29.6%;⑧其他内资企业占 0.4%;⑨港澳台商投资企业(含合资、合作、独资)占 9.5%;⑩外商投资企业(含合资、合作、独资)占 18.3%。"十二五"时期,我国将进一步改革攻坚,完善社会主义市场经济体制,坚持和完善基本经济制度,在重要领域和关键环节取得改革的突破性进展,为科学发展提供有力保障。

表 2 - 8 工业总产值中各种所有制企业所占比重

单位:%

按登记注册类型分		1978 年	2009 年
1	国有企业(非公司制)	77.6	8.3
2	集体企业	22.4	1.7
3	股份合作企业		0.7
4	联营企业(含国有联营企业)		0.2
5	有限责任公司(含国有独资公司)		22.1
6	股份有限公司(含国有控股企业)		9.2
7	私营企业		29.6
8	其他内资企业		0.4
9	港澳台商投资企业(含合资、合作、独资)		9.5
10	外商投资企业(含合资、合作、独资)		18.3

资料来源:根据《中国统计年鉴2010》,中国统计出版社,2010,第507页数据计算。

国际化,是推动我国经济、社会发展的重要外部条件。在当代,闭关自守是不能实现工业化和现代化的。对外开放已成为我国的基本国策。30 多年来,我国已经形成全方位、多层次、宽领域的对外开放格局,有力地推动了我国经济、社会的迅速发展。"十二五"期间,我国将实行更加积极主动的对外开放战略,不断提高对外开放水平,继续稳定和拓展外需,加快转变外贸发展方式,拓展新的开放领域和空间,坚持"走出去"和"引进来"相结合,利用外资和对外投资并重,培育参与国际经济技术合作与竞争的新优势。提高利用两个市场、两种资源的能力,推动外贸发展从规模扩张向质量效益提高转变,从低成本优势向综合竞争优势转变。

2. 除以上的长期向好趋势外,当前我国经济发展还有一系列有利条件

(1)从需求面看,我国市场潜力巨大

"十一五"期间,我国人均国内生产总值从1700 美元提高到4000 美元。到"十二五"期末,按2010 年价格计算,人均国内生产总值预计超过 4 万元人民币;若按 1 美元等于6.5 元人民币计算,将超过 6000 美元。对于地域辽阔,且拥有13 亿多人口的大国来说,人均收入水平的提高将提供广阔的内需市场,届时将有力地推动我国需求结构及相应产业结构的升级。

(2)从供给面看,我国资金供给充裕,科技和教育水平整体提升,劳动力素质提高,基础设施日益完善资金供给充裕。我国拥有不断增强的财政实力、较为宽裕的信贷资金和较为充足的外汇储备，以保证经济、社会发展的资金供给。我国经济的平稳较快发展，为财政收入的稳定增长奠定了税源基础。全国财政收入保持了较强劲的增势。"十一五"期间，我国财政收入连续快速增长，从2005年的3.16万亿元增加到2010年的8.31万亿元，年均增长21%。财政收入的增加，对于推动发展方式转变和经济结构调整，促进城乡统筹和区域协调发展，实现基本公共服务均等化、保障和改善民生提供了坚实的财力保障。我国金融机构人民币各项存款余额，2005年为28.7万亿元，2010年达到71.8万亿元，其中，城乡居民储蓄存款达到30.3万亿元。2010年，我国国家外汇储备已超过2.8万亿美元，连续5年居世界第一位。

科技和教育水平整体提升，劳动力素质提高。我国自主创新水平提高，科技实力显著提升。我国全社会研究与试验发展经费支出总量，按当前汇率计算，已居世界第四位。研究与试验发展经费支出占国内生产总值的比重，在"十一五"时期由1.3%上升到1.8%，到"十二五"时期末预计进一步上升到2.2%。截至2009年，我国科技人力资源总量达5100万人，跃居世界第一位。我国发明专利授权量，2009年达12.8万件，比2005年增长142%，居世界第三位，而且国内发明专利授权量首次超过国外在华授权量。2010年，我国发明专利授权量又上升到13.5万件。我国的国际专利申请量，2010年突破1.2万件，已跃居世界第四位。在前沿技术研究领域，我国科技成果取得众多突破，部分成果已达到国际领先水平。我国自主研制的千万亿次高效能计算机"天河一号"，运算性能达到世界第一。载人航天和探月工程取得重大进展，"神舟"系列飞船发射成功，使我国成为世界上第三个掌握空间出舱活动技术的国家。"嫦娥一号""嫦娥二号"相继发射成功，使我国成为世界上第五个发射月球探测器的国家。教育水平整体提升。"十一五"期间，高等教育毛入学率从2005年的21%提高到2009年的24.2%，在学总规模达2979万人，位居世界第一。国民平均受教育年限，"十一五"期间由2005年的8.5年，上升到2010年的9年。高中阶段教育毛入学率由2005年的52%提高到2010年的82.5%，到2015年将进一步提升到87%。主要劳动年龄人口平均受教育年限，2009年达9.5年，2015年将达10.5年。新增劳动力平均受教育年限，2015年将达到13.3年。

基础设施日益完善。我国交通运输已告别了以往作为国民经济发展"瓶颈"的历史，成为经济、社会发展的重要支撑和先导。全国公路网总里程，在改革开放之初的 1980 年只有 88.8 万公里，到 2010 年底达到 398.4 万公里，已跃居世界第二位。高速公路通车里程由 2005 年 4.1 万公里扩展到 2010 年的 7.4 万公里。港口和集装箱吞吐量连续 7 年保持世界第一。"十二五"时期，进一步统筹各种运输方式发展，基本建成国家快速铁路网和高速公路网，构建网络设施衔接完善、技术装备先进适用、交通服务安全高效的综合交通运输体系。

（3）从政策面看，我们党和政府宏观调控与应对重大挑战的能力明显增强，社会大局保持稳定

"十一五"时期，面对国内外环境的复杂变化和重大风险挑战，诸如防止国内经济增长过热，应对国际金融危机的巨大冲击，战胜四川汶川特大地震等重大自然灾害，我们党和政府团结带领全国人民，沉着应对，果断决策，保持了经济平稳较快发展的良好态势，维护了社会大局的稳定，积累了弥足珍贵的经验。从宏观调控方面说，主要经验有：一是必须坚持科学发展，加快经济发展方式转变；二是必须坚持政府调控与市场机制有机结合，在充分发挥市场配置资源的基础性作用的同时，注重发挥我国社会主义制度决策高效、组织有力、集中力量办大事的优势；三是必须坚持统筹国际国内两个大局，把扩大内需作为长期战略方针，同时实行互利共赢的开放战略；四是必须坚持把改革开放作为推动经济、社会发展的根本动力；五是必须坚持发展经济与改善民生相统一，让全体人民共享改革发展成果；六是必须坚持发挥中央和地方两个积极性，形成共克时艰的强大合力。这些宝贵经验对于我们继续前进具有深远意义。保持社会大局稳定，是我国经济、政治、社会、文化等一切事业发展的重要保证。针对我国当前阶段正值经济体制深刻变革、社会结构深刻变动、利益格局深刻调整、思想观念深刻变化的新情况，党和政府始终高度重视加强和创新社会管理，化解社会矛盾，应对社会风险，做好新形势下的群众工作，促进了社会和谐，保障了广大人民安居乐业，为全面建设小康社会奠定了基础。

3. 国内经济走势总体上有利于我国发展，但我国发展中不平衡、不协调、不可持续的问题依然较多

这些问题具体有：在人民群众最为关注的方面，收入分配差距较大，物价上涨预期较强，房价涨幅居高难下，"城市病"日趋凸显；在经济发展方面，经济增长的资源环境约束更加强化，投资与消费关系的失衡难以在短期内矫正，城乡和区域发展还不协调；在体制机制方面，制约科学发展的体制

机制障碍依然较多，科技创新能力总体上还不强。

总之，"十二五"时期，我们既面临难得的历史机遇，也面对诸多可以预见和难以预见的风险挑战。我们要善于科学判断和准确把握国内外发展大势，充分利用一切有利条件，有效解决突出矛盾和问题，继续抓住和用好我国发展的重要战略机遇期，为夺取全面建设小康社会新胜利、推进中国特色社会主义伟大事业而努力奋斗。

参考文献

弗朗西斯·X.迪博尔德：《经济预测》，中信出版社，2003。

郭庆旺、贾俊雪："中国潜在产出与产出缺口的估算"，《经济研究》2004年第5期。

黄赜琳、朱保华："中国经济周期特征事实的经验研究"，《世界经济》2009年第7期。

林毅夫、郭国栋、李莉、孙希芳、王海琛："中国经济的长期增长与展望"，北京大学中国经济研究中心讨论稿，2003。

刘树成、张晓晶、张平："实现经济周期波动在适度高位的平滑化"，《经济研究》2005年第11期。

刘树成：《中国经济增长与波动60年——繁荣与稳定Ⅲ》，社会科学文献出版社，2010。

汤铎铎："两个经典宏观经济关系在中国的检验"，《中国社会科学院研究生院学报》2007年第3期。

王小鲁、樊纲、刘鹏："中国经济增长方式转换和增长的可持续性"，《经济研究》2009年第1期。

温家宝：《政府工作报告——二○一一年三月五日在第十一届全国人民代表大会第四次会议上》。

岳希明："我国现行劳动统计的问题"，《经济研究》2005年第3期。

岳希明、任若恩："测量中国经济的劳动投入：1982～2000"，《经济研究》2008年第3期。

张军、章元："对中国资本存量K的再估计"，《经济研究》2003年第7期。

中国社会科学院"中国经济形势分析与预测"课题组：《中国经济形势分析与预测——2009年秋季报告》，《经济蓝皮书：2010年中国经济形势分析与预测》，社会科学文献出版社，2009。

《中共中央关于制定国民经济和社会发展第十二个五年规划的建议》,《人民日报》2010 年 10 月 28 日。

Bank of Japan, 2003, "The Output Gap and the Potential Growth Rate: Issues and Applications as an Indicator for the Pressure on Price Change," Bank of Japan Quarterly Bulletin, May.

George E. P. Box、Gwilym M. Jenkins and Gregory C. Reinsel, *Time Series Analysis: Forecasting and Control*, 1997.

Guerrero, Victor M., 1991, "ARIMA Forecasts with Restrictions Derived from a Structural Change," International Journal of Forecasting, Vol. 7 pp. 339 – 347.

Hamilton, James D., 1994, Time Series Analysis, Princeton University Press, Princeton, New Jersey.

Hodrick, Robert, and Edward Prescott, 1980, "Post – war Business Cycles: An Empirical Investigation," Working Paper, Carnegie – Mellon University. (Published in Journal of Money, Credit and Banking, 1997, Vol. 29, No. 1, pp. 1 – 16).

IMF: World Economic Outlook Database.

Kamada, K., and K. Masuda, 2001, "Effects of Measurement Error on the Output Gap in Japan," Monetary and Economic Studies, Vol. 19 (2), Institute for Monetary and Economic Studies, Bank of Japan, pp. 109 – 154.

Kuttner, Kenneth N., 1994, "Estimating Potential Output as a Latent Variable," Journal of Business and Economic Statistics, Vol. 12, pp. 361 – 68.

Lucas, Robert E., 1977, "Understanding Business Cycles", In *Carnegie – Rochester Conference Series on Public Policy*, Vol. 5, pp. 7 – 29.

Ravn, M. and H. Uhlig, 2002, "On Adjusting the HP – Filter for the Frequency of Observations ," Review of Economics and Statistics, Vol. 84, No. 2, pp. 371 – 76.

Stock, James H., 2001, "Time Series: Economic Forecasting," in International Encyclopedia of the Social & Behavioral Sciences, pp. 15721 – 15724.

Stock, James H. and Mark W. Watson, 1999, "Forecasting inflation," Journal of Monetary Economics, Vol. 44, pp. 293 – 335.

Ting Lu, T. J. Bond, 2009, "Forecasting China within a business cycle framework," Bank of America and Merrill Lynch reseach paper.

·链接·

专访录 经济增长预期目标的意义 *

冬日的阳光散落在刘树成委员铺满参考资料的办公桌上，为"经济增长速度"这个硬朗的采访主题渲染了沉静而柔和的气氛。这样的氛围让记者更加细微地体察到这位学者的平易近人。

又到岁末，各种各样跟经济形势有关的研讨会多了起来。关于在应对国际金融危机的严峻挑战中，中国经济已处于企稳回升阶段，2010年乃至今后，中国经济应保持怎样的增长速度的话题也多了起来。这些话题，一刻没有离开过刘树成的视野。关于这个话题，刘树成归纳出学术界的五种意见。第一种认为中国经济今后不应再追求高速度，而应实现7% ~ 8%的中速发展；第二种认为经济全面复苏后，仍可保持10%以上的高增长；第三种认为今后十几年，如到2020年，有可能保持9%以上的增长；第四种认为5年内（2008 ~ 2012年），平均增速可达9.5%以上，随后10年（2013 ~ 2022年），将达8.5%，再随后10年（2023 ~ 2032年），将达7.5%；第五种认为在新一轮经济周期内，或者说在今后一个中期内（如8年左右），可保持8%至10%的适度高位增长区间。刘树成委员的观点与第五种意见一致。

刘树成委员表示，以上每种意见都有各自的角度、各自的道理。他个人对GDP增长速度的预测，主要遵循两个原则。一是可行性，我国作为一个拥有13亿人口的发展中国家，在当前发展阶段，必须保持一定的经济增长速度。这个经济增长速度目标必须具有可行性，既不宜太低也不宜太高，而是经过努力可以实现的，并留有一定的余地。二是连续性。作为中央政府的经济增长目标，还要着眼于年度之间经济的平稳运行，因此在一定时期内，在年度之间应具有一定的连续性，不宜跳跃过大。

---

　　* 本链接选用的是《人民政协报》记者张淑君、徐梓对作者的专访录"对GDP增长8%到10%抱有信心"，《人民政协报》2009年12月1日。

正是基于对这两个原则的把握，刘树成委员对于 2010 年乃至今后中期我国 GDP 保持 8% 至 10% 的适度增长区间抱有信心。他说，我国改革开放 30 年来建立了比较雄厚的物质、技术基础和良好的体制条件，虽然受到国际金融危机的严重冲击，但经济社会发展的基本面和长期向好的趋势仍没有改变；此外，当前乃至今后一段时间，我国仍处于重要战略机遇期，工业化和城镇化快速推进，将形成强大的需求动力，即使在外需萎缩的情况下，经过努力，实现 GDP 8% 到 10% 的增长，还是有可能的。

对于本报记者提出的"在中央一再强调要转变经济发展方式和调整经济结构、社会各界一再呼吁改变对地方政府政绩考核体系的今天，为什么每年还要确定一个经济增长速度的预期目标，其重要意义在哪里"这个问题，刘树成委员很感兴趣。为了更准确地解释这个问题，刘树成委员像做论文一样严谨，一条条地清晰地指出其要义所在。第一是综合性。GDP 增长率综合地反映出一定时期内一个国家或地区的宏观经济运行状况。因此，它是从总体上分析、判断、把握宏观经济运行状况及其走势的重要"风向标"。它为中央政府实施宏观调控政策提供重要依据，为企业、市场、地方政府、居民、社会各界等了解宏观经济环境和走向提供重要参考。第二是核心性。在中央政府宏观调控各项预期目标中，GDP 增长速度是一个具有核心意义的指标。它隐含着就业问题、物价问题、财政收支问题、民生问题等。GDP 增长速度是确定其他各项预期目标的一个重要的参考出发点。第三是导向性。经济增长速度目标不是指令性目标，而是导向性目标，即作为中央政府向企业、市场、地方政府、居民、社会各界等发出的一个导向信号，体现中央政府的意图。当然，这个预期值不等于最终实现的"实际值"，实际值受各种因素短期变化的影响会高于或低于这个基本目标。

正是因为 GDP 增长速度在宏观经济中独特而重要的作用，世界上各国政府都非常注重这个预期目标。刘树成委员以美国、德国、日本这三个发达市场经济国家为例指出，无论是美国的《总统经济报告》、德国政府的《年度经济报告》，还是日本内阁府的年度经济预测报告，在确定未来经济发展的预期目标时，GDP 增长速度都是排在第一位的。虽然美国曾一度将就业人数和失业率排在首位，不过从 1986 年起，就业人数和失业率就将头把交椅的位置还给了 GDP 增长速度，这种排布格局一直延续到今天。

采访中，刘树成委员多次提醒，GDP 及其增长速度非常重要，但也有其局限性。"它不能很好地反映经济增长的质量，不能反映资源消耗和环境污染的代价，不能反映收入分配是否公平的状况，不能反映经济社会的全面发展。我们要知道其局限性，只在其特定的功能范围内使用它，而不能片面地理解它和使用它，不能在各地方的实际工作中把 GDP 增长速度指标层层分解和层层加码，不能把它作为对各级政府和领导干部的唯一政绩考核指标。"

在刘树成委员看来，我们所要求的 GDP 增长速度，都是以结构优化、效益提高、消耗降低、环境保护作为前提和基础的，决不能追求不计资源消耗、不讲环境代价、不顾结构扭曲、不可持续的经济增长。

第三章
年度经济走势跟踪与宏观调控分析[*]

2008 年至 2012 年，是我国经济在应对国际金融危机的严重冲击中和在长期快速增长后的调整中奋力前进的五年，是宏观调控内容极为丰富的五年。这里，我们进行年度经济走势跟踪和相关的宏观调控政策变化的分析。这一研究对于总结宏观调控经验和教训，不断提高宏观调控水平，实现经济长期持续健康发展，具有重要意义。

第一节　2008～2009 年：应对国际
金融危机与宏观调控重大调整

一　2008 年我国经济形势的特点

2008 年在我国经济的发展进程中，是很不寻常、很不平凡的一年。这

---

[*] 本章选用的论文是"2008～2009 年国内外经济走势分析"，《经济蓝皮书春季号：中国经济前景分析——2009 年春季报告》，社会科学文献出版社 2009；"把握好 2009 年政府工作的基本思路、目标和原则"，《人民日报》2009 年 4 月 8 日；"2010 年我国经济发展的国内外环境分析"，《经济学动态》2010 年第 3 期；"新一轮经济周期分析"，《经济蓝皮书春季号：中国经济前景分析——2010 年春季报告》，社会科学文献出版社 2010；"2010 年中国经济走势特点与'十二五'时期经济增速分析"，《经济蓝皮书：2011 年中国经济形势分析与预测》，社会科学文献出版社 2010；"深刻把握经济运行态势和宏观调控新变化"，《人民日报》2011 年 1 月 10 日；"2011 年和'十二五'时期中国经济增长与波动分析"，《经济学动态》2011 年第 7 期；"不可忽视 GDP"，《经济学动态》2012 年第 7 期。

一年，国内外经济环境发生了重大变化。我们将 2008 年我国经济形势归纳为以下 4 个特点。

1. 国际国内四重调整的叠加

2008 年，我国经济形势最突出的特点是，我们面临着国际国内四重调整的叠加，即国内经济长期快速增长后的调整与国内经济周期性调整相叠加，又与美国次贷危机导致的美国经济周期性衰退和调整相叠加，与美国次贷危机迅猛演变为国际金融危机而带来的世界范围大调整相叠加。

改革开放 30 年来，我国经济取得了年均 9.8% 的长期快速增长。但与此同时也积累了不少问题，特别是长期形成的粗放型经济增长方式和结构性矛盾尚未根本改变。粗放型经济增长方式主要表现为"三高五低"：高能耗、高物耗、高污染；低劳动成本、低资源成本、低环境成本、低技术含量、低价格竞争。这种粗放型增长方式的外延扩展，就是在国际上的低成本竞争，使经济增长的外向依存度很高。经济的结构性矛盾主要表现在：一、二、三次产业结构不协调，内需与外需不均衡，投资与消费比例不合理，城乡和区域发展不平衡等。这种增长方式和经济结构受到能源、矿产资源、土地、水和生态环境的严重制约，受到各种成本上升的影响，受到国内消费需求狭窄的限制，并极易受到国际上经济、金融等风险的冲击。

对经济发展中这些长期积累问题的调整与我国本轮经济周期连续多年上升后的周期性调整交织在一起。2000 年，我国经济增长率（GDP 增长率）越过上一轮周期（1953 年以来的第九轮周期）的谷底，即越过 1999 年的 7.6% 而回升到 8.4%，开始进入新一轮（第十轮）周期。从 2000 年到 2007 年，经济增长率分别为 8.4%、8.3%、9.1%、10%、10.1%、10.4%、11.6% 和 13%，连续 8 年处于 8% 至 13% 的上升通道内（见图 3-1）。在我国以往的经济周期中，经济增长率的上升阶段一般只有短短的一两年，而本轮经济周期的上升阶段已持续了 8 年，这在新中国成立以来的经济发展史上还是从未有过的。但在本轮经济周期连续多年的上升中，也出现了经济增长偏快、物价上涨压力加大等问题，亟须调整。2008 年，经济增长率回落到 9%；各季度分别为 10.6%、10.1%、9.0% 和 6.8%。

以上长期性问题的调整和周期性问题的调整，都要求适当降低经济增长速度。而在此时，2007 年夏，美国次贷危机使美国经济进入了周期性的衰退和调整（1949 年以来的第 11 个衰退）。2008 年 9 月，美国次贷危机又迅

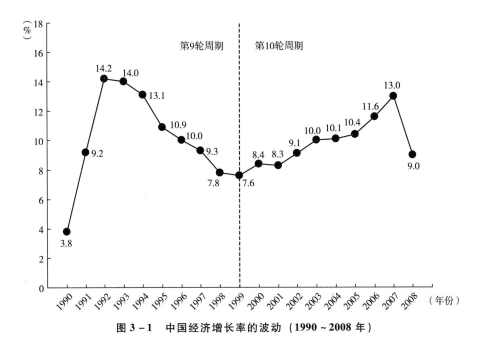

图 3−1　中国经济增长率的波动（1990～2008 年）

速演变为严峻的、百年难遇的国际金融危机，世界经济进入大调整，增长明显减速，使我国外需急剧下降。按照国际货币基金组织 2009 年 1 月 28 日发布的最新数据和预测，2008 年和 2009 年，中国、美国、世界的经济增长率均呈下降趋势（见表 3−1 和图 3−2）。中国经济从 2007 年的 13%，下降到 2008 年的 9.0%，2009 年预计下降到 6.7%。美国经济从 2007 年的 2%，下降到 2008 年的 1.1% 和 2009 年预计的 −1.6%。据美国商务部 2009 年 1 月底最新报告，2008 年第四季度美国 GDP 按年率计算为 −3.8%，这是 1982 年第一季度之后，27 年来的最大降幅。世界经济从 2007 年的 5.2%，下降到 2008 年的 3.4% 和 2009 年预计的 0.5%。国际货币基金组织的报告称："2009 年的世界经济增长预计将下降至 0.5%，这将是第二次世界大战以来的最低增长率。"日本经济从 2007 年的 2.4%，下降到 2008 年的 −0.3% 和 2009 年预计的 −2.6%。欧元区经济从 2007 年的 2.6%，下降到 2008 年的 1.0% 和 2009 年预计的 −2.0%。"金砖四国"中，印度经济从 2007 年的 9.3%，下降到 2008 年的 7.3% 和 2009 年预计的 5.1%。俄罗斯经济从 2007 年的 8.1%，下降到 2008 年的 6.2% 和 2009 年预计的 −0.7%。巴西经济从 2007 年的 5.7%，略上升到 2008 年的 5.8%，2009 年预计降为 1.8%。

表 3 - 1　世界经济和有关国家经济增长率（1998～2010 年）

单位：%

年　份	中　国	世　界	美　国	日　本	欧元区	印　度	俄罗斯	巴　西
1998	7.8	2.5	4.2	- 2.0	2.8	6.0	- 5.3	0.1
1999	7.6	3.5	4.5	- 0.1	3.0	6.9	6.4	0.3
2000	8.4	4.7	3.7	2.9	3.8	5.4	10.0	4.3
2001	8.3	2.2	0.8	0.2	1.9	3.9	5.1	1.3
2002	9.1	2.8	1.6	0.3	0.9	4.6	4.7	2.7
2003	10.0	3.6	2.5	1.4	0.8	6.9	7.3	1.1
2004	10.1	4.9	3.6	2.7	2.1	7.9	7.2	5.7
2005	10.4	4.5	3.1	1.9	1.6	9.1	6.4	3.2
2006	11.6	5.1	2.8	2.2	2.8	9.7	6.7	3.8
2007	13.0	5.2	2.0	2.4	2.6	9.3	8.1	5.7
2008	9.0	3.4	1.1	- 0.3	1.0	7.3	6.2	5.8
2009	6.7	0.5	- 1.6	- 2.6	- 2.0	5.1	- 0.7	1.8
2010	8.0	3.0	1.6	0.6	0.2	6.5	1.3	3.5

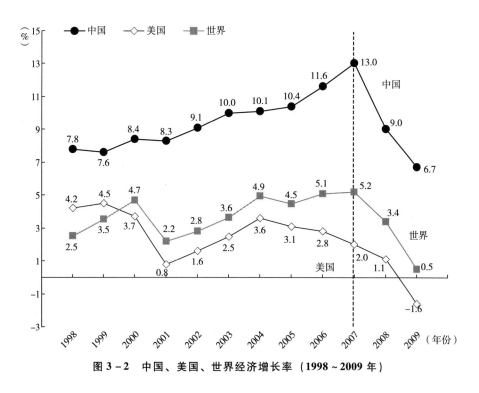

图 3 - 2　中国、美国、世界经济增长率（1998～2009 年）

国际国内多重调整的叠加效应，产生出两方面的巨大压力。一方面，加大了我国经济发展方式转变和结构调整的压力，要求经济增长由主要依靠投资、出口拉动，向依靠消费、投资、出口协调拉动转变；由主要依靠第二产业带动，向依靠第一、第二、第三产业协同带动转变；由主要依靠增加物质资源消耗、低成本扩张，向主要依靠科技进步，建设创新型国家和资源节约型、环境友好型社会转变。另一方面，更加大了我国经济下行的压力。这场国际金融危机是 1929~1933 年大萧条之后世界上最严重的危机。特别是目前这场危机尚未见底，其对金融领域与实体经济的影响都还在继续蔓延和加深。

2. 经济增长呈现"前高后低"态势

2008 年内，一些经济指标从各月累计同比增速看，下降较为平缓，但从当月同比增速看，则降幅很大，呈现出"前高后低"态势。

（1）全国规模以上工业增加值

2008 年，从 1~12 月的累计同比增速看，全国规模以上工业增加值下降较为平缓（见图 3-3），由最高点 1~3 月的 16.4%，下降到 1~12 月的12.9%，仅下降了 3.5 个百分点。而从当月同比增速看，由 6 月的 16% 迅速下降到 11 月的 5.4%，下降了 10.6 个百分点，有如"高台跳水"。从历史资料的对比看，如果除去各年受季节影响较大的 1、2 月数据，那么这是工

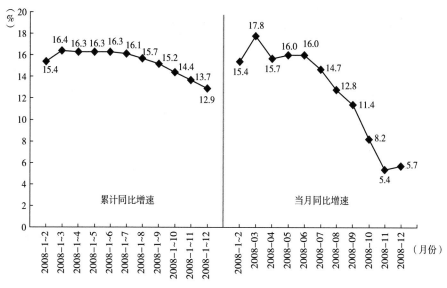

图 3-3　全国规模以上工业增加值增速

业增加值当月同比增速自 1991 年 12 月曾降低到 5% 之后，17 年来的最低增幅，甚至低于受亚洲金融危机冲击时的 1998 年和 1999 年各月的增长水平。不过，12 月同比增速为 5.7%，比 11 月略加快 0.3 个百分点。初步看，增速陡降趋势有所遏制。

（2）出口增长率

2008 年，从各月累计同比增速看，出口下降较为平缓，由最高点 1~5 月的 22.9%，下降到 1~12 月的 17.2%，仅下降了 5.7 个百分点（见图 3-4）。而从当月同比增速看，由 7 月的 26.9%，下降到 10 月的 19.2%，又急速下降到 11 月的 -2.2%。从 7 月到 11 月，下降了 29.1 个百分点，更是"高台跳水"。12 月，又降到 -2.8%。从历史资料的对比看，11 月的 -2.2% 是出口当月同比增速自 2001 年 6 月曾降低到 -0.5% 之后，7 年来首次出现负增长。

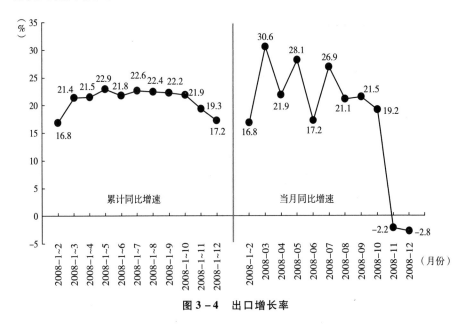

图 3-4　出口增长率

（3）进口增长率

2008 年，从各月累计同比增速看，进口下降相对来说较为平缓，由最高点 1~7 月的 31.1%，下降到 1~12 月的 18.5%，下降了 12.6 个百分点（见图 3-5）。而从当月同比增速看，由 5 月的 40.0%，下降到 10 月的 15.6%，又急速下降到 11 月的 -17.9%。从 5 月到 11 月，下降了 57.9 个百分点，下降得十分陡峭。12 月，又降到 -21.3%。

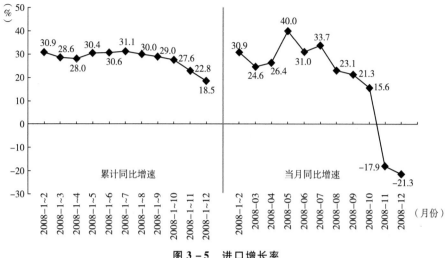

图 3 - 5　进口增长率

3. 各地区经济增速不平衡

2008 年,各地区经济增速的升降波动很不平衡,东部沿海地区增速回落较早且降幅较大。以 2001 ~ 2008 年各地区规模以上工业增加值的增速来考察(以下简称工业增速)。图 3 - 6 给出了全国工业增速的波动曲线。总体来看,这一增速在 2001 ~ 2007 年基本处于上升期(见图 3 - 6 中趋势线)。其中, 2003 ~ 2007 年连续保持了 16% ~ 18% 的较高增长。2007 年是增速的峰值,达 18.5%。2008 年增速降为 12.9%,从峰值下降了 5.6 个百分点。

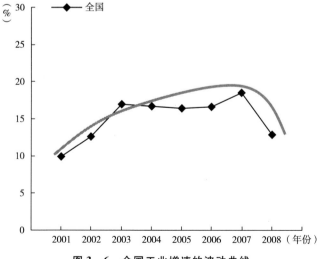

图 3 - 6　全国工业增速的波动曲线

从各地区工业增速的波动情况看，可以分为以下四种类型。

类型1：拱圆形波动。一些地区，本轮周期的上升期在两三年前已结束，近两三年来已处于回落期，大体呈现出一种拱圆形波动。在这种波形下，从前几年增速的峰值到2008年，回落的幅度比较大。在全国32个省、自治区、直辖市（不含港、澳、台）中，呈现这种波形的地区共12个。主要是东部沿海的7个地区：浙江（见图3-7）、江苏（见图3-8）、广东（见图3-9）、山东（见图3-10）、北京、上海、河北；以及西部的5个地区：贵州、西藏、甘肃、宁夏、内蒙古。

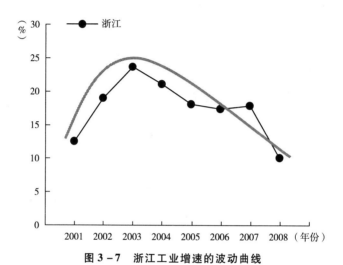

图3-7　浙江工业增速的波动曲线

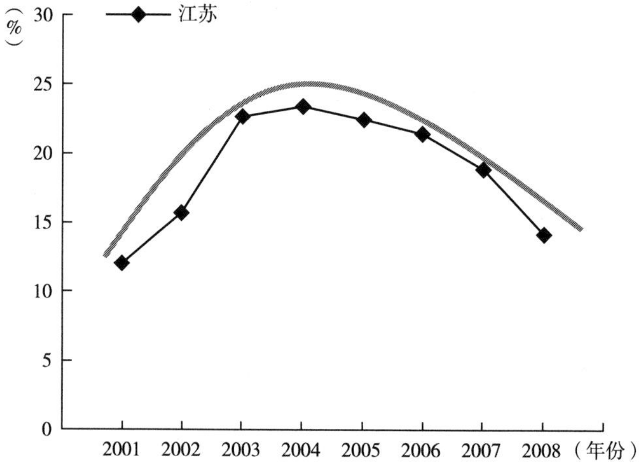

图3-8　江苏工业增速的波动曲线

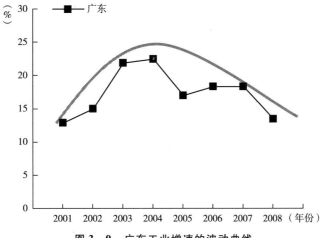

图 3-9 广东工业增速的波动曲线

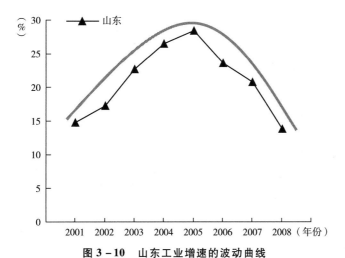

图 3-10 山东工业增速的波动曲线

浙江工业增速的峰值出现在 2003 年，从 2004 年起，增速已开始下降。从 2003 年峰值为 23.7%，到 2008 年为 10.1%，增速回落很大，达 13.6 个百分点。而且，2008 年增速甚至低于 2001 年（12.5%）。2001 ~ 2006 年，浙江工业增速均高于全国；而 2007 年、2008 年则低于全国。

江苏工业增速的峰值出现在 2004 年，从 2005 年起，增速已开始下降。2004 年峰值为 23.4%，2008 年为 14.2%，增速回落 9.2 个百分点。

广东工业增速的峰值亦出现在 2004 年，2005 年至今，处于回落期。2004 年峰值为 22.4%，2008 年为 12.8%，增速回落 9.6 个百分点。

山东工业增速的峰值出现在 2005 年，从 2006 年起，增速开始下降。

2005 年峰值为 28.4%，2008 年为 13.8%，增速回落 14.6 个百分点。

类型 2：双峰形波动（开始回落）。一些地区，2001 年以来包含两个小周期，呈现出双峰形波动，其中第一个小周期已过，在第二个小周期内，近一两年增速上升，而 2008 年开始回落。在这种波形下，在第二个小周期内，除海南和山西外，其他 10 个地区由峰值到 2008 年的回落幅度相对较小。呈现这种波形的地区共 12 个，主要是中部的 5 个地区：湖北（见图 3－11）、湖南（见图 3－12）、安徽、山西、江西；以及福建（见图 3－13）、海南、四川、云南、重庆（见图 3－14）、辽宁、吉林。

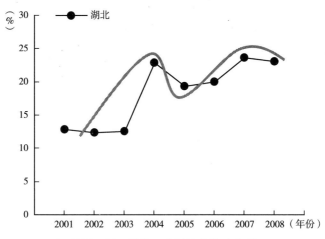

图 3－11　湖北工业增速的波动曲线

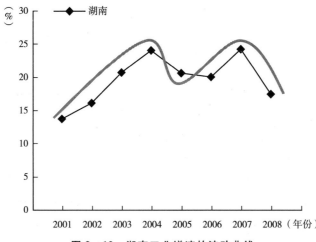

图 3－12　湖南工业增速的波动曲线

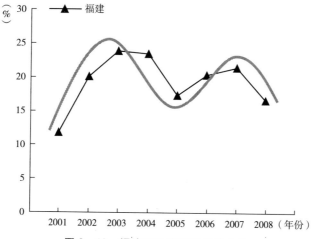

图 3 – 13 福建工业增速的波动曲线

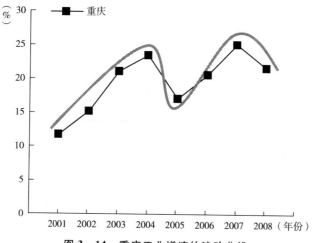

图 3 – 14 重庆工业增速的波动曲线

以湖北为例,工业增速分别在2004年、2007年出现两个峰值。2007年峰值为23.6%,2008年为21.6%,增速仅回落2个百分点。

类型3:弯月形波动。一些地区,本轮周期在2001~2007年基本上一直处于上升期,2008年开始回落,呈现出一种弯月形波动。在这种波形下,从2007年峰值到2008年的回落幅度亦相对较小。呈现这种波形的地区有3个:广西(见图3-15)、河南(见图3-16)、黑龙江。

以广西为例,工业增速在2001~2007年由8.6%上升到26.5%,2008年降为22.6%,回落3.9个百分点。

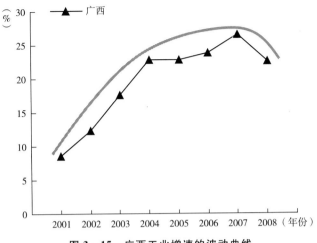

图 3 - 15 广西工业增速的波动曲线

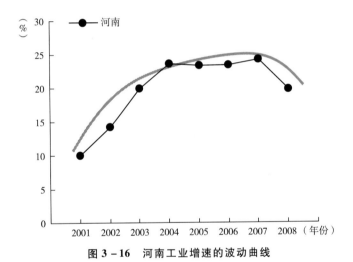

图 3 - 16 河南工业增速的波动曲线

类型 4：双峰形波动（仍在上升）。一些地区，亦包含两个小周期，呈现出双峰形波动，其中第一个小周期已过，但在第二个小周期内，2008 年增速没有回落，而是上升。呈现这种波形的地区有 4 个：陕西（见图 3 - 17）、青海（见图 3 - 18）、新疆（见图 3 - 19）、天津（见图3 - 20）。

以陕西为例，在第二个小周期内，规模以上工业增加值增速的低谷为 2006 年的 18.4%，到 2008 年为 21%，上升了 2.6 个百分点。

由以上分析可以得出两点：一方面，近几年来，各地区经济增速的升降波动很不平衡，特别是一些东部沿海地区，在国际金融危机爆发和冲击之

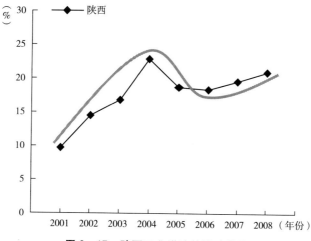

图 3 - 17　陕西工业增速的波动曲线

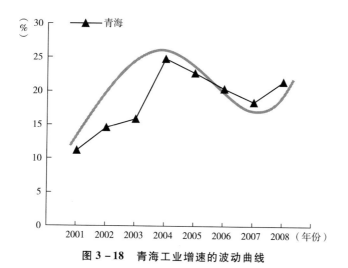

图 3 - 18　青海工业增速的波动曲线

前，已处于增速回落的调整过程中；另一方面，我们也看到，由于各地区增速不平衡，有起有落，调整亦有先有后，也使整个宏观经济增速在当前及今后一段时间的调整中，不至于回落过大，而仍可保持一定的平稳增长。

4. 物价增幅回落较快

（1）居民消费价格月同比上涨率

2008 年内，物价增幅回落较快，这为实施扩张性宏观调控政策提供了空间。本轮居民消费价格上涨之势是从 2007 年 6 月上涨到 4.4% 开始的（见图 3 - 21），随后，当年 8 月至 12 月连续 5 个月处在 6.2% ~ 6.9% 的较

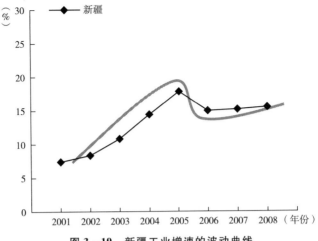

图 3-19　新疆工业增速的波动曲线

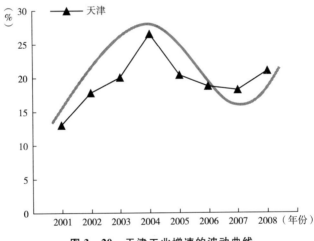

图 3-20　天津工业增速的波动曲线

高位势上。进入 2008 年后，2 月至 4 月，又上升到 8% 以上的高位，这是居民消费价格月同比上涨率自 1996 年 5 月曾处于 8.9% 之后，将近 12 年来的最高涨幅。这时，抑制物价上涨成为宏观调控的突出问题。5 月之后，涨幅逐月回落，至 12 月当月降为 1.2%，2008 年全年平均为 5.9%。2009 年 1 月，涨幅又回落到 1%。

（2）工业品出厂价格月同比上涨率

从 2007 年 8 月的 2.6%，到 2008 年 8 月的 10.1%，工业品出厂价格一路上升（见图 3-22）。2008 年 9 月涨幅开始下降；到 12 月，降为 -1.1%，工业品出厂价格出现绝对水平的下降。2009 年 1 月，继续降为 -3.3%。

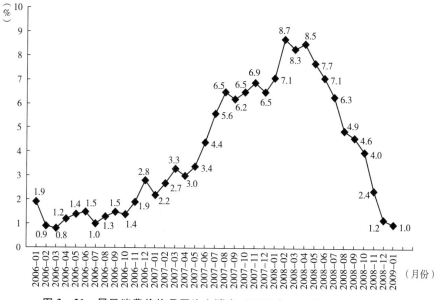

图 3 - 21　居民消费价格月同比上涨率（2006 年 1 月至 2009 年 1 月）

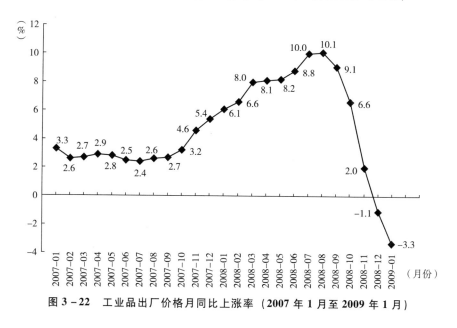

图 3 - 22　工业品出厂价格月同比上涨率（2007 年 1 月至 2009 年 1 月）

二　2009 年国内外经济走势分析

1. 国际经济走势的不确定性

2009 年，国际经济走势仍然具有很大的不确定性。美国次贷危机和国际金融危机对世界经济增长的影响何时见底，看法仍然并不一致。归纳各种不同的预测和分析①，国际经济走势有以下六种可能性：

第一种，"V"形波动（尖底）。世界经济短期剧烈下降后，各国救助计划取得成效，2009年即可触底，2010年初可能会复苏。

第二种，"U"形波动（宽底）。世界经济剧烈下降后，不会马上见底复苏，而是拖出一个很宽的底部，比如将处于三至五年低迷期，之后复苏。因为银行为规避风险，仍不愿意放贷，尽管利率降低，但银行并没有把更低的利率转给借贷方；同时，各国政府再拿不出更加有效的刺激政策。

第三种，"W"形波动（双底）。世界经济将连续两次触底，即连续经历两次衰退。第一次衰退后刚刚出现复苏，接着又会陷入第二次衰退。这是因为，有可能遇到石油减产冲击，或农业新旱情冲击；同时，在首次复苏时若出现通货膨胀，加息政策将使借贷者苦于还债而丧失信心，房产收回率和公司破产数量将会再次攀升。

第四种，尚难言底（无底）。刚刚进入2009年，国际上已在普遍谈论：危机还在继续，第二波金融海啸即将袭来，短期内难以言底。一方面，自2008年9月15日美国雷曼兄弟破产，第一波金融海啸席卷全球之后，2009年新年以来，欧美金融巨头的亏损和国际金融市场的动荡再次愈演愈烈；另一方面，国际金融危机已经对实体经济产生重大影响，反过来，实体经济的衰退又传导给金融业，银行的风险不断加大，给第二波金融危机推波助澜。为了严防金融危机升级，美欧等一些国家最近掀起第二波政府救助高潮。

第五种，"L"形波动（长底）。世界经济下降后，中短期内难以复苏，将拖出一个很长的底部，比如十年。正像日本银行业危机过后所看到的那样。通货膨胀转为长期的通货紧缩，企业破产率创新高，失业人数上升，银行和保险公司倒闭，股票指数大幅下跌而难以恢复元气。

第六种，大萧条。比如，中东地区的战争导致世界油价涨至最高水平，迫使各国央行为抵御通货膨胀而纷纷加息，致使大国大多陷于严重的经济萧条。一些国家的银行系统将会崩溃，民众无法存取现金。失业率超过20世

---

① 朱利亚·芬奇："接下来可能发生什么？"，原载英国《卫报》2008年10月18日，中文载《参考消息》2008年10月20日；特刊"第二波金融危机将袭击全球？"，《参考消息》2009年2月5日。

纪 30 年代的水平。世界总产量长期处于不断的下降状态。出现大规模社会动荡和政治动荡。2008 年 12 月以来，国际金融危机的蔓延和深化导致欧洲各国掀起社会抗议的浪潮。2009 年 1 月 29 日，法国爆发了金融危机以来第一次大规模罢工活动。

目前看，占主导的是第一种看法，即世界经济走势将呈 "V" 形波动，2009 年见底，2010 年复苏。比如根据国际货币基金组织 2009 年 1 月 28 日最新预测，全球经济预计在 2010 年将逐步复苏。世界经济增长率将由 2009 年低谷的 0.5% 回升到 2010 年的 3%。同期，中国经济将由 6.7% 回升到 8%；美国经济将由 -1.6% 回升到 1.6%；日本经济将由 -2.6% 回升到 0.6%；欧元区经济将由 -2% 回升到 0.2%；印度经济将由 5.1% 回升到 6.5%；俄罗斯经济将由 -0.7% 回升到 1.3%；巴西经济将由 1.8% 回升到 3.5%；发达经济体将由 -2% 回升到 1.1%；新兴和发展中经济体将由 3.3% 回升到 5%。然而，国际货币基金组织强调指出：全球经济预计在 2010 年逐步复苏，但是前景非常不确定。世界银行 2008 年 12 月 9 日发布的报告，也预计世界经济会在 2010 年复苏。

2. 国内经济走势的不确定性

受国际经济走势不确定性的影响，2009 年中国经济走势也仍然具有很大的不确定性。这反映在国内外各种有关机构和学者对中国 2009 年经济增长率的预测上，出现许多种不同的预测结果，归纳起来有以下 7 种（见表 3 - 2）。

表 3 - 2　2009 年中国 GDP 增长率预测

序　号	状　态	GDP 增长率	预测者
1	低 1	5%	苏格兰皇家银行
2	低 2	6.7%	国际货币基金组织
3	低 3	7% ~ 7.5%	德意志银行、世界银行
4	中 1	8% ~ 8.4%	恒生银行、联合国开发计划署
5	中 2	8.5%	中银香港
6	高 1	9% 略高	中国部分机构和学者
7	高 2	10% 左右	中国某些机构和学者

低预测有三组：低 1 组预测为 5%，如苏格兰皇家银行发布；低 2 组预测为 6.7%，如国际货币基金组织发布；低 3 组预测为 7% ~ 7.5%，如德意

志银行、世界银行等发布。

中预测有两组：中 1 组预测为 8% ~ 8.4%，如恒生银行、联合国开发计划署发布；中 2 组预测为 8.5%，如中银香港发布。

高预测有两组：高 1 组预测为 9% 略高，如国内有的机构和学者发布；高 2 组预测为 10% 左右，如国内有的机构和学者发布，认为中国经济增长从 2009 年第一季度开始就会回升，到第四季度可能会达到很高，全年可能会达到 10% 左右，而到 2010 年第一季度，经济可能会出现过热。①

需要说明的是，国际货币基金组织对 2009 年世界经济和各国经济的预测曾进行了 5 次，其中对 2009 年中国经济增长率的 5 次预测分别为：

第 1 次，2008 年 4 月，预测为 9.5%；

第 2 次，2008 年 7 月，预测为 9.8%，比上次提高了 0.3 个百分点；

第 3 次，2008 年 10 月，预测为 9.3%，比上次降低了 0.5 个百分点；

第 4 次，2008 年 11 月，预测为 8.5%，比上次又降低了 0.8 个百分点；

第 5 次，2009 年 1 月，预测为 6.7%，比上次又降低了 1.8 个百分点。

这进一步表明，2009 年中国经济走势的不确定性的确很大。在国际货币基金组织 1 月 28 日发布 6.7% 的最新预测后，其总裁卡恩在 2 月 2 日回答新华社记者提问时表示，考虑到中国仍有许多刺激经济增长的空间，其 8% 的增长目标具有挑战性，却是可能实现的。他强调，中国经济过去的表现总是超出人们的预期。

还需要说明的是，联合国开发计划署于 2009 年 1 月发布的《2009 年世界经济形势与展望》报告，设计了三套预测方案。对于 2009 年中国经济增长率，按其第一套基准方案，为 8.4%；按其第二套乐观方案，可达 8.9%；按其第三套悲观方案，则为 7%。

3. 国内经济增长有望呈现"前低后高"态势

从 2009 年内各季度 GDP 增速看，一些专家学者分析指出，有望呈现"V"形反弹。2009 年第一季度，有可能继续下滑探底。从第二季度起，将出现趋稳和回升势头。2008 年第四季度国家出台的一系列扩大内需的调控措施的效果，将会逐渐显现出来。同时，到第二季度末，许多企业有可能消化掉累积的存货。2009 年上半年，GDP 增长率预计可为 7% 至 7.5% 左右；下半年，有可能高于 8%，在世界各大经济体中有望率先摆脱经济下滑趋势

---

① 王红茹："经济观察：2009 GDP 增长猜想"，《中国经济周刊》2009 年 1 月 5 日。

和最早实现复苏。全年"保八"是有希望的。

也有专家学者提出不同预测,认为中国经济波动可能出现两次探底的"W"形复苏。[1] 因为 2009 年内各个季度同比增速的"前低后高"态势,实际上包含着 2008 年内各个季度同比增速"前高后低"态势的基数效应,而 2009 年内各个季度的环比增速仍将下降。同时,企业的投资减速还刚刚开始,预计将持续一年半左右的时间。所以,GDP 增长率在 2008 年第四季度首次见底后,2009 年内有所反弹,但 2010 年上半年可能再次探底。

4. 面临较明显的通货紧缩压力

有专家学者指出,居民消费价格涨幅从 2008 年 2 月的 8.7% 下降到 12 月的 1.2%,通货膨胀压力减退,而 2009 年内存在较明显的通货紧缩压力。对于全年居民消费价格涨幅,大体有三种预测:第一种预测为 -0.2% 至 -0.5%;第二种预测为 1%~2%;但也有专家学者认为,随着大规模投资的展开,不排除出现通货膨胀反弹的可能性,这样,第三种预测为 4% 左右。

5. 出口走势不容乐观

这次国际金融危机对我国外需下降的影响,要比 1997 年和 1998 年受到亚洲金融危机冲击时大得多。当时,美、欧等发达经济体处于正增长之中。而在当前危机中,2009 年,美、日、欧三大经济体均将同时陷于负增长,全球经济增长也将降至 0.5% 的低水平,这将是第二次世界大战以来全球的最低增长率。在这种大背景下,我国的出口不可能像 2002~2007 年那样每年增长 20%,甚至 30% 以上。具体针对 2009 年我国出口增长的预测,不同的专家学者也做出不同的预测,大体可归纳为 4 种看法:①零增长;②负增长;③微弱的低增长,如 2%~3%;④中低增长,5%~10%。

三　宏观调控政策的重大调整

从 2007 年底中央经济工作会议到 2008 年底中央经济工作会议,在短短的一年时间里,为及时、有效地应对国内外经济走势的复杂多变,宏观调控政策进行了三次重大调整。

第一次重大调整:2007 年 12 月初的中央经济工作会议,针对当时经济增长偏快和通货膨胀压力加大的趋势,宏观调控的首要任务由"单防"(防

---

[1]　石贝贝:"德银经济学家马骏:中国经济将呈'W'形复苏",2009 年 1 月 23 日《上海证券报》。

止经济增长由偏快转为过热），调整为"双防"（防止经济增长由偏快转为过热，防止价格由结构性上涨演变为明显通货膨胀）。与此相适应，稳健的货币政策调整为从紧的货币政策。

第一次重大调整之后，根据国内外经济形势的不断变化，宏观调控在操作过程中有所微调。①2008年1月底，"科学把握宏观调控的节奏和力度"的提出。2007年12月中央经济工作会议刚刚结束的时候，普遍预期2008年宏观调控政策特别是货币政策的紧缩力度会比较大。但进入2008年后，美国次贷危机的影响在全球蔓延，世界经济增长面临减速等许多不确定因素。2008年1月31日，《人民日报》刊发了胡锦涛总书记在中共中央政治局第三次集体学习时的讲话，提出"要正确把握世界经济走势及其对我国的影响，充分认识外部经济环境的复杂性和多变性，科学把握宏观调控的节奏和力度"。第二天，2008年2月1日，三大证券报（《中国证券报》《上海证券报》《证券时报》）分别以"科学把握宏观调控的节奏和力度"为题发表评论，认为宏观调控政策有可能会有所微调而放松。②2008年3月5日，《政府工作报告》提出：2008年的经济工作，要把防止经济增长由偏快转为过热、防止价格由结构性上涨演变为明显通货膨胀作为宏观调控的首要任务。特别提出："鉴于当前国内外经济形势发展的不确定因素较多，要密切跟踪分析新情况新问题，审时度势，从实际出发，及时灵活地采取相应对策，正确把握宏观调控的节奏、重点和力度，保持经济平稳较快发展，避免出现大的起落。"③2008年3月29日，《国务院2008年工作要点》提出"防止经济下滑"。"既要防止经济由偏快转为过热，抑制通货膨胀，又要防止经济下滑，避免大的起落"。①

第二次重大调整：2008年7月25日中央政治局会议提出，宏观调控的首要任务由"双防"调整为"一保一控"（保持经济平稳较快发展、控制物价过快上涨）。"一保一控"与"双防"的区别是：由原来第一防的"防过热"，改变为保平稳较快发展，包含了防下滑的意思。

第三次重大调整：2008年10月之后，由"一保一控"调整为"一保一扩一调"（保增长、扩内需、调结构）。2008年9月，美国次贷危机迅速演变成百年难遇的全球金融危机，我国经济受到的影响明显加大，而物价涨幅从5月起逐月回落，物价上涨问题已不是突出矛盾。①2008年10月17日，

---

① 《国务院2008年工作要点》，2008年4月3日《人民日报》。

国务院常务会议提出"保增长"和实施"灵活审慎"的宏观经济政策。②2008年11月5日，国务院常务会议提出实行积极的财政政策和适度宽松的货币政策，出台了扩大内需、促进经济增长的十大措施，提出两年内中央工程建设项目的4万亿元大规模投资计划（其中，中央政府投资1.18万亿元，带动地方和社会投资共达4万亿元）。③2008年11月28日，中共中央政治局会议提出，把保持经济平稳较快发展作为2009年经济工作的首要任务，把"保增长、扩内需、调结构"更好地结合起来。④2008年12月8～10日，中央经济工作会议进一步明确提出，经济增长下滑过快已经成为当前我国经济运行中的突出问题，必须把保持经济平稳较快发展作为2009年经济工作的首要任务；并提出"在保增长上下工夫"的四个指导原则：把扩大内需作为保增长的根本途径，把加快发展方式转变和结构调整作为保增长的主攻方向，把深化重点领域和关键环节改革，提高对外开放水平作为保增长的强大动力，把改善民生作为保增长的出发点和落脚点。

四　需要进一步研究和处理好的问题

1. 处理好政府与市场的关系

在应对国际金融危机中，各国政府都显著强化了对经济的干预。国际上有评论指出，2008年将是西方主流经济理论和政策从自由放任转向政府干预的转折年。

从西方经济学说史的角度看，是以主张政府干预为主流，还是以主张市场自由放任发展为主流，从15世纪至今，随着不同时代所面临的不同经济问题，其演变已经历了四个阶段。

第一个阶段，15～17世纪，重商主义是当时流行于西欧的主流经济思想。在西欧封建社会晚期和资本主义生产方式萌芽并逐渐成长的初期，为了发展商品经济，打破封建割据，扩大对外贸易，保护关税和本国产业，重商主义主张国家积极干预经济，主张强化封建集权的国家力量。

第二个阶段，18世纪至20世纪30年代，主流经济理论转变为资产阶级古典经济学及其后的新古典经济学。为了从封建制度束缚下解放生产力和进一步发展生产力，其主张经济自由主义，反对国家干预经济。主张无论是国内商业还是对外贸易都要取消一切保护政策和限制措施。认为资本主义市场经济本身可以自行调节、自行均衡、自行解决经济危机。

第三个阶段，20世纪30～70年代，主流经济理论转变为凯恩斯主义。

1929～1933 年的大危机，打破了长期以来占主流地位的古典均衡理论，使凯恩斯主义迅速兴起。这种理论认为市场经济本身具有缺陷，主张通过政府干预来熨平经济波动。

第四个阶段，20 世纪 70 年代至 2008 年，主流经济理论转变为现代新古典经济学。在 20 世纪 70 年代石油危机的冲击下和严重的经济滞胀困境中，凯恩斯主义失灵，各种主张市场经济自由发展、反对政府干预、放松政府管制的现代新古典经济学相继兴起。

然而，2008 年 9 月爆发的国际金融危机，像 1929～1933 年的大危机和 20 世纪 70 年代的石油危机一样，对原有的主流经济理论提出了挑战。面对严重的危机，许多国家经济政策的重心转向政府的大规模救市干预。国际上有评论指出，国家与市场再次展开地盘之争，国家和市场之间的钟摆正在摆回来。

我们认为，在现代市场经济条件下，政府管理经济的职能和市场在资源配置中的基础性作用是相辅相成的，政府这只"看得见的手"和市场这只"看不见的手"缺一不可。合理的、完善的政府干预对于弥补市场经济的缺陷，维护市场机制正常运行秩序，履行国家经济职能，保证国家经济安全是非常必要的。特别是在当前应对百年难遇的国际金融危机中，政府这只"看得见的手"的作用必然会得到强化。但经济活动和经济运行的基座仍然是市场经济，市场这只"看不见的手"在资源配置中的基础性作用不会改变。从我国的情况来说，我们在不断加强和改善政府经济管理职能的同时，还要认识到我国的社会主义市场经济体制刚刚建立，市场发育还很不成熟，市场机制的作用还很不健全。在当前保增长、扩内需中，一定要坚持社会主义市场经济的改革方向不动摇。通过深化改革，消除制约扩大内需的体制性机制性障碍，构建有利于鼓励企业合理投资和支持居民合理消费的体制、机制。扩大内需、保持增长、保证就业，最终还要靠企业、居民和社会的力量。以全社会固定资产投资的资金来源为例，国家预算内资金所占的比重由改革开放之初 1981 年的 28.1% 下降到 2007 年的 3.9%，下降了 24.2 个百分点；而各地区、各部门和企事业单位的自筹资金等则由 55.4% 上升到 77.4%，上升了 22 个百分点。现在，政府的直接投资只占全社会投资的很小一部分。扩大投资主要靠企业投资和社会投资，也就是靠发挥市场在资源配置中的基础性作用。当前，全国就业形势十分严峻。各级政府正在为扩大就业积极创造条件。但要大范围地解决就业问题，还要靠发挥广大中小企业和全社会的力量。

2. 处理好经济周期波动中繁荣与调整的关系

改革开放 30 年来，我国成功实现了从高度集中的计划经济体制到充满活力的社会主义市场经济体制的伟大历史转折。但市场经济不是风平浪静的经济，而是波动的经济。在经济周期波动中的各阶段之间，或各种经济态势之间，如繁荣与调整、上升与下行、扩张与衰退、宽松与紧缩、兴旺与危机、通胀与通缩等，具有一定的相互转换的内在关联性。从一定意义上说，每次繁荣都孕育着下一次调整，而每次调整也都孕育着下一次繁荣。

在当前国际国内经济形势下，这种关系可以给于我们如下启示。第一，每次调整、每次危机在优胜劣汰中往往孕育着新的发展机遇，带来科技的新突破，产品的新突破，管理的新突破。这就是"危"中有"机"。我们应在当前应对各种困难和挑战中，坚定信心，化压力为动力，化挑战为机遇，在逆境中寻找和培育新的生长点。第二，在实行宽松政策、推动扩张的过程中，要防止盲目的过度扩张，防止催生出新的泡沫。在解决眼前问题时，要注意隐含的、潜伏的问题，紧密跟踪形势，及时发现新情况、新苗头，不要累积出大问题。也就是我们常说的，要注意一种倾向掩盖另一种倾向。美国次贷危机的一个重要教训，就是在上一轮经济周期的低谷——2001 年，为了防止经济严重衰退和刺激回升，采取了过于宽松而又缺乏监管的政策，导致 2004 年经济高峰前后的房地产泡沫，最终导致 2007 年和 2008 年的严重危机。目前，对于我国两年内出台的 4 万亿元大规模投资计划，学界和社会上也提出了一些担忧。一是担忧大规模投资是否会导致新一轮经济过热和通货膨胀反弹；二是担忧许多工程建设都涉及用地问题，18 亿亩耕地红线能否守住；三是担忧一些地方和企业有可能沿用粗放式、外延式扩张方式，过度消耗能源资源，破坏生态环境，低水平重复建设，加大节能减排和污染治理的难度；四是担忧政府主导的投资是否会诱发各种腐败。

3. 处理好投资与消费的关系

多年来，我国投资与消费的比例不协调，投资率偏高、消费率偏低的状况尚未得到解决。进入新世纪以来，在我国工业化、城镇化加快的过程中，消费率不断下降，由 2000 年的 62.3% 下降到 2007 年的 48.8%，下降了 13.5 个百分点；而同期投资率由 35.3% 上升到 42.3%，上升了 7 个百分点；净出口率由 2.4% 上升到 8.9%，上升了 6.5 个百分点。在这次保增长、扩内需中，采取了许多扩大消费的举措，如提高中低收入居民的收入，完善各项社会保障制度，培育消费热点，稳定扩大住房和汽车等大宗消费，扩大教育、卫生、文化等公共服务消费。但在现阶段我国工业化、城镇化加快过程中，消费结构向住、行升级，投资的扩大仍然会使投资率上升。这是一个值得认真研究的问题。

随着我国综合国力的增强，在这次扩大投资中，与以往不同的一个特点是，十分重视与直接改善民生有关的各项工程，如加大政府对保障性住房的投资建设力度。在住房建设中有一个特殊的投资与消费的关系需要弄清楚。这就是，在国际上统一规定的国民经济核算统计中，住房建设是以"投资"计入支出法国内生产总值的"固定资本形成"项目中；而居民购买自住房，虽然对于居民生活使用来说完全属于消费，但在上述统计中，每年仅以很小数额的折旧费计入"最终消费"项目中。比如，有一套90万元的住房，盖了3年，平均说每年以30万元计入支出法国内生产总值的"固定资本形成"项目中。而居民在购买这套住房时，虽然花了90万元，但在每年支出法国内生产总值统计中，是以50年为期，年度折旧率2%，即每年仅以1.8万元计入"最终消费"项目中。简单地说，住房作为一种特殊商品，在年度统计中，以"投资"计入的多，以"消费"计入的很少。当一个国家处于住房建设高潮时期，投资率就会表现得较高。从长期看，居民住房基数扩大之后，在统计上，消费率会提高起来。

但从目前情况看，在扩大内需中，相对于扩大投资来说，扩大消费的措施还不够重，力度还不够大。

4. 处理好内需与外需的关系

按照国际货币基金组织的分析，2004～2007年，世界经济增长连续保持在5%左右的较高水平，是20世纪70年代初以来最强劲的增长。我国紧紧抓住了这一有利时机，发挥比较优势，充分利用外需，促进了经济的增长。2005～2007年，在我国支出法国内生产总值的增量中，货物和服务净出口增量的比重，即其贡献率迅速升高，达20%左右。在当前国际金融危机冲击下，世界经济增长迅速减速，我国的外部需求急剧减少，这在客观上为我们扩内需、调结构提供了强大的倒逼动力。为了保持经济长期的平稳较快发展，我们必须把经济增长的基本立足点放到扩大国内需求上。但是，这并不意味着我们要放弃利用外需。当今，以世界科技迅速发展和生产要素全球流动为基础的经济全球化大趋势不会改变。我们要统筹好国内国际两个大局，充分利用国内国际两种资源，把以扩大内需为主和稳定外需结合起来，继续发挥我国的比较优势，不断提升我国国际竞争能力和抗风险能力，以进一步提高我国的经济实力。

五　把握好 2009 年政府工作的基本思路、目标和原则

现从 2009 年政府工作的基本思路、目标和原则的角度，做进一步分析。2009 年是实施"十一五"规划的关键之年，也是进入新世纪以来我国经济发展最为困难的一年。2009 年 3 月，温家宝总理在十一届全国人大二次会议上所作的《政府工作报告》（以下简称《报告》），对 2009 年政府工作作了总体部署，提出了 2009 年政府工作的基本思路、目标和原则。把握好《报告》提出的基本思路、目标和原则，对于我们深入贯彻落实科学发展观，有效应对国际金融危机冲击，保持经济平稳较快发展，不断开创经济社会又好又快发展的新局面，具有重要意义。

（一）　政府工作的基本思路

《报告》提出，2009 年政府工作的基本思路是：要把保持经济平稳较快发展作为经济工作的首要任务，加强和改善宏观调控，着力扩大国内需求特别是消费需求，着力转变发展方式、加快经济结构战略性调整，着力深化改革、提高对外开放水平，着力改善民生促进社会和谐，全面推进社会主义经济建设、政治建设、文化建设、社会建设以及生态文明建设。这一基本思路包含四个层次的内容。

保持经济平稳较快发展。2009 年经济工作的首要任务是保持经济平稳较快发展。把保持经济平稳较快发展作为经济工作的首要任务，是因为国内外经济环境发生了重大变化。国际金融危机导致世界经济增长明显减速，使我国外需急剧下降，给我国经济发展带来严重影响。这一冲击与我国经济发展中长期积累的问题，主要是经济发展方式粗放和一些重要经济结构不合理的问题交织在一起，使我们面临极其复杂和严峻的形势，加大了我国经济下行的压力。目前，国际金融危机尚未见底，对我国的影响已从沿海向内地、从出口行业向其他行业、从中小企业向大企业延伸。经济增长下滑过快，已经成为影响我国经济社会发展全局的突出矛盾。不扭转这一趋势，就难以维护经济正常发展和社会和谐稳定的大局。因此，全力应对国内外经济环境的重大变化，扭转经济增长下滑过快趋势，保持经济平稳较快发展，就成为 2009 年经济工作的首要任务。

加强和改善宏观调控。为完成2009年经济工作的首要任务，必须做好的最直接、最关键工作是加强和改善宏观调控。宏观调控是政府的重要经济管理职能。在遇到经济衰退、金融危机而市场自发调节失灵的情况下，政府的宏观调控对保持经济平稳较快发展具有特别重要的作用。在当前的国际金融危机中，许多国家政府采取了力度很大的调控措施。面对国内外经济环境的重大变化，我国及时果断地调整了宏观调控的方向和政策，由2008年初的"双防"即防止经济增长由偏快转为过热、防止价格由结构性上涨演变为明显通货膨胀，调整为2008年中期的"一保一控"即保持经济平稳较快发展、控制物价过快上涨，到2008年第四季度又调整为"一保一扩一调"即保增长、扩内需、调结构。相应地，稳健的财政政策调整为积极的财政政策，从紧的货币政策调整为适度宽松的货币政策，并出台了一系列相关的重大措施。2009年，为完成好保持经济平稳较快发展这一首要任务，必须继续加强和改善宏观调控，正确把握调控的方向、重点、节奏和力度，增强调控的预见性、针对性和实效性，落实好已出台和将要陆续出台的各项政策措施。

着力抓好四个重要环节。为完成经济工作的首要任务，必须着力抓好四个重要环节。一是着力扩大国内需求特别是消费需求。这是保持经济平稳较快发展的根本着力点或基本立足点。二是着力转变发展方式、加快经济结构战略性调整。这是保持经济平稳较快发展的主攻方向，是实现经济长期持续健康发展的后劲源泉和基础。三是着力深化改革、提高对外开放水平。这是保持经济平稳较快发展的强大动力和体制机制保障。四是着力改善民生促进社会和谐。这是保持经济平稳较快发展的出发点和落脚点。

统筹推进社会主义现代化各项建设。全面推进社会主义经济建设、政治建设、文化建设、社会建设以及生态文明建设，是党的十七大提出的全面建设小康社会奋斗目标的新要求，是贯彻落实科学发展观的基本要求。在困难形势下做好政府工作，尤需促进现代化建设各个方面相互协调，促进生产关系与生产力、上层建筑与经济基础相互协调，不断推动社会主义现代化进程。

（二）经济社会发展的预期目标

经济增长预期目标。经济增长速度是宏观调控各目标中的核心目标，可从以下五方面来理解和把握。一是导向性。从2005年起，我们连续五年提出经济增长 8% 的目标。前四年，8% 的目标的导向是"防过热""防大起"，即防止经济增长由偏快转为过热、防止片面追求和盲目攀比速度。而 2009 年，8% 目标的导向是"防过冷""防大落"，即防止在严峻的尚未见底的国际金融危机影响下我国经济增长速度过度下滑。经济增长 8% 这一目标，也包含了在推动经济增长的同时要更加注重转变经济发展方式。二是必要性。我国作为一个拥有 13 亿人口的发展中国家，必须保持一定的经济增长速度。8% 是一个底线，是扩大城乡就业、提高居民收入、改善人民生活、发展社会事业的基础。三是可能性。虽然国内外经济环境发生了重大变化，但我国经济社会发展的基本面和长期向好的趋势没有改变，8% 的目标经过努力是完全可以达到的。四是预期性。8% 的目标是一个预期值，即综合考虑国内外各种因素而提出的一个期望达到的、可接受的最基本目标。它可以作为政府提出就业目标、物价目标、财政预算目标等宏观经济指标的基础依据。五是连续性。中央政府的经济增长目标着眼于年度之间经济的平稳运行，因此在一定时期、在年度之间具有一定连续性。

就业预期目标。2009 年就业形势非常严峻，城镇新增就业目标由上年的 1000 万人略调减为 900 万人以上，城镇登记失业率目标由上年的 4.5% 左右略调升为 4.6% 以内。目前，各级政府高度关注、积极解决就业问题，采取了一系列促进就业的措施：一是紧密结合扩大内需各项措施，发挥政府投资和重大项目带动就业的作用；二是帮扶企业克服困难，减轻企业负担，鼓励企业稳定就业岗位；三是充分发挥市场机制作用，加大政策扶持力度，鼓励自主创业；四是加强公共就业服务，做好重点人群（大学毕业生、农民工等）的就业工作。

城乡居民收入预期目标。2009 年的《报告》首次增加了"城乡居民收入稳定增长"的目标，这体现了科学发展观以人为本的核心。近年来，我国城乡居民收入大幅提高：城镇居民家庭人均可支配收入实际增长率由 2004 年的 7.7% 上升到 2007 年的 12.2%，农村居民家庭人均纯收入实际增长率由 2000 年的 2.1% 上升到 2007 年的 9.5%。2008 年，这两项收入分别增长 8.4% 和 8%。在国际金融危机影响下，居民收入增长率超过 8% 是很不容易的。2009 年，保增长、保就业、促进农业稳产农民增收、加强社会保障等，都有助于城乡居民收入稳定增长。同时，还采取了许多直接提高中低收入者收入的措施，如提高企业退休人员基本养老金水平、提高优抚对象等人员抚恤和生活补助标准等。

居民消费价格预期目标。把居民消费价格总水平涨幅定为 4% 左右，既考虑了总需求增长放缓、短期内价格下行压力加大的因素，又考虑了国内能源资源税费和价格改革、劳动力和资源环境成本刚性上升等因素，力求合理引导社会预期。

国际收支状况预期目标。近年来，我国国际收支不平衡特别是外贸顺差过大，这不利于国内外经济平衡。我国已在不断采取措施改善这一状况。目前，在国际经济环境突变、贸易保护主义抬头、我国外部需求大幅减弱的情况下，我们更要统筹好国内国际两个大局，进一步提高对外开放水平，转变对外经济发展方式，朝着继续改善国际收支状况的方向努力。

（三） 做好政府工作的重要原则

《报告》强调，做好政府工作必须把握好四个重要原则。

扩内需、保增长。把握好这一原则，核心是处理好内需和外需、投资和消费的关系。扩大内需是我国经济增长的基本立足点，是我国经济发展的长期战略方针。在当前国际金融危机冲击下，我国外部需求急剧减少，这为我们扩大内需提供了强大的倒逼动力。要把以扩大内需为主和稳定外需相结合，以保持国内经济长期平稳较快增长。就国内需求来说，多年来，在我国工业化、城镇化加快推进的过程中，投资和消费两大需求的比例不协调，投资需求偏高。应该看到，消费需求是拉动经济增长的最终需求。应借国际金融危机的倒逼动力，加快形成以内需为主特别是以消费需求为主来拉动经济增长的新格局。

调结构、上水平。把握好这一原则，核心是处理好保增长与转方式、调结构、提质量、增效益的关系。在当前保增长、扩内需、扭转经济增长下滑过快趋势的过程中，加快经济发展方式转变、推进经济结构战略性调整、提高经济增长质量和效益的大方向不能动摇。转方式、调结构、提质量和增效益，有利于提高经济增长的协调性和长期可持续性；而保增长、扩内需、扭下滑，可以为转方式、调结构、提质量和增效益提供必要的市场需求基础和物资、资金支持。这两方面有机结合起来，才既能有效地应对当前国际金融危机的冲击，又能解决我国经济增长中长期存在的问题，提升国民经济整体素质和国家整体竞争力。

抓改革、增活力。把握好这一原则，核心是处理好保增长与改革开放的关系。为保增长、扩内需，政府加强了宏观调控，增加了投资和公共支出。

但市场在资源配置中的基础性作用不会改变，保增长、扩内需最终还要靠企业、居民和全社会的力量。要坚持社会主义市场经济的改革方向不动摇，通过深化改革，消除制约扩大内需的体制机制障碍，构建有利于鼓励企业合理投资和支持居民合理消费的体制机制。同时，受国际金融危机影响，国际能源、资源、原材料、资产等价格大幅回落，为我们更好地利用国际国内两个市场、两种资源提供了一定的有利条件。要抓住有利时机，进一步扩大对外开放。

重民生、促和谐。把握好这一原则，核心是处理好保增长与改善民生的关系。与以往扩张性宏观调控政策的重点是扩大基础设施建设投资不同，这次为保增长、扩内需而增加的政府投资有四大重点，即民生工程、生态环境、自主创新、重大基础设施建设，其中民生工程排在首位。这体现了把保障和改善民生作为经济工作出发点和落脚点的思想。在保增长中，必须把扩大内需的民生工程办成人民群众真正得到实惠的民心工程，同时抓紧解决关系人民群众切身利益的热点难点问题，增强人民群众团结一致、战胜困难的信心和勇气。

第二节　2010 年：中国成为世界第二大经济体

如果说 2008 年是我国发展进程中很不寻常、很不平凡的一年，2009 年是新世纪以来我国经济发展最为困难的一年，那么 2010 年则是国内外经济环境极为复杂的一年。2010 年 3 月，温家宝总理在第十一届全国人大三次会议上所作的《政府工作报告》中指出："今年发展环境虽然有可能好于去年，但是面临的形势极为复杂。"复杂在于：各种积极变化和不利条件、短期问题和长期矛盾、新问题和老问题、国内因素和国际因素等相互交织，相互影响。

一　国际经济环境分析

总体来看，2010 年我国经济发展的国际环境具有"两面"或"双向"特点，即向好趋向和不利趋向相互交叠，表明外部环境的不稳定、不确定因素依然很多。

1. 世界经济有望恢复性增长，但复苏的基础仍然薄弱

在百年不遇的严重的国际金融危机冲击下，2009 年，世界经济出现了

第二次世界大战以来首次负增长,即出现了全球性的经济衰退。按照国际货币基金组织 2010 年 1 月公布的最新统计,2009 年,世界产出的增长率为 -0.8% (见表 3-3 和图 3-23)。各国在应对危机中,采取了一系列金融救援政策或经济刺激政策。这些应急政策的规模和力度都是空前的。这些政策的效应正在显现,到现在,可以说已经避免了像 1929~1933 年那样的世界经济大萧条的再现。具体看,世界经济在经历了 2008 年下半年至 2009 年上半年的大幅下滑后,从 2009 年下半年开始出现复苏的迹象。如果国际经济、金融领域不发生重大的意外事件,2010 年世界经济增长有望转负为正,实现恢复性增长。按照国际货币基金组织 2010 年 1 月公布的最新预测,2010 年世界产出预计增长 3.9% (见表 3-3)。其中,发达经济体的经济增长将由上一年的 -3.2%,回升到 2.1%。美国经济增长率上一年为 -2.5%,达到了 1947 年以来 62 年中的最大降幅,2010 年预计回升到 2.7%。欧元区将由上一年的 -3.9%,回升到 1%。日本将由上一年的 -5.3%,回升到 1.7%。而新兴和发展中经济体的回升情况有可能会好于发达国家,其经济增长将由上一年的 2.1%,回升到 6%。中国将由上一年的 8.7%,回升到 10%。印度将由上一年的 5.6%,回升到 7.7%。巴西将由上一年的 -0.4%,回升到 4.7%。俄罗斯将由上一年的 -9%,回升到 3.6%。

表 3-3　世界和主要经济体的经济增长率

单位:%

	2009 年统计	2010 年预测
世界	-0.8	3.9
发达经济体	-3.2	2.1
美国	-2.5	2.7
欧元区	-3.9	1.0
日本	-5.3	1.7
新兴和发展中经济体	2.1	6.0
中国	8.7	10.0
印度	5.6	7.7
巴西	-0.4	4.7
俄罗斯	-9.0	3.6

资料来源:IMF:World Economic Outlook Database.

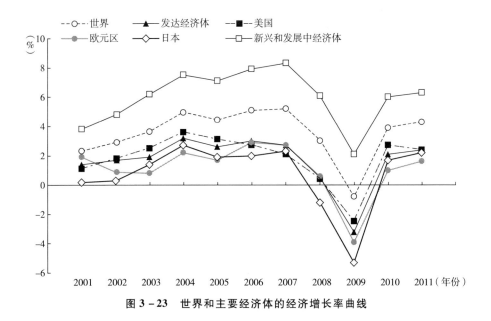

图 3 – 23　世界和主要经济体的经济增长率曲线

在世界经济有望实现恢复性增长的同时，其复苏的基础仍然薄弱。因为世界经济的复苏主要依托各国政府超常的强力政策的刺激。特别是在发达国家，实体经济的回升尚面临较多困难，而经济复苏也尚未带来就业的增长。目前，美国失业率仍处于 10% 左右的高位，达到 26 年来的最高水平。2009年第四季度，美国就业岗位净减少 20.8 万个。在衰退比较严重的西班牙，失业率已高达 18%。由于发达国家的复苏还没有恢复到潜在经济增长水平，中短期内失业率仍将居高不下。在国际金融危机中，以美国为代表的发达国家原有的过度负债消费模式受到巨大冲击，面临深度调整，加之失业率居高难下，致使私人消费依然疲软，又使企业投资意愿低迷。国际市场需求不振可能会在一个较长时期内存在。世界经济的复苏将会是一个曲折、缓慢的过程。

2. 国际金融市场渐趋稳定，但风险没有完全消除。

2008 年春、夏，美国次贷危机愈演愈烈，迅速演变为金融海啸。当时，美国许多著名的大型金融机构纷纷陷于严重亏损的困境，或宣布破产，或被收购、接管。如 2008 年 1 月，美国第一大商业银行花旗集团和第二大商业银行摩根大通银行，均宣布因次贷而出现巨额亏损。2008 年 3 月，美国第五大投资银行贝尔斯登公司，被摩根大通银行收购。2008 年 9 月，先是美国最大的两家住房抵押贷款融资机构（"房利美"和"房地美"）因资金短缺而濒于破产，被美国政府接管；紧接着，美国第三大投资银行美林证券公司被美国银行收购；美国第四大投资银行雷曼兄弟公司宣布破产保护；美国第一大投资银行高盛公司和第二大投资银行摩根士丹利公司，双双宣布业务转型，转为商业银行，接受政府监管。一时间，国际金融市场激烈震荡。一年多来，国际金融市场渐趋稳定，全球股市自 2009 年 3 月以来在震荡中反弹，信贷市场的各项风险指标相继回落或接近危机前的水平。但金融风险并未完全消除，国际金融危机余波未了。

美国等发达国家金融机构的资产损失严重，去杠杆化和清理坏账的过程尚未结束，新的资产泡沫和金融风险还在积聚，不排除再度出现局部性金融震荡的可能。美国联邦储蓄保险公司的一份最新报告表明，2009 年，美国的"问题银行"数量由年初的 252 家增至年底的 702 家。"问题银行"的数量及其资产总额均创 1993 年以来 17 年中的最高峰。2009 年，美国共有 140 家银行倒闭或被接管；2010 年以来至 2 月中旬，又有 20 家银行倒闭或被接管。预计 2010 年美国银行业破产数量可能会超过上一年。2009 年，美国银行业的放贷骤降 7.5%，为 1942 年以来 67 年中的最大降幅。

特别是一些国家的政府债务危机或主权信用危机事件接连发生。如近期发生的迪拜债务危机，特别是欧元区债务危机。2009 年 4 月爱尔兰财政债务危机曝光，到年底希腊债务危机走上前台，接着葡萄牙、西班牙、意大利、比利时等主权信用评级下调，也频频登上"问题国家"名单。据英国《每日电讯报》报道，国际媒体将问题较为严重的葡萄牙（Portugal）、爱尔兰（Ireland）、希腊（Greece）、西班牙（Spain）戏称为欧元区的"猪四国"（PIGS，即四国首字母的缩写）。欧盟成员国中有三分之二以上国家出现财政赤字和公共债务超标而偿债能力严重不足的问题。国际信用评级机构穆迪公司警告说，主权信用危机将成为 2010 年全球经济发展的最大包袱，并在金融市场上频频制造余震。

3. 各国经济刺激政策取得一定成效，但退出抉择艰难

在应对百年不遇的国际金融危机中，各国纷纷出台的超常规的扩张性财政政策和货币政策，对于世界经济复苏、稳定金融市场，起到了重要作用。但这些巨额经济刺激政策的退出却遇到了"三维"难题。其一，如果过早退出，收紧财政政策和货币政策，有可能导致复苏的夭折，引发新一轮经济衰退。最近，在国际金融危机中债台高筑的希腊政府，刚刚出台了削减社会保障、裁员减薪、增加税收等一系列财政紧缩措施之后，就爆发了数千抗议者的示威游行。公众担心，政府的财政紧缩措施可能导致失业率大增和工薪待遇降低。在西班牙、葡萄牙等，工会为反对政府的紧缩政策而不断组织和呼吁进行罢工与抗议活动。其二，如果过晚退出，有可能诱发政府债务危机、通货膨胀、资产泡沫等风险。各国过度宽松的货币政策已使市场流动性大量增加，有可能导致石油、原材料等国际市场大宗商品价格的震荡走高和剧烈波动。其三，如果各国在退出的时机和力度上不一致，又有可能导致大规模的国际套利，加剧国际投机资本的游动，引发国际资本市场、主要货币汇率的剧烈波动。

这使各国宏观经济政策的协调难度加大。2009 年末，澳大利亚、印度、越南等国已将通货膨胀视为经济发展的头号敌人。部分国家已开始退出过度宽松的货币政策。如 2009 年 8 月，以色列央行在全球第一个宣布加息。2009 年 10 月至 12 月，澳大利亚连续 3 次加息，使其成为二十国集团中最早开始退出经济刺激政策的国家。2009 年 10 月，印度央行提高了银行法定流动资金比率，开始收紧货币供应。2010 年 2 月，美联储向社会公布了其宽松货币政策的退出计划，发出政策收紧信号，但并没有给出具体的时间表；随后，提高了商业银行贴现率。由此，引起金融市场的担心和动荡。

4. 经济全球化深入发展的大趋势没有改变，但贸易保护主义明显抬头

国际上有舆论认为，此次国际金融危机对世界经济、金融等造成严重冲击和带来极大混乱，世界经济增长格局也将会有所变化，因此经济全球化有可能发生逆转，或面临停滞，甚或崩溃终结。我们认为，经济全球化，即生产、贸易、投资、金融等经济活动在全球范围内的拓展，是当代科学技术发展、生产力发展和国际分工发展到较高水平的必然结果，其深入发展的大趋势不会改变。此次国际金融危机不会从根本上改变世界经济中长期发展趋势。然而，国际金融危机及其所引发的全球经济衰退，也在一定程度上导致了贸易保护主义的抬头和急剧升温。欧美等发达国家为了解决国内就业问题，迫于国内政治和经济等压力，以解决"全球经济失衡"为借口，对包括我国在内的发展中国家采取了许多贸易保护主义措施，给世界经济的持续复苏造成巨大威胁。这些贸易保护主义的形式更加多样化，包括反倾销反补贴措施、一般保障和特殊保障措施、提高进口关税、设立技术性贸易壁垒，等等。在后国际金融危机时期，各国政府都有责任继续推动经济全球化朝着均衡、普惠、共赢方向发展。

5. 世界经济格局大变革大调整孕育着新的发展机遇，但产业竞争、气候变化等全球性问题仍错综复杂

世界经济发展史表明，每一次大的经济危机往往孕育和催生出一场新的科技革命。正是科技上的重大突破和创新，推动着世界经济结构的重大调整，推动着新一轮的世界经济繁荣。后国际金融危机时期，世界经济格局大变革大调整的一个重要内容就是新的科技革命与产业革命的酝酿和兴起。如以绿色和低碳技术为标志的新能源革命，电动汽车、新材料、信息网络、生命科学和生物技术的研发与市场开拓，空间、海洋和地球的深部开发利用等。这将使人类社会进入空前的创新密集和产业振兴时代，孕育着新的重大发展机遇。但各国在抢占经济科技制高点的过程中，围绕战略型新兴产业而展开的科技竞争、人才竞争也将会日趋激烈。谁能在科技创新方面占据优势，谁就能够掌握未来发展的主动权。与此同时，气候变化、粮食安全、能源资源安全等一些全球性问题错综复杂，也会形成新的挑战。如在应对气候变化方面，国际斗争曲折复杂，发展中国家和发达国家的交锋十分激烈。一些发达国家企图否定"共同但有区别的责任"原则，要求发展中国家特别是我国承担超出自身能力和发展水平的量化减排指标，为发展中国家的经济正常发展制造障碍。

二　国内经济环境分析

总体来看，2010 年我国经济发展的国内环境也具有"两面"或"双向"特点，即有利条件和突出矛盾同时并存，表明前进的道路并不平坦，决不能把经济回升向好的趋势等同于经济运行的根本好转。

1. 当前经济回升向好的基础进一步巩固，但经济增长的内生动力不足，就业形势依然严峻

在国际金融危机冲击下，我国经济从 2008 年下半年起受到严重影响，实体经济增长明显下滑。以国内生产总值季度增长率来看，2008 年第一季度和第二季度时，还处在略高于 10% 的位势，而到第三季度和第四季度就分别下降到 9% 和 6.8%，到 2009 年第一季度更下降到 6.2% 的谷底；但从 2009 年第二季度起扭转了下滑趋势，开始逐季回升，第二、三、四季度分别增长 7.9%、9.1% 和 10.7%（见图 3-24）。以全国规模以上工业增加值月同比增长率来看，从 2008 年 6 月的 16%，猛降到 2008 年 11 月的 5.4% 和 12 月的 5.6%，短短的半年内就下降了 10 多个百分点；到 2009 年 1~2

月合计，又下降至 3.8% 的谷底；但从 2009 年 3 月起扭转了下滑趋势，开始回升，到 11 月和 12 月分别回升至 19.2% 和 18.5% （见图 3-25）。无论是从国内生产总值季度增长率来看，还是从全国规模以上工业增加值月同比增长率来看，都走出了一个标准的 "V" 形反转，在全球率先实现经济形势总体回升向好。

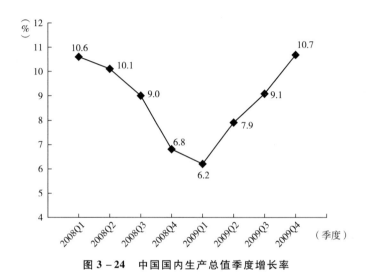

图 3-24 中国国内生产总值季度增长率

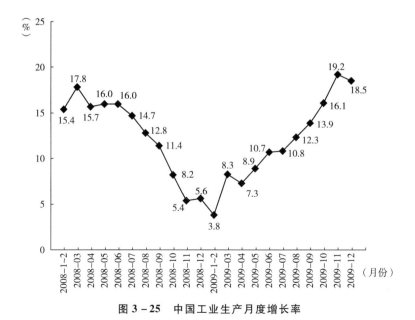

图 3-25 中国工业生产月度增长率

当前，我国国内生产总值已连续 3 个季度回升，工业生产已连续 10 个月回升，经济回升向好的基础进一步巩固，但经济增长的内生动力仍然不足。因为经济的回升主要是依靠政府实施了应对国际金融危机的一揽子计划等政策发挥作用的结果，而社会投资意愿尚未明显跟进，居民消费后劲亦感不足，进一步扩大内需难度加大，而外需的萎缩和低迷状态又难以在短期内改变。

与此同时，就业形势依然严峻，就业压力总体上持续增加和结构性用工短缺的矛盾并存，即总体上的"求职难"与结构性的"用工荒"并存。一方面，从劳动力供求总量看，一定时期内仍处于供大于求的局面，城镇新成长劳动力和高校毕业生的规模很大，农村剩余劳动力转移的任务也还很大；另一方面，在就业上又存在着一定的结构性供不应求的用工短缺情况。2010年新春伊始，珠三角、长三角等沿海地区就出现了"用工荒"问题。据人力资源和社会保障部近期调查，东部沿海地区有 70% 被调查企业存在"用工荒"。一是因为经济回升向好，企业特别是沿海外贸企业的订单增多，因此用工需求旺盛，更需要具有一定经验和技能的熟练工、技术工；二是农民工特别是新生代农民工自身对工作选择、生活待遇、未来前途等有了新要求。这就使得用工需求方与劳动供给方二者出现不匹配。

2. 扩大内需和改善民生的政策效应继续显现，但财政金融领域潜在风险增加

在应对国际金融危机的过程中，我国及时、果断地实施了积极的财政政策和适度宽松的货币政策，全面实施并不断完善一揽子计划，有效扩大了内需，并与扩大居民消费、改善民生相结合，很快扭转了经济增速明显下滑趋势，这些政策的效应将会继续显现。但与此同时，也积累了一定的财政金融风险。2009 年，货币信贷超常增长，人民币新增贷款高达 9.6 万亿元，是上年的两倍，接近国内生产总值的 30%。这对房地产等资产价格上涨和滞后的消费物价上涨产生了很大压力。以银行为主渠道的地方政府融资平台迅速发展，潜伏的财政信用风险不容忽视。

3. 企业适应市场变化的能力和竞争力不断提高，市场信心增强，但自主创新能力不强，部分行业产能过剩矛盾突出，结构调整难度加大

我国企业在应对突如其来的国际金融危机中，顽强拼搏，化危为机，通过提高管理水平、加快创新步伐、调整发展战略、推进兼并重组等对策，使企业适应国内外市场变化的能力和竞争力有了新的提高。一些具有自主品牌、自主知识产权和高新技术的企业，显示出较强的抗御风险能力和市场竞争力。据世界知识产权组织公布的数据，2009 年我国共申请国际专利 7946 项，比上年增长 29.7%，专利申请总数排名世界第五。在 2009 年世界 500 强排名中，中国大陆入选的企业数量已达 34 家，首次超过英国。随着经济回升，市场信心逐步增强。企业家信心指数在 2008 年第四季度高台跳水，猛降到 94.6 点，创近年来新低，之后从 2009 年第一季度起逐季回升，到 2009 年第四季度提升到 127.7 点。可以反映市场信心的另一指标——新订单指数，2008 年 11 月曾下降至 32.3% 的最低点，远低于临界值 50%，表明市场需求的低迷和信心不足。2009 年 2 月至 2010 年 2 月，各月的新订单指数均回升到 50% 以上，其中 2009 年 12 月还达到 61% 的高点。

　　但是，总体上说，我国自主创新能力还不强。目前，我国已有近 200 种产品的产量位居世界第一，但具有国际竞争力的品牌却很少。在出口产品中，拥有自主知识产权的品牌尚不到 10%。由于我国出口产品大量是贴牌产品，处于国际产业分工价值链的低端，附加值很低，导致利润大量流失。据统计，在我国出口的通信、半导体、生物医药和计算机等高新技术产品中，外国公司获得授权的专利数占到 90% 以上。2009 年我国共申请国际专利 7946 项，比上年增长 29.7%，专利申请总数排名世界第五。但其中，"发明专利"所占比例偏低，而"外观设计"和"实用新型"的专利申请居多，表明我国企业自主研发投入的力度远远不够。据中国企业评价协会 2009 年发布的中国企业自主创新评价报告，目前我国企业的自主研发经费占销售收入的比例平均仅为 3.8%。而发达国家的经验表明，只有这一比例在 5% 以上的企业，才有竞争力；而在 2% 的企业，只能勉强生存；若在 1%，则企业很难生存。以家电企业来说，我国家电行业的研发投入占销售额的比例仅为 1%，致使我国家电企业基本不具有基础技术和核心技术，在液晶面板、半导体、芯片等核心技术领域一直受制于人。由于我国缺乏自主品牌，主要靠大量消耗资源来进行生产，因此单位资源的产出水平仅相当于美国的 1/10、日本的 1/20。在新兴产业发展方面，我国总体上也缺乏核心技术和领军人才。目前，我国还仅是"制造大国""贸易大国"，而远非"制造强国""贸易强国"。由"中国制造"走向"中国创造"还需付出很大努力。

　　与此同时，我国部分行业产能过剩问题严重，而淘汰落后产能和兼并重组又面临就业压力大、体制机制不健全等制约。据中国企业家调查系统

2009 年 10 月的调查显示，有 63.4% 的企业认为，其所在行业产能过剩，其中有 18.6% 的企业认为是"严重过剩"，有 44.8% 的企业表示是"有些过剩"。另外，有 37.1% 的企业反映，其整个行业的产能过剩是当前企业发展碰到的最主要困难。据悉，截至 2009 年第三季度，我国 24 个工业行业中，已有 21 个行业出现产能过剩，其中钢铁、水泥、平板玻璃、煤化工、多晶硅、风电设备等 6 个行业比较突出。不仅一些传统产业仍在盲目扩张，而且一些新兴产业也出现重复建设倾向。

4. 粮食连续丰收和农民收入提高，但农业稳定发展和农民持续增收的基础不稳固

在我国，"三农"工作作为重中之重，不断得到加强。2009 年，面对国际金融危机的严重冲击，面对严重自然灾害的挑战，面对国内外农产品市场价格的剧烈波动，经过艰苦努力，我国整个农业农村形势好于年初预期。2009 年，粮食总产量达到 53082 万吨，再创历史新高，实现连续 6 年增产（见图 3-26）。这对保持农产品市场供给、稳定整个物价水平起到了不可忽视的作用。2009 年，农村居民家庭人均纯收入首次突破 5000 元，达到 5153 元，实际增长 8.5%，也是实现了连续 6 年的较高速度增长。在 1997~2003 年的 7 年间，农村居民家庭人均纯收入的实际增长仅为 2%~4% 左右；而在 2004~2009 年的近 6 年中，上升到 6%~9% 左右。农村的水、电、路、气、住房、教育、卫生、社会保障等生产生活条件也都有了新的改善和发

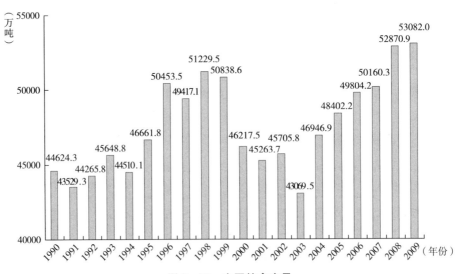

图 3-26　中国粮食产量

展。但是，农业稳定发展和农民持续增收的基础并不稳固。一来，农田水利等基础设施薄弱，农业抗灾能力不强，农业生产受气候变化的影响还很大；二来，农业科技推广等社会化服务的基层体系尚不健全，其对农业生产的支撑不足；三来，粮食生产基数不断提高，农业种养的比较效益又偏低，农产品价格下行压力亦较大，粮食持续增收和农民持续增收的难度都在加大；四来，农村各项公共事业的发展还很滞后，工业化和城镇化的快速推进也使统筹城乡经济社会发展出现一些值得关注的新情况和新问题，如保护耕地问题、保障农民权益问题、新生代农民工问题等。

5. 我国仍处于重要战略机遇期，但医疗、教育、住房、收入分配、社会管理等方面的突出问题亟待解决

后国际金融危机时期，我国仍处于重要战略机遇期。此次国际金融危机并没有根本改变世界经济的中长期发展趋势，也没有改变我国经济社会发展的基本面和长期向好趋势。从国内的各种因素看，一者，工业化和城镇化的快速推进，将为今后经济发展提供强大的内需动力；二者，我国人均国民总收入水平的不断提高和相应的消费结构升级，将为今后经济发展提供新的消费需求动力；三者，科学技术发展和战略性新兴产业的兴起，将为今后经济发展提供新的增长源泉；四者，东、中、西部各地区在应对国际金融危机中的调整和新崛起，将为今后经济发展提供广阔的地理空间；五者，社会主义市场经济体制在改革中的不断完善，以公有制为主体的多种所有制经济的共同繁荣和相互促进，将为今后经济发展提供重要的制度基础；六者，改革开放 30 年来我国经济的快速增长，将为今后经济发展提供必要的物质条件；七者，我们党和政府在领导社会主义现代化建设过程中，以及在应对亚洲金融危机、特别是应对此次国际金融危机过程中所积累起来的丰富经验，将为今后经济发展提供宝贵的政策支持。

但是，在今后一定时期内，也是我国社会矛盾凸显期。以改善民生为重点的社会建设任务还很艰巨，医疗、教育、住房、收入分配、社会管理等方面的突出问题不少，亟待解决。据新华网、人民网 2010 年"两会"前夕分别做的民意调查显示，医疗卫生、教育公平、调控房价这"三难三贵"问题（看病难、看病贵，上学难、上学贵，买房难、买房贵）仍被选入前十大热点问题，其中，特别是房价过快上涨问题从来没有像现在这样备受关注。同时，收入分配差距过大也被选为前十大热点问题，而且在新华网调查结果中还被列为榜首。调查认为，我国目前绝大多数居民并不是没有消费意愿，而是收入分配差距过大，一些居民收入水平较低，消费能力不足。另外，户籍改革、养老保险、反贪反腐、司法公正、民主监督、网络问政等社会管理方面的问题也受到广大网民的高度关注而入选前十大热点问题。

综合上述，2010 年我国经济发展的国内外环境虽然有可能好于去年，但是面临的形势极为复杂。我们必须全面、正确地判断形势，增强忧患意识，充分利用各种有利条件，做好应对各种风险的准备，努力实现经济社会又好又快发展。

三 新一轮经济周期分析

从宏观经济运行的波动轨迹来考察，2009 年，在抵御国际金融危机的严重冲击中，我国经济增长越过谷底，结束了新中国成立以来的第十轮经济周期的下降阶段；2010 年，有望进入新一轮即第十一轮经济周期的上升阶段。

（一）从第十轮周期到第十一轮周期的转换历程

我国的第十轮经济周期是从 2000 年开始的，至 2009 年，整整历时十年，其中，上升期八年，回落期两年（见图 3－27）。之前的 1999 年，我国成功地抵御了亚洲金融危机的冲击和克服了当时国内有效需求的不足，经济增长率（国内生产总值增长率）平稳回落到 7.6%，从而结束了第九轮经济周期。2000 年进入第十轮经济周期，到 2007 年，经济增长率连续八年处于

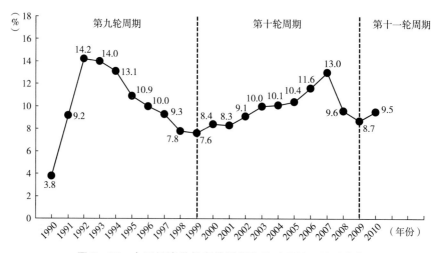

图 3－27　中国经济增长率的周期波动（1990～2010 年）

8%～13% 的上升通道内。这八年，经济增长率分别为：2000 年 8.4%，2001 年 8.3%，2002 年 9.1%，2003 年 10%，2004 年 10.1%，2005 年 10.4%，2006 年 11.6%，2007 年 13%。特别需要指出的是，按照国际货币基金组织数据库的资料，我国国内生产总值在 2005 年超过法国、2006 年超过英国、2007 年又超过德国，跃居世界第三大经济体。

2008 年和 2009 年，国内的经济调整与国际的金融危机相叠加，使经济增长过快下滑成为影响我国经济社会发展全局的突出矛盾。在应对国际金融危机的冲击中，我国及时采取了积极的财政政策和适度宽松的货币政策，实施了"一揽子计划"。经过努力，到 2009 年第二季度之后，有效遏止了经济增长明显下滑的态势，跃过谷底，在全球率先实现经济形势总体回升向好。从季度看，2008 年四个季度的经济增长率分别为 10.6%、10.1%、9% 和 6.8%；2009 年四个季度分别为 6.2%、7.9%、9.1% 和 10.7%。从全年看，2008 年和 2009 年，平均经济增长率分别回落到 9.6% 和 8.7%，实属来之不易。

2010 年，我国发展的国内外环境将会好于上年。从国际上看，世界经济有望实现恢复性增长；经济全球化的大趋势并没有改变；世界经济格局的大变革和大调整，新技术革命和产业革命的酝酿和兴起，也孕育着新的发展机遇。从国内看，我国应对国际金融危机的"一揽子"政策措施的效应继续显现；经济回升向好的基础进一步巩固；我国经济发展仍处于重要战略机遇期。据我们预测，2010 年，我国经济增长率有可能回升到 9.5%，从而进入新一轮经济周期。国际货币基金组织在 2009 年 4 月、7 月、10 月和 2010 年 1 月对中国 2010 年经济增长率所进行的四次预测中，不断调高其预测值，从 7.5%，到 8.5%，再到 9%，又到 10%。

2010 年我国的发展环境虽然有可能好于上年，但是面临的形势极为复杂。各种积极变化和不利条件、短期问题和长期矛盾、新问题和老问题、国内因素和国际因素等相互交织，相互影响。要全面、正确地判断形势，增强忧患意识，决不能把经济回升向好的趋势等同于经济运行的根本好转，也不能把经济运行在一个周期内的好转等同于经济的长期可持续发展。

（二）第十轮经济周期的特点

为了更好地把握新一轮经济周期，这里我们对新中国成立以来的十个周期再略做一点简要回顾，并说明刚刚结束的第十轮周期具有什么重要的特点。

2009 年底去世的美国著名经济学家萨缪尔森，在说明经济周期的特点时曾形象地比喻说："没有两个经济周期是完全一样的。但它们有许多相似之处。虽然不是一模一样的孪生兄弟，但可以看得出它们属于同一家族。"①各个经济周期之所以具有"相似之处"和"属于同一家族"，是因为它们都呈现出扩张与收缩、波峰与波谷相交替的运动。而之所以又"不是一模一样的孪生兄弟"，是因为它们的波动有着不尽相同的长度、高度、深度和幅度等。

1949 年 10 月 1 日新中国成立，开辟了我国历史发展的新纪元。从 1953 年起，我国开始了大规模的经济建设，进入工业化历程，由此也开始进入经济的周期波动历程。到 2009 年，经济增长率的波动共经历了 10 轮周期（见图 3－28，其中，1950～1952 年，为社会总产值增长率；1953～2010 年，为国内生产总值增长率；2010 年为我们的预测数 9.5%）。

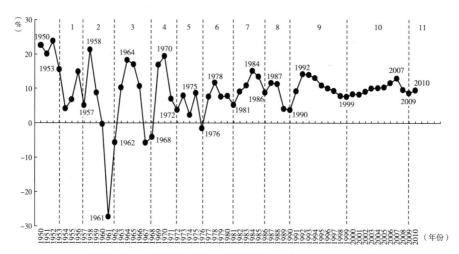

图 3－28　中国经济增长率的周期波动（1950～2010 年）

1953～1957 年为第一轮周期，历时 5 年；1958～1962 年为第二轮周期，历时 5 年；1963～1968 年为第三轮周期，历时 6 年；1969～1972 年为第四轮周期，历时 4 年；1973～1976 年为第五轮周期，历时 4 年；1977～1981 年为第六轮周期，历时 5 年；1982～1986 年为第七轮周期，历时 5 年；

---

① 保罗·A. 萨缪尔森，威廉·D. 诺德豪斯：《经济学》，中国发展出版社，1992，第 313 页。

1987～1990 年为第八轮周期, 历时 4 年; 1991～1999 年为第九轮周期, 历时 9 年; 2000～2009 年为第十轮周期, 历时 10 年。

第十轮经济周期呈现出以下鲜明的特点 (见表 3－4)。

表 3－4 中国历次经济周期比较

周期序号	起止年份	周期长度	上升阶段长度	下降阶段长度	峰位年份和经济增长率 (%)	谷位年份和经济增长率 (%)	峰谷落差 (百分点)
1	1953～1957	5 年	2 年	3 年	1956 年 15.0	1957 年 5.1	9.9
2	1958～1962	5 年	1 年	4 年	1958 年 21.3	1961 年 －27.3	48.6
3	1963～1968	6 年	2 年	4 年	1964 年 18.3	1967 年 －5.7	24.0
4	1969～1972	4 年	2 年	2 年	1970 年 19.4	1972 年 3.8	15.6
5	1973～1976	4 年	2 年	2 年	1975 年 8.7	1976 年 －1.6	10.3
6	1977～1981	5 年	2 年	3 年	1978 年 11.7	1981 年 5.2	6.5
7	1982～1986	5 年	3 年	2 年	1984 年 15.2	1986 年 8.8	6.4
8	1987～1990	4 年	1 年	3 年	1987 年 11.6	1990 年 3.8	7.8
9	1991～1999	9 年	2 年	7 年	1992 年 14.2	1999 年 7.6	6.6
10	2000～2009	10 年	8 年	2 年	2007 年 13.0	2009 年 8.7	4.3

1. **就整个周期的长度看。** 在前八轮周期中, 周期长度平均为 5 年左右, 表现为一种短程周期。第九轮周期延长到 9 年, 而第十轮周期又延长到 10 年。第九、十轮周期扩展为一种中程周期。

2. **就上升阶段的长度看。** 在前九轮周期中, 上升阶段一般只有短短的一两年, 而在第十轮周期中, 上升阶段延长到 8 年, 即从 2000 年到 2007 年经济增长率连续 8 年处于 8% 至 13% 的上升通道内, 走出了一条新中国成立以来在历次经济周期波动中从未有过的最长的上升轨迹。

3. **就经济增长率的峰位看**。在 20 世纪 50 年代、60 年代的几轮周期中，经济增长率的高峰十分陡峭，高达 20% 左右，如 1958 年 21.3%，1964 年 18.3%，1970 年 19.4%。改革开放以来，在 20 世纪 80 年代、90 年代的周期中，经济增长率的峰位有所控制，下降到 14%～15% 左右，如 1984 年 15.2%，1992 年 14.2%。第十轮周期中，经济增长率的高峰在 2007 年，为 13%，峰位已进一步有所控制和理性下降。

4. **就经济增长率的谷位看**。在改革开放之前的周期中，经济增长率的低谷经常为负增长。如 1961 年为 -27.3%，1967 年为 -5.7%，1976 年为 -1.6%。改革开放之后，没有再出现负增长，每次低谷均为正增长，只是增速减缓。20 世纪 90 年代以来，经济增长率的低谷有所上升，如 1990 年为 3.8%，1999 年在抵御亚洲金融危机中回落到 7.6%。这次，在第十轮周期中，在应对百年不遇的国际金融危机中，2009 年经济增长率仅回落到 8.7%，实属不易。

5. **就经济增长率波动的幅度看**。在 20 世纪 50 年代、60 年代的周期中，经济增长率的峰谷落差很大，如在第二轮周期中，1958 年的峰值 21.3% 与 1961 年的谷值 -27.3% 之间的落差达 48.6 个百分点。改革开放之后，波幅明显缩小，经济增长率的峰谷落差缩小到 6 至 7 个百分点左右。而在第十轮周期中，峰谷落差仅为 4.3 个百分点。

（三）继续延长新一轮经济周期的上升阶段

第十轮经济周期的上升阶段延长到 8 年，走出了一条新轨迹。现在，我国经济正在进入新一轮经济周期的上升阶段，我们要继续努力延长新一轮经济周期的上升阶段。为此，一方面，我们要继续承接国际金融危机给我国经济发展带来的倒逼压力，刻不容缓地加快经济发展方式的转变和经济结构的调整；另一方面，又要根据我国以往经济周期波动的历史经验和教训，加强和改善宏观调控，继续保持经济的平稳较快发展，避免经济的大起大落。

保持经济平稳较快发展，对于我国经济、社会大局的稳定，以及推动各项事业的顺利发展，都具有极其重要的意义。保持经济的平稳较快发展，也为经济发展方式转变和经济结构调整提供良好的宏观经济环境。如果经济过热，就会助长原有的粗放型经济发展方式和进一步恶化经济结构；而如果经济过冷，就要采取扩张性的宏观调控政策来全力保增长、防下滑，这也不利于经济发展方式的转变和经济结构的调整。

为了保持经济的平稳较快发展，在宏观调控中需要把握好两个要点：一是把握好经济增长速度；二是把解决短、中、长期问题相结合。

1. 把握好经济增长速度

2010年国内生产总值增长的预期目标仍为8%左右。这是自2005年以来连续第六年提出8%的目标了。20世纪90年代初以来，在历年政府工作报告中所设定的经济增长目标有这样几种情况：1993～1995年，主要设定为8%～9%区间；1996～1998年，设定为8%左右；1999～2004年，主要设定为7%左右（其中有两年未提经济增长目标）；2005年之后，均设定在8%左右。虽然近六年来每年都提出8%的经济增长预期目标，但其含义是有所不同的。在前四年提出8%，主要含义是在经济加速增长中"防过热""防大起"；2009年提出8%，主要含义是在抵御国际金融危机的冲击中"保增长""防大落"；而2010年提出8%，主要含义是"调结构""转方式"，即主要是强调"好"字当头，切实引导各方面把工作重点放到调整经济结构、转变发展方式上来。

8%的经济增长预期目标，是我国目前经济发展阶段上的一个基本底线。一来，它是作为政府提出其他各项宏观调控目标，如就业目标、物价目标、财政预算目标等的基本参考线。二来，我国作为一个拥有13亿人口的发展中国家，在目前的发展阶段，必须保持一定的经济增长速度。一定的经济增长速度，是保障城乡就业、提高居民收入、改善人民生活、增加国家财政收入、发展各项社会事业和维护社会稳定大局的基础。若低于8%，将会给企业经营、群众生活、社会发展等带来一系列困难。三来，8%是一个预期性的目标，是经过各方面努力可实现的，且留有一定余地的目标。在实际经济运行中，有可能会超过这一目标。但这个"超过"是有一定上限制约的。如果经济增速过高，将会产生"四高"的压力，即高能耗、高物耗、高污染、高通胀的压力，造成经济的"大起大落"。这就需要我们在实际经济运行中把握好适度经济增长区间，既不要太低（如低于8%），也不要太高。那么，这个"上限"如何把握呢？

最近，我们课题组利用HP趋势滤波法，根据我国1978～2009年国内生产总值增长指数，得到滤波后的趋势增长率，如图3-29所示。滤波后的趋势增长率比实际增长率平滑，大体处于8%～12%的区间内。滤波后的国内生产总值趋势增长的年均递增速度为9.87%，这与1979～2009年31年间国内生产总值实际增长的年均递增速度9.78%很接近，仅差0.09个百分点。我们可将8%～12%这一区间视为我国改革开放以来已有的适度经济增长区间，即下限为8%，上限为12%，潜在经济增长率的中线为9.8%。而现在，当我们进入新一轮经济周期后，要考虑三大因素的变化。一是国际经济环境发生了很大变化。国际金融危机后，外需在一定时期内仍将处于萎缩和低迷状态。经济全球化的大趋势虽然不会改变，但全球资源和市场的争夺将更加激烈，贸易保护主义也明显加剧。二是资源、能源、环境等约束不断强化。三是要更加注重提高经济增长的质量和效益，更加注重经济发展方式转变和经济结构调整。因此，在新一轮经济周期，适度经济增长区间的上限可下调2个百分点，即适度经济增长区间可把握在8%～10%，潜在经济增长率的中线可把握为9%。这对宏观调控的政策含义是：当实际经济增长率高出10%时，就要实行适度的紧缩性宏观调控政策；当实际经济增长率低于8%时，就要实行适度的扩张性宏观调控政策；当实际经济增长率处于8%～10%的区间时，可实行中性的宏观调控政策。

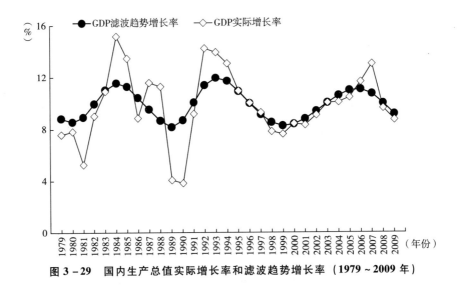

图3-29　国内生产总值实际增长率和滤波趋势增长率（1979～2009年）

　　在新一轮经济周期，适度经济增长区间把握在8%～10%，也有一系列的支撑因素。① 这主要是：①改革和体制因素。社会主义市场经济体制在改革中的不断完善，以公有制为主体的多种所有制经济的共同发展和相互促

---

　　①　中国社科院经济所宏观调控课题组：“宏观调控目标的‘十一五’分析与‘十二五’展望”，《经济研究》2010年第2期。

进，为经济的适度增长提供了重要的制度基础。②资源供给因素。改革开放30年来的经济发展，为经济的适度增长提供了必要的物质条件。③工业化和城市化因素。我国工业化和城市化的加快发展，为经济的适度增长提供了强大的内需动力。④消费升级因素。收入水平提高和消费结构升级，为经济的适度增长提供了新的消费需求动力。⑤新兴产业和科技因素。新兴产业和科学技术的发展为经济的适度增长提供了新的增长源泉。⑥地区因素。东、中、西部各地区在应对国际金融危机中的调整和发展，为经济的适度增长提供了广阔的地理空间。

2. 把解决短、中、长期问题相结合

2010年要继续实施积极的财政政策和适度宽松的货币政策，保持政策的连续性和稳定性，根据新形势新情况不断提高政策的针对性和灵活性。处理好保持经济平稳较快发展、调整经济结构和管理好通胀预期的关系。这就是在宏观调控中要把解决短、中、长期问题相结合。

所谓解决短期问题，就是要继续应对国际金融危机的影响，保持一定的政策力度，巩固经济企稳向好的势头，以保持当前的经济平稳较快发展。

所谓解决中期问题，就是要管理好通胀预期。仅从短期看，我国居民消费价格总水平不会上涨得太高。但需要注意的是，价格的上涨是货币信贷超常增长和经济过快增长的滞后结果。特别是在经济周期的上升阶段，经济增长具有加速上升的惯性。在部门之间、行业之间、企业之间，在固定资产投资与产品生产之间，在经济扩张与物价上涨之间，均具有连锁扩散效应或累积放大效应。由此，容易使经济增长面临从"回升"到"偏快"、再到"过热"的风险，而使物价面临从"紧缩"到"温和上涨"、再到通货膨胀的风险。因此，通货膨胀是一个动态的、中期的过程，要防止通货膨胀就要提前管理好容易引发通胀预期的各种因素，特别是提前管理好货币信贷发行和提前把握好经济增长速度。而若等到严重通货膨胀来临之后再去治理，付出的代价就会很大了。这就需要中央政府和宏观调控部门紧密跟踪经济形势的动态变化，适时适度地进行必要的调控。

所谓解决长期问题，就是要对长期存在的一些结构性矛盾（如内需和外需、投资和消费之间的不均衡，产业间的不协调，城乡及区域间发展的不平衡，经济发展与社会事业发展的不均衡等）继续努力调整，对长期存在的粗放型经济发展方式继续加快转变，对影响经济健康发展的体制性机制性障碍继续进行改革，且均要取得实质性进展，以不断夯实经济长期平稳较快发展的基础。

四 2010 年中国经济走势的五大主要特点

从 2010 年经济运行的实际情况看，表现出以下五大主要特点。

特点一，在继续应对国际金融危机中，中国经济开始进入新一轮经济周期的上升阶段。

中国的上一轮经济周期，即新中国成立以来的第十轮经济周期，是从 2000 年至 2009 年，走出了一个"8 + 2"的良好轨迹，即 8 年的上升期，2 年的回落期，共历时 10 年（见图 3 - 30）。从上升期看，2000 年至 2007 年，国内生产总值（GDP）增长率连续 8 年处于 8% 至 14% 的上升通道内。从回落期看，2008 年，在国内经济调整和国际金融危机冲击的叠加作用下，GDP 增长率从 2007 年的 14.2%，下降到 9.6%，一年间回落了 4.6 个百分点，回落的势头较猛。2009 年，GDP 增长率下降到 9.1%，仅比上年回落 0.5 个百分点。2010 年，GDP 增长率有可能回升到 10% 左右（9.8% ~ 10.2%），高于 2009 年，从而进入新一轮即第十一轮经济周期的上升阶段。

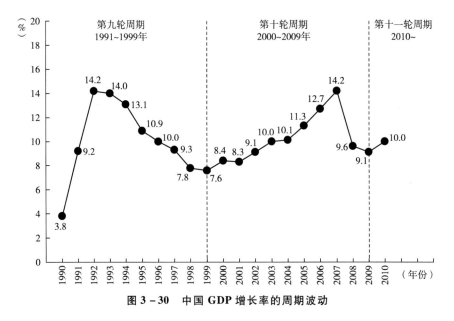

图 3 - 30 中国 GDP 增长率的周期波动

从季度 GDP 增长率看，2008 年第一季度至第四季度，呈现显著的下降趋势，分别为 10.6%、10.1%、9.0% 和 6.8%，一直到 2009 年第一季度，下滑至 6.5%（见图 3 - 31）。2009 年，在应对国际金融危机的严重冲击中，从第二季度起，GDP 增长率越过谷底，走出了一个典型的"V"形回升，在全球率先实现经济形势的总体回升向好。2009 年第一季度至第四季度，GDP 增长率呈上升趋势，分别为 6.5%、8.1%、9.1% 和 10.7%。2010 年第一季度，GDP 增长率继续上升至 11.9%，第二季度略有回落，为 10.3%，上半年平均为 11.1%。

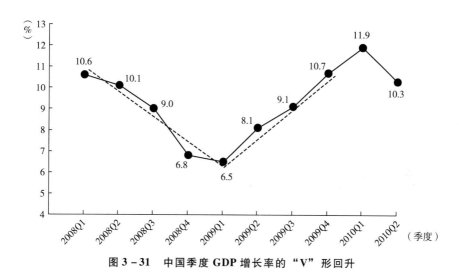

图 3-31　中国季度 GDP 增长率的 "V" 形回升

特点二，工业生产等经济指标的增速适度放缓，高位回调回稳。

工业生产、固定资产投资、货币供应量等经济指标的增速有所减缓，在高位回调并回稳，呈现前高后低态势，由应对国际金融危机中的 "回升向好" 向正常的 "平稳增长" 转变。

首先，考察工业生产的运行态势。全国规模以上工业增加值月同比增长率在经历了 2008 年 7 月至 2009 年 1~2 月的迅速下滑，以及 2009 年 3 月至 12 月的回升向好而走出一个 "V" 形轨迹之后，2010 年 1~2 月达到了 20.7% 的新高点（见图 3-32）。2010 年 3 月至 7 月，增速回调至 13.4%。同年 8 月又略升至 13.9%。6 月、7 月和 8 月这三个月，回稳在 13% 的水平上。工业增速的适度回调主要有两方面的原因。一方面，上年高基数的影响。2009 年工业生产的增速是 "前低后高"，即上年同期基数逐月上升，影响到 2010 年月同比增速出现 "前高后低" 的情况。另一方面，国家宏观调控等政策主动调整的结果。工业生产增速在回升中达到一定高点之后，为避免经济大起大落，为节能降耗和淘汰落后产能，为防止物价过快上涨，就需要对经济增速有所调控。特别是，2009 年第三季度至 2010 年第一季度，在工业生产迅速回升中，六大高耗能行业（黑色金属冶炼及压延加工业、有色金属冶炼及压延加工业、非金属矿物制品业、化学原料及化学制品制造业、石油加工炼焦及核燃料加工业、电力与热力的生产和供应业）出现增长势头过快、产能释放过快、能耗上升过快的不良情况。2010 年 4 月 28 日国务院常务会议部署进一步加大节能减排工作后，5 月份以来，加大了节能减排、淘汰落后产能的力度，使工业生产增速有所下降。目前，工业生产的适度减速是正常的。从 2010 年 1～8 月全国规模以上工业增加值的累计同比增速来看，比上年同期增长 16.6%，仍处于较高水平。

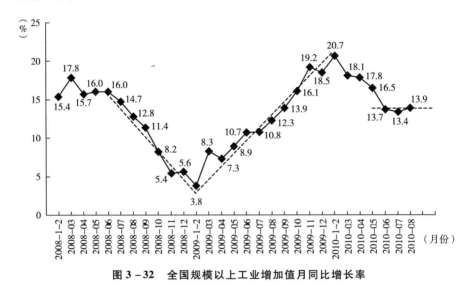

图 3-32　全国规模以上工业增加值月同比增长率

其次，考察固定资产投资的运行态势。全国城镇固定资产投资各月累计同比增速从 2010 年 1～2 月的 26.6%，略回落至 1～8 月的 24.8%（见图 3-33）。此前，在应对国际金融危机冲击而实施的一揽子投资计划中，2009 年 1～4 月累计至 1～12 月累计，全国城镇固定资产投资增速均在 30% 以上。而从 2005 年至 2008 年的各月累计同比增速来看，25%～28% 属于一般正常范围。2010 年，投资增速的适度回落除上年基数较高的因素外，主要是国家加强宏观调控的结果。一方面，国家严格控制新上项目，原则上不再增加新项目。另一方面，六大高耗能行业的投资增速有较大回落。2010 年 1～8 月，六大高耗能行业投资累计同比增长 14.5%，比上年同期回落 9.6 个百分点。而 8 月份当月，六大高耗能行业投资增长仅 9.2%。值得注意的是，民间投资正在加快。1～7 月，民间投资增长率为 31.9%，比城镇固定资产投资增长率（24.9%）高出 7 个百分点。此外，2010 年以来，房地产开发投资和住宅投资增速较快，近几个月累计同比增速分别处于 35% ~ 38% 和 33% ~35% 的较高和较稳定的水平上。

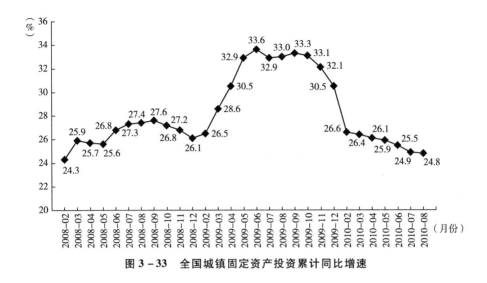

图 3 - 33　全国城镇固定资产投资累计同比增速

最后，考察货币供应量的变化态势。广义货币（M2）和狭义货币（M1）的供应量在经历了 2009 年各月的上升后，2010 年 1 月至 8 月各月末的同比增速基本上呈适度回落之势。M2 由 1 月末同比增长 26.1%，回落到 7 月末的 17.6%，8 月末略有回弹，为 19.2%。M1 由 1 月末同比增长 39%，回落到 8 月末的 21.9%（见图 3 - 34）。货币供应量的适度回落是国家在宏观调控中主动调整的结果；同时，也与外汇占款的增速放缓有关。

特点三，物价小幅上扬，但温和可控。

居民消费价格月同比上涨率从 2010 年 1 月的 1.5%，上升到同年 8 月的 3.5%，这是自 2008 年 11 月以来 22 个月中的最高点（见图 3 - 35）。2010 年 8 月份，环比上涨 0.6%。居民消费价格上涨的原因主要有两个方面。一方面，受上年翘尾因素的影响。上年物价走势是前低后高，这对 2010 年物价产生了一定的翘尾影响。在 2010 年 8 月份同比增长的 3.5% 中，有 1.7 个百分点是由翘尾因素形成的。另一方面，是新涨价因素。在 2010 年 8 月份同比增长的 3.5% 中，有 1.8 个百分点是由新涨价因素引起的。在新涨价因素中，主要是食品价格上涨带动的。近几个月来，我国从南到北天气多变，

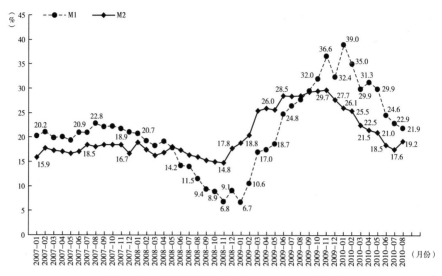

图 3－34　货币供应量 M1 和 M2 月末同比增速

洪涝等自然灾害频发，造成蔬菜、粮食、鸡蛋等一些产品价格出现较大幅度上涨。2010 年 8 月，鲜菜价格同比上涨 19.2%，粮食价格同比上涨 12%。从环比看，8 月份猪肉价格环比上涨 9%，鲜菜价格环比上涨 7.7%，鸡蛋价格环比上涨 7.5%。

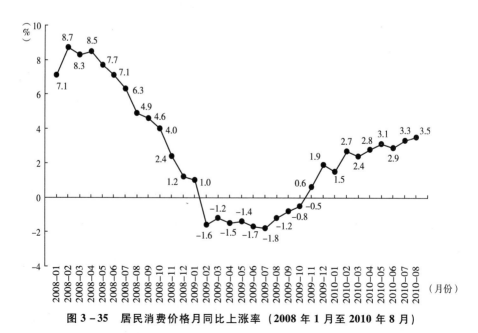

图 3－35　居民消费价格月同比上涨率（2008 年 1 月至 2010 年 8 月）

关于价格的后期走势，仍然具有一定的不确定性，因为推动价格上涨的因素与抑制价格上涨的因素同时存在。推动价格上涨的因素主要有以下几个方面。其一，农产品价格的变化具有一定的不确定性，特别是国际粮价上涨会对国内市场产生一定的刺激。近期，受全球极端恶劣天气影响，俄罗斯、哈萨克斯坦、乌克兰、加拿大、澳大利亚等主要产粮国的粮食大面积减产，国际粮价出现新一轮上涨行情。其二，劳动力工资成本上升、生产资料价格上涨，在一定程度上也可能会传导到居民消费价格上。抑制价格上涨的因素则主要有以下几个方面。第一，经济增速的适度回调。从我国物价变动的一般规律来看，物价的过高上涨与经济增长率的过高上升密切相关。近几年来，我国 GDP 增长率较为平稳，物价的波动也就较为平缓。图 3 - 36 给出了 1990 年 1 月至 2010 年 8 月居民消费价格月同比上涨率曲线。从图 3 - 36 可以看出，在 1994 年 10 月达到 27.7% 的最高峰之后，近些年来，只有两次程度不同的上涨。一次是 2004 年 7 月，达到 5.3%；另一次是 2008 年 2 月，达到 8.7%。这均与当时的经济增长率上升有关。这两次物价上涨也均由于当时的经济增长率最终被调控在一定范围内而没有出现持续上涨的局面。历史经验表明，只要经济增长不过热，物价上涨就好控制。第二，加强了对通胀预期的管理。2010 年 1 ~ 8 月各月末，广义货币（M2）和狭义货币（M1）供应量的同比增速基本上呈适度回落之势，有利于缓解通货膨胀压力。有关部门也加强了对市场秩序的管理，加强了对市场价格行为的监管。第三，粮食供求总量基本平衡。2004 ~ 2009 年，我国粮食生产连续 6 年丰收。2010 年，夏粮仍是丰收年，秋粮亦丰收在望。第四，大部分工业品仍然是供大于求，对其价格的上升产生了一定的抑制作用。工业品出厂价格的月同比上涨率已由 5 月份的 7.1%，回落到 8 月份的 4.3%，这有利于缓解对后续产品的价格传导压力。第五，上年物价翘尾因素逐渐减弱。2010 年 7 月份的翘尾影响为 2.2 个百分点，8 月份减少到 1.7 个百分点，9 月份将减少到 1.3 个百分点。综合以上对各种因素的分析，抑制价格上涨的影响可能要大于推动价格上涨的影响，全年物价上涨温和可控，可维持在 3% 左右。

特点四，经济社会发展中的"两难"问题较多。

这与当前的经济波动处于新一轮经济周期的上升初期有关。一些问题既带有上一周期下降阶段的特点，又带有新一轮周期开始上升阶段的特点。其中，既有当前突出的紧迫问题，也有长期存在的结构性问题。经梳理，主要"两难"问题有以下几个方面。

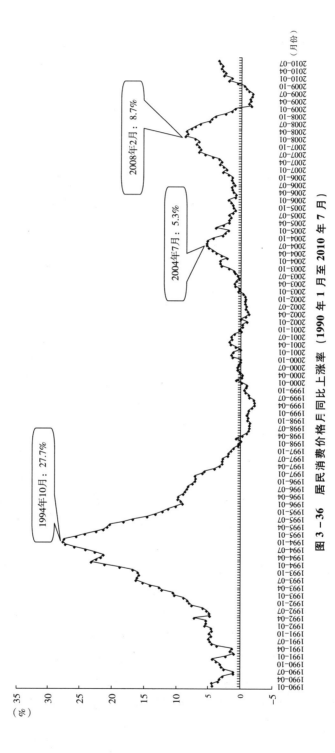

图 3 - 36　居民消费价格月同比上涨率（1990 年 1 月至 2010 年 7 月）

1. 宏观调控政策松紧度面临的"两难"。在应对国际金融危机中出台的一系列扩张性刺激政策取得一定成效后,存在着退出问题。如果退出得过早,经济增速就有可能重新大幅下滑;如果退出过晚,通胀压力就会很大。

2. 房价调控面临的"两难"。对于高房价,若不有效调控,容易引发社会问题。但如果房地产业迅速下滑,也将直接影响经济增速,影响在房地产业就业的大批农民工。

3. 收入分配改革面临的"两难"。要提高消费对经济增长的贡献,要缩小收入分配差距,就要增加中低收入者的收入。但这将增加企业的成本,给企业经营带来困难。同时,要在国家、企业、个人之间分好"蛋糕",涉及重要的税制改革,难度也很大。

4. 物价调控面临的"两难"。为了转变经济发展方式、促进节能减排,有必要对原来比较低的资源价格进行改革。但当前通胀压力较大,要把握好调价力度,否则将加大物价上涨压力。

5. 人民币汇率面临的"两难"。如果升值过快,将面临出口形势恶化、农民工就业困难的压力;而且,将来一旦有金融冲击,也容易造成大幅度贬值,使币值大起大落,影响整个经济稳定。如果不升值,国际上的压力大。而持续小幅上调,也容易造成热钱大量流入。

6. 外贸出口面临的"两难"。一方面,随着国际金融危机的大浪潮过去,世界经济进入复苏期,要借有利时机扩大出口。另一方面,世界经济复苏的步履艰难,特别是欧洲主权债务危机目前看是小风小浪,如果处理不好就会引起大风大浪,所以,外需形势不容乐观。

特点五,中国经济总量首次超过日本,成为世界第二大经济体。

2009 年,中国 GDP 总量为 4.9092 万亿美元,日本为 5.0675 万亿美元,中国比日本少 0.1583 万亿美元。2010 年第二季度,中国 GDP 总量为 1.33 万亿美元,日本为 1.28 万亿美元,中国超过日本 0.05 万亿美元,中国首次成为世界第二大经济体。这是 2010 年中国经济发展中一件具有标志性的大事。2010 年全年中国 GDP 总量超过日本已无悬念。对此,海外媒体纷纷报道和发表评论。《纽约时报》2010 年 8 月 16 日报道,中国经济在经历了几十年令人炫目的发展之后,在 2010 年的第二季度终于超过日本成为世界第二大经济体,这是中国经济发展的一个里程碑。中国经济超过日本早在意料之中,但成为现实后还是让人们感到震动。美国世界新闻网(www.chinesedailynews.com)早在 2010 年 5 月 13 日就发表文章,题目是:《中国经济的"超日"喜忧参半》，认为中国经济一旦"超日"，成为全球第二大经济体之后，可以带来之喜，显而易见。但重点应看到的，也许还是其带来之忧。一定要清楚的是，以总量衡量的全球第二大经济体，不等于以人均衡量的第二大经济体，也绝非第二大经济强国，现在中国经济发展到了转折关头，迫切需要转变发展方式。

五 "十二五"时期经济增长速度分析

"十二五"时期（2011～2015年），是我国全面建设小康社会的关键时期，是深化改革开放、加快转变经济发展方式的攻坚时期。综合判断国际国内形势，我国发展仍处于可以大有作为的重要战略机遇期，既面临难得的历史机遇，也面对诸多可以预见和难以预见的风险挑战。"十二五"规划的主线，无疑是加快经济发展方式转变。加快经济发展方式转变将贯穿于我国经济社会发展的全过程和各领域。这里，从经济增长速度的角度，对"十二五"时期的特点做一分析。

（一）各五年计划中经济增长速度的预期目标和实际值

先回顾一下"七五"计划以来到"十一五"规划这5个五年计划或规划中，经济增长速度的预期目标与实际执行的情况（见表3-5）。"七五"计划中，经济增长速度的预期目标为7.5%，实际增速为7.9%，超出0.4个百分点。"八五"计划中，经济增长速度的预期目标原定为6%，后修订为8%～9%，实际增速为12.3%，超出原目标6.3个百分点，超出修订目标4.3～3.3个百分点。"九五"计划中，经济增长速度的预期目标为8%，实际增速为8.6%，超出0.6个百分点。"十五"计划中，经济增长速度的预期目标为7%，实际增速为9.8%，超出2.8个百分点。"十一五"规划中，经济增长速度的预期目标为7.5%，实际增速为11%（2010年GDP增速暂按10%计算），超出3.5个百分点。

表3-5 各五年计划中经济增长速度的预期目标和实际值

	起止年份	年均经济增长速度预期目标（%）	年均经济增长速度实际值（%）	实际值高于预期目标（百分点）
"七五"计划	1986～1990	7.5	7.9	0.4
"八五"计划	1991～1995	8～9（6）	12.3	4.3～3.3（6.3）

	起止年份	年均经济增长速度 预期目标（%）	年均经济增长速度 实际值（%）	实际值高于 预期目标（百分点）
"九五"计划	1996～2000	8	8.6	0.6
"十五"计划	2001～2005	7	9.8	2.8
"十一五"规划	2006～2010	7.5	11.0	3.5

注："年均经济增长速度预期目标"中，"七五"计划、"八五"计划和"九五"计划为GNP增速预期目标；"十五"计划和"十一五"规划为GDP增速预期目标。"年均经济增长速度实际值"，均为GDP增速。

从年度经济增长预期目标来看（见表3-6），2005年至2010年，连续6年均确定为8%左右（均为GDP增速），而各年均超过目标（2010年GDP增速暂按10%计算）。总的看，无论是五年计划还是年度计划，实际经济增速都超过预期目标。

表3-6　年度经济增长预期目标和实际值

年　份	年度经济增长速度 预期目标（%）	经济增长速度 实际值（%）	实际值高于 预期目标（百分点）
2005	8	11.3	3.3
2006	8	12.7	4.7
2007	8	14.2	6.2
2008	8	9.6	1.6
2009	8	9.1	1.1
2010	8	10.0	2.0

早在1983年，邓小平就曾指出："根据最近的统计，一九八二年工农业总产值增长百分之八左右，大大地超过了原定的增长百分之四的计划。前两年还没有发生这种情况，一九八二年是头一次出现。这里就提出一个问题，如果我们的年度计划定低了，而实际增长速度高出很多，会产生什么影响？对这个问题，要抓紧调查研究，做出符合实际的分析。现在不是说要改变原定的'六五'计划，长期计划留的余地应该大一些，年度计划可以打得积极一点，当然也要留有余地，重视提高经济效益，不要片面追求产值、产量的增长。总结历史经验，计划定得过高，冒了，教训是很深刻的，这方面的

问题我们已经注意到了，今后还要注意。现在我们要注意另外一个方面的问题。"① 从 1983 年邓小平指出这一问题至 2010 年已过去 27 年了，仍然是实际经济增速高出预期目标，有时还高出很多。现在，大家都习惯了这一情况，改起来也难。

（二）"十二五"时期我国经济增长速度的特点

从目前情况看，"十二五"时期我国经济增长速度可能会呈现如下三个主要特点。

1. 从在经济周期波动中的位置看，将处于新一轮经济周期的上升阶段

"七五"时期（1986～1990 年）的第一年，正值经济增长率的低谷年，随后，进入新中国成立以来的第八轮周期，经济增长率两年高起两年下落，起伏较大（见图 3－37）。

"八五"时期（1991～1995 年），进入第九轮周期，经济增长率大起而过热，之后平稳回落。

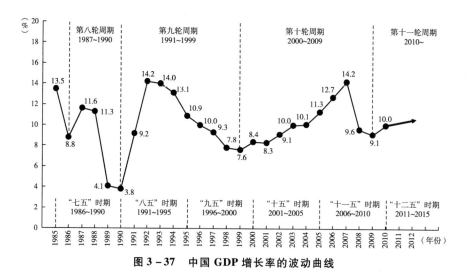

图 3－37　中国 GDP 增长率的波动曲线

"九五"时期（1996～2000 年），处于第九轮周期的继续回落中，最后一年开始转入第十轮周期的上升阶段。

"十五"时期（2001～2005 年）的五年一直处于第十轮周期的上升通

---

① 《邓小平文选》第三卷，人民出版社，1993，第 22 页。

道内，这是各五年计划中波动态势最好的五年。

"十一五"时期（2006～2010年）处于第十轮周期的继续攀升中，随后，在国内经济周期调整和国际金融危机冲击的叠加作用下，经济增长率回落，最后一年开始进入第十一轮周期的上升阶段。

这样，"十二五"时期（2011～2015年）正像"十五"时期那样，处于新一轮经济周期的上升阶段。这时，经济增长既不处于过热之中，也不处于下滑之势。可以借助这一有利态势，推动经济发展方式转变和经济结构调整，为全面建成小康社会打下具有决定性意义的基础。

2. 从基年看，经济增长率的位势较高，继续加速上升的空间不大，宏观调控的主要关注点是经济走稳，防止经济增长由偏快转为过热

"七五"时期开始前的基年，1985年，GDP增长率高达13.5%（见图3-37），因此，刚进入"七五"时期就面临着国民经济调整，经济增长率回落。

"八五"时期开始前的基年，1990年，GDP增长率下落至3.8%，这就使"八五"时期经济增长率有较大的上升空间。

"九五"时期开始前的基年，1995年，GDP增长率正在从前期高点回落至10.9%，使"九五"时期难以有上升的空间。

"十五"时期开始前的基年，2000年，GDP增长率刚开始回升，为8.4%，这使"十五"时期经济增长率有一定的上升空间。

"十一五"时期开始前的基年，2005年，GDP增长率已上升到11.3%，面临经济增长由偏快转为过热的风险。

"十二五"时期开始前的基年，2010年，GDP增长率预计为10%左右，位势较高，继续加速上升的空间不大，宏观调控的主要关注点应该是防止经济增长由偏快转为过热。"十二五"时期的宏观调控可以借鉴"十五"时期和"十一五"前期的经验，即为了延长经济周期的上升阶段，或者说延长国民经济在适度高位的平稳运行，需要根据经济波动的具体态势，采取多次性或多阶段性的微调，使经济增长率不"冒顶"，即不要过高地突破适度经济增长区间。①

---

① 作者曾撰文具体阐明这一问题，见"多次性微调：使经济增长率不'冒顶'"，《经济学动态》2006年第10期；"把握本轮周期中宏观调控的多阶段性特点"，《经济蓝皮书：2007年中国经济形势分析与预测》，社会科学文献出版社，2006。

3. 从经济发展阶段看，人均国民总收入开始进入中高收入国家行列，仍处于较快发展时期

世界银行按照人均国民总收入（人均 GNI），将世界各经济体划分为四组：低收入组、中低收入组、中高收入组和高收入组。每年的具体划分标准有所增减变化。世界银行对各经济体人均国民总收入的统计，也经常有增减修订。按照世界银行的统计和分组，中国人均国民总收入首次由低收入组进入中低收入组有两个年份。

一个是 1997 年，按照世界银行当时的统计，该年中国人均国民总收入为 860 美元，高于该年中低收入组的下限 786 美元，由此，中国首次进入中低收入组。但后来世界银行修订数据，将该年中国人均国民总收入调减为 750 美元，这样，又低于该年中低收入组的下限 786 美元，中国仍属于低收入组。

另一个是 1998 年，按照世界银行当时的统计，该年中国人均国民总收入为 750 美元，低于该年中低收入组的下限 760 美元，中国被列为低收入组。后来世界银行修订数据，将该年中国人均国民总收入调高为 790 美元，这样，又高于该年中低收入组的下限 760 美元。从世界银行的最后修订数据看，1998 年中国首次进入中低收入组。

1999 年之后到现在，无论是从世界银行的最初统计看，还是从最后修订看，中国一直处于中低收入组。2009 年，根据世界银行公布的数据，中国人均国民总收入为 3620 美元。预计在"十二五"时期内，中国人均国民总收入将突破 4500 美元，届时将开始进入中高收入组。

人均国民总收入水平是一国经济发展所处阶段的重要标志性指标之一。人均国民总收入处于不同水平，或者经济发展处于不同阶段，对经济增长速度会有不同的影响。一般来说，在人均国民总收入由较低水平向中等水平提高时，伴随着消费结构升级和相应的产业结构升级，经济增长速度可能会呈现较快局面；当人均国民总收入提高到一定的较高水平时，随着消费结构的稳定和基本消费需求的饱和等因素影响，经济增长速度有可能呈现放缓趋势。但这个"一定的较高水平"究竟是多少，各国情况会有不同。

同时，各国在低收入水平、中等收入水平和高收入水平各个不同阶段，也会遇到各种不同的经济和社会问题。如果处理得好，会继续推动经济和社会发展；如果处理不好，有可能使经济发展处于停滞状态，这就产生所谓的"低收入陷阱"（又称"贫困陷阱"）、"中等收入陷阱"、"高收入陷阱"等问题。"中等收入陷阱"问题又可分为"中低收入陷阱"和"中高收入陷阱"问题。"中低收入陷阱"说的是,人均国民总收入由低收入组进入中低收入组之后,在向中高收入组迈进时可能会遇到的经济和社会问题。"中高收入陷阱"说的是,人均国民总收入由中低收入组进入中高收入组之后,在向高收入组迈进时可能会遇到的经济和社会问题。其实,不论在低、中、高哪个收入阶段,都有可能存在相应的经济和社会问题,也就是存在一定的所谓"陷阱"问题;而不论在低、中、高哪个收入阶段,也都有可能顺利跨越"陷阱"。

中国在 2004 年最初发布 2003 年人均 GDP 突破 1000 美元时,学术界曾集中讨论过如何跨越"中低收入陷阱"问题。中国在"十二五"时期内人均国民总收入将进入中高收入组,因此,现在需要讨论的则是如何跨越"中高收入陷阱"问题。从国际经验看,顺利跨越"陷阱"或一时跌入"陷阱"的例子都有,各国情况不一,关键是看经济和社会发展战略是否得当。同时,我国在"十二五"时期内人均国民总收入刚刚突破 4500 美元而开始进入中高收入组,距离高收入组(届时预计高收入组的下限将会在 13000 美元以上)还有很大的发展空间。所以,在当前和今后一个时期,我国发展仍处于可以大有作为的重要战略机遇期,国民经济保持一定的较快发展仍然是可能的。

韩国和日本是成功跨越"中等收入陷阱"的例子。从韩国的情况看(见图 3 - 38[①])。20 世纪 60 年代初,韩国人均国民总收入仅有 110 美元。从 1978 年突破 1000 美元,到 1987 年突破 3000 美元,再到 1995 年突破 10000 美元,仅用了 17 年时间。也就是说,韩国顺利地跨越了"低收入陷阱""中低收入陷阱"和"中高收入陷阱",一路攀升到高收入组。但随后,在 20 世纪 90 年代中后期亚洲金融危机的冲击下,在 1997 年人均国民总收入达 12190 美元后,迅速下跌到 1998 年的 9200 美元,直到 2003 年才恢复到 12680 美元的水平,历时 6 年的调整。近几年来,又上升到 20000 美元以上。

在韩国,从相对应的 GDP 增长速度看,大体经历了 5 个阶段。

1. 在人均国民总收入从 110 美元过渡到 500 美元期间,即从 1962 年至 1975 年期间,GDP 增长速度较高,经常高达 12% 以上。

---

① 资料来源:图 3 - 38 至图 3 - 42 的数据,均来自世界银行数据库。

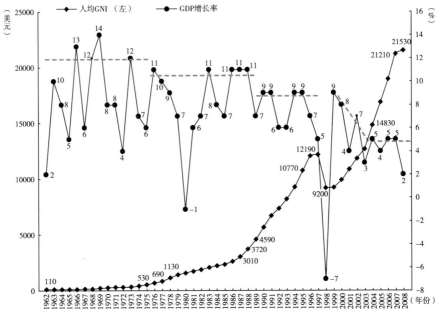

图 3-38　韩国人均国民总收入和 GDP 增长率

2. 在人均国民总收入从 600 美元过渡到 3700 美元期间，即从 1976 年至 1988 年期间，GDP 增长速度也较高，经常高达 11%。

3. 在人均国民总收入从 4500 美元过渡到 12000 美元期间，即从 1989 年至 1997 年亚洲金融危机前，GDP 增长速度仍维持在较高水平，经常高达 9%。

4. 在人均国民总收入达到 12000 美元后，在亚洲金融危机冲击下，下跌到 9200 美元，经过 6 年调整，恢复到 12000 美元水平，即从 1998 年至 2003 年，GDP 增长速度明显回落。

5. 在人均国民总收入从 14000 美元到 20000 美元期间，即从 2004 年至 2008 年，GDP 增长速度处于 5% 左右。

总的来看，韩国在人均国民总收入从 1962 年 110 美元到 1997 年达到 12000 美元期间，长达 36 年间均保持了较高的经济增长速度。

从日本的情况看（见图 3-39）。20 世纪 60 年代初，日本人均国民总收入为 610 美元。从 1966 年突破 1000 美元，到 1973 年突破 3000 美元，再到 1984 年突破 10000 美元，仅用了 18 年，成功地跨越了"中低收入陷阱"和"中高收入陷阱"，迅速攀升到高收入组。然后，到 1988 年又突破 20000 美元，1993 年突破 30000 美元，1995 年突破 40000 美元。从 1984 年突破

10000 美元，到 1995 年突破 40000 美元，仅用了 11 年。在 1996 年达到
41350 美元之后，至今，徘徊在 32000 美元至 40000 美元。也可以说，日本
陷入了"高收入陷阱"。

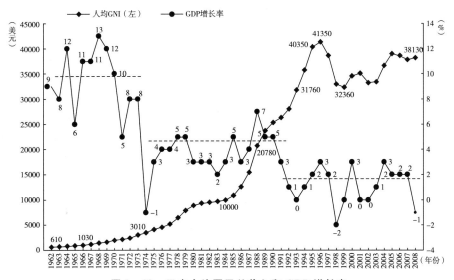

图 3 – 39 日本人均国民总收入和 GDP 增长率

在日本，从相对应的 GDP 增长速度看，大体经历了 3 个阶段。

1. 在人均国民总收入从 610 美元过渡到 3000 美元期间，即从 1962 年至
1973 年期间，GDP 增长速度处于高速区，经常高达 8% ~ 13% 。

2. 在人均国民总收入从 3000 美元过渡到 25000 美元期间，即从 1974 年
至 1990 年期间，GDP 增长速度处于中速区，经常为 3% ~ 5% 。

3. 在人均国民总收入达到 26000 美元以上，即从 1991 年至今，GDP 增
长速度处于低速区，经常为 0 ~ 3% 。

总的来看，日本人均国民总收入在 1984 年上升到 10000 美元之后，又
在 11 年间以适中的速度，顺利上升到 1995 年的 40000 美元，并在 1988 年
至 2001 年的 12 年间，人均国民总收入超过了美国。

巴西和泰国是曾陷入"中等收入陷阱"的例子。从巴西的情况看（见
图 3 – 40）。20 世纪 60 年代初，巴西人均国民总收入为 230 美元，到 1976
年突破 1000 美元。然而，在 1980 年上升到 1890 美元，即接近 2000 美元
时，陷入了"中低收入陷阱"，人均国民总收入回落到 1570 美元，直至
1988 年，连续 8 年徘徊，没有突破 2000 美元。1989 年达到了 2000 美元，

到 1997 年突破 5000 美元，但又陷入了"中高收入陷阱"，人均国民总收入回落到 2970 美元，连续 9 年徘徊，没有突破 5000 美元。近几年，上升到 7300 美元。

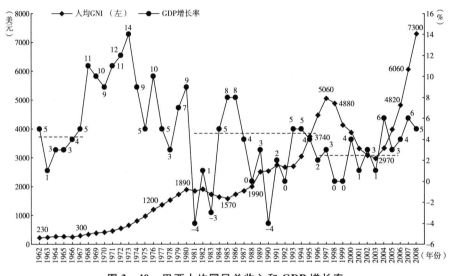

图 3-40　巴西人均国民总收入和 GDP 增长率

在巴西，从相对应的 GDP 增长速度看，大体经历了 4 个阶段。

1. 在人均国民总收入达到 300 美元以下时，即从 1962 年至 1967 年，GDP 增长速度较低，经常处于 3%~5%。

2. 在人均国民总收入从 300 美元上升到 1890 美元期间，即从 1968 年至 1980 年期间，经济增长速度较高，经常高达 9% 以上。

3. 在人均国民总收入从 1890 美元过渡到 4000 美元之前，即从 1981 年至 1995 年期间，GDP 增长速度回落，经常在 4%~5%，且多次出现负增长。

4. 在人均国民总收入突破 5000 美元之后，即从 1997 年后，GDP 增长速度进一步回落，经常处于 3% 左右。近几年来，经济增长速度又有所回升。

从泰国的情况看（见图 3-41）。20 世纪 60 年代初，泰国人均国民总收入为 110 美元，到 1988 年突破 1000 美元，1993 年突破 2000 美元，1996 年接近 3000 美元。但随后陷入了"中低收入陷阱"，人均国民总收入又回落到 1900 美元，直至 2007 年才突破 3000 美元，这期间连续 11 年徘徊。

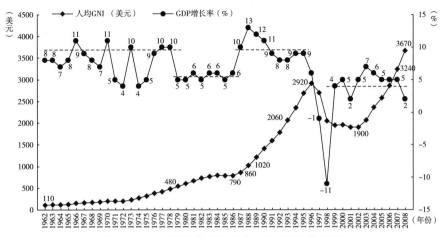

图 3 – 41　泰国人均国民总收入和 GDP 增长率

在泰国，从相对应的 GDP 增长速度看，大体经历了 4 个阶段。

1. 在人均国民总收入从 110 美元达到近 500 美元期间，即从 1962 年至 1978 年，GDP 增长速度较高，经常处于 8% ~ 11%。

2. 在人均国民总收入从 500 美元上升到近 800 美元期间，即从 1979 年至 1986 年期间，GDP 增长速度有所下落，经常处于 5% ~ 6%。

3. 在人均国民总收入从 800 美元过渡到近 3000 美元期间，即从 1987 年至 1996 年期间，GDP 增长速度又上升到 8% ~ 13%。

4. 在人均国民总收入接近 3000 美元之后，即从 1997 年后，GDP 增长速度又回落至 5% 左右。

现将韩国、巴西、泰国、中国做一些总的比较（见图 3 – 42）。1962 年，韩国人均国民总收入为 110 美元，巴西为 230 美元，泰国与韩国一样为 110 美元，中国为 70 美元。

从突破人均 1000 美元的时点看，巴西最早，在 1976 年；韩国紧随其后，在 1978 年；泰国则在 1988 年，比韩国晚了 10 年；而中国则在 2001 年，比泰国又晚了 13 年。

从突破人均 3000 美元的时点看，韩国最早，在 1987 年；巴西在 1994 年，比韩国晚了 7 年；泰国则在 2007 年，比巴西晚了 13 年；而中国则在 2009 年，比泰国又晚了 2 年。

从突破人均 5000 美元的时点看，韩国最早，在 1990 年；巴西在 1997 年，比韩国晚了 7 年；而泰国、中国目前尚未达到人均 5000 美元的水平。

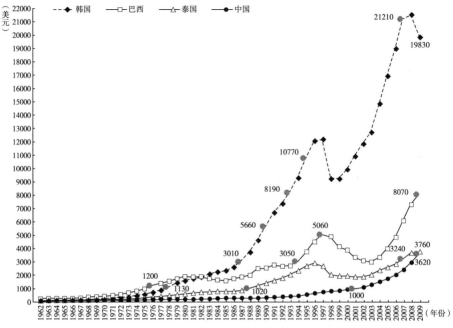

图 3 - 42　韩国、巴西、泰国、中国的人均国民总收入比较

从突破人均 8000 美元的时点看，韩国最早，在 1993 年；巴西在 2009 年，比韩国晚了 16 年。

从突破人均 10000 美元的时点看，韩国在 1995 年；而巴西目前尚未达到人均 10000 美元的水平。

在 2009 年这一时点上，韩国人均国民总收入已高达 19830 美元；巴西为 8070 美元；泰国为 3760 美元；中国已非常接近泰国，为 3620 美元。

图 3 - 42 的对比说明，各国在自己的发展中都会有顺利的时候，也都会遇到不同的问题，而中国目前人均国民总收入的水平还较低，发展的空间还很大。最近，时任世界银行行长佐利克在中国与世界银行合作 30 周年座谈会上致辞，指出："英明的领导人和官员开始提出中国如何以最佳方式规避'中等收入陷阱'。经验证明，从中等收入过渡到高收入比从低收入过渡到中等收入更难。……中国从中低收入经济转向高收入社会的经验，也可能为其他中等收入经济体提供借鉴。"①

① 佐利克："在中国与世界银行合作 30 周年座谈会上的致辞"，2010 年 9 月 13 日，世界银行网站。

第三节 2011 年：经济运行态势和宏观调控的新变化

2010 年 12 月召开的中央经济工作会议，全面部署了 2011 年的经济工作，并分析了应对国际金融危机冲击以来我国经济运行态势的新变化，相应地对宏观调控政策进行了调整。深刻把握经济运行态势和宏观调控的新变化，对于在新形势下保持经济平稳较快发展、加快转变经济发展方式具有重要意义。

一 经济运行态势的变化：由"回升向好"转为"稳定增长"

近两年来，在应对国际金融危机冲击的过程中，我国经济运行已由增速大幅下滑转向总体回升向好，又进一步转向新一轮的稳定增长阶段。所谓稳定增长阶段，是指经济运行处于既不偏热也不偏冷的适度增长区间。当前，我们需要把握好以下几点。

"稳定增长"不是自动实现的。进入稳定增长阶段，不是自动实现的；进入这一阶段之后，其延续也不是自动实现的。这些都与正确实施宏观调控政策有关。为了尽可能长地延续经济稳定增长阶段，保持经济更长时间的平稳较快发展，在宏观调控中就要确定和把握好经济增长预期目标。经济增长预期目标不宜定得太高，以利于引导各方面把经济工作的重点放到加快转变经济发展方式和调整经济结构上来，放到提高经济增长的质量和效益上来，放到促使经济增长与资源环境相协调上来。如果经济增速过高，将会产生"四高"的压力，即高能耗、高物耗、高污染、高通胀的压力，将会破坏经济正常运行所必需的各种均衡关系，不利于经济持续平稳较快发展。同时，经济增长预期目标也不宜定得太低，以利于保证社会就业、有效利用现有产能、提高城乡居民收入、扩大居民消费、不断改善民生、增加国家财政收入、发展各项社会事业和维护社会稳定，并有利于应对目前仍复杂多变的国际经济环境，巩固和扩大应对国际金融危机冲击的成果。如果经济增速过低，将会给人民生活、企业经营、社会发展等带来一系列困难。从我国目前的经济发展阶段看，经济增长预期目标定为 8% 左右是比较适宜的。这是一个经过努力可以达到且留有一定余地的预期目标。

"稳定增长"并不意味着没有波动。在实际经济运行中，由于会受到国内外各种可以预见和难以预见的因素的影响，经济增速会有波动。宏观调控的主要任务就是平抑经济过大的波动，防止经济增长大起大落。这就需要不断增强宏观调控的预见性、及时性和有效性，把握好宏观调控的方向、时机、节奏、重点和力度。而经济增速在一定幅度内的波动是正常的、合理的。从我国目前的实际情况看，经济增速8%是一个调控目标，而在实际经济运行中有可能会超过这一目标，但这个"超过"应有一定的上限约束。从我国以往的经验教训看，经济增速的上限不宜冲出10%。经济增长在8%至10%之间轻微波动、平缓起伏，属正常状态。这对宏观调控的政策含义是：就年度或季度看，当实际经济增速高于10%时，就要实行适度的紧缩性宏观调控政策；当实际经济增速低于8%时，就要实行适度的扩张性宏观调控政策；当实际经济增速处于8%至10%的区间时，可实行中性的宏观调控政策。

"稳定增长"并不要求各地区以同一速度增长。我国东、中、西部各地区在应对国际金融危机冲击中，化"危"为"机"，抓住机遇，都相应地调整了本地区的经济发展预期目标、具体措施和经济结构，为我国新一轮经济增长提供了广阔空间。但各地区的原有基础和初始条件不同，目前的发展阶段和发展程度也不同，因而一定要从实际出发，按照以科学发展为主题、以加快转变经济发展方式为主线的要求，合理确定本地区的经济增长预期目标，切不可盲目追求高速度和相互攀比、层层加码，特别是要坚决防止借"十二五"规划开局之年盲目"大干快上"，防止借领导班子换届之机大搞"政绩工程"。历史的经验教训一再告诫我们，经济增长率的"大起"必然导致"大落"，"大起大落"的要害在于"大起"。2011年，从全国看，在经济增速的跟踪和把握上，宏观调控主要应防止经济增长向上偏离正常轨道，即防止经济增长由平稳转向过热。

二 宏观调控侧重点的变化：由"保增长"转为"稳物价"

前两年，在应对突如其来的国际金融危机的冲击中，为了迅速扭转经济增速明显下滑的趋势和促进经济企稳回升，宏观调控的侧重点放在了"保增长"上。这次中央经济工作会议提出，要把稳定价格总水平放在更加突出的位置。这样，"稳物价"即保持物价总水平的基本稳定便成为当前和今后一个时期宏观调控最紧迫的任务。

2010年以来，居民消费价格总水平逐月攀升，从1月份上涨1.5%到11月份上涨5.1%。物价问题直接涉及千家万户，群众对于物价上涨感受灵敏、反应强烈。我们要正确估计群众对物价上涨的承受度。一来，物价上涨直接影响城乡居民特别是中低收入群体的现实生活水平。广大居民切身感受到的不是笼统的物价总水平上涨 4% 或 5%，而是其中食品类特别是粮食、食用油、蔬菜、蛋类、水果等生活必需品的价格上涨 10% 甚至是 20% 以上。二来，从改革开放到现在，随着经济的发展和市场化的推进，一般居民家庭多少都有了一些预防性储蓄，即备用于医疗、教育、住房、养老、失业等预防性支出的储蓄。而一旦物价上涨、货币贬值，居民储蓄将缩水，家庭资产将蒸发，这将严重影响群众的情绪，影响群众未来生活的安定，影响群众对政府的信任。物价问题是关系民生、关系经济健康发展、关系社会和谐稳定的大局问题，决不可轻视。

分析物价上涨的原因，不外乎五大类，即供给面的成本推动和供给不足因素、需求面的需求拉动因素、国际通胀输入因素、市场投机炒作和监管不力因素、人们的通胀预期因素。前三类是基本性因素，后两类是增强性因素。这次物价上涨，从供给面看，成本推动因素比较广泛，主要包括 6 种成本的上升，即劳动力成本、生产资料成本、运输等流通成本、资源环境成本、土地成本、住房成本均有上升和传导作用；加之全国从南到北各种自然灾害频发，特别影响到一些品种的农产品供给。从需求面看，主要拉动因素是货币信贷超常增长，其存量规模较大，对物价上涨的压力要逐步释放。这是近两年来在应对国际金融危机冲击中，为迅速遏制经济下滑和有力拉动经济回升不可避免的一些副作用。从国际上看，主要的通胀输入因素有：全球流动性泛滥、境外热钱流入、美元贬值、大宗商品价格高位震荡、世界自然灾害导致国际农产品供给紧张和价格上扬等。从市场管理因素看，一些社会游资乘机囤积居奇、恶意炒作、哄抬物价，而市场监管有所疏忽。从心理因素看，社会各方面逐步形成了一定的通胀预期。

稳定价格总水平的二十四字原则是：立足当前、着眼长远，综合施策、重点治理，保障民生、稳定预期。立足当前、着眼长远，就是要迅速采取有力措施，把市场价格稳住；同时，考虑到影响物价上涨的因素中有些因素如成本推动因素等可能会长期起作用，所以要把采取短期应急措施与建立长效机制结合起来。综合施策、重点治理，就是要打好"组合拳"：针对供给面的因素，大力发展农业生产，保护农民的生产积极性和合理利益，保障主要农产品和重要农用生产资料的供给，完善储备制度，合理降低运输等流通成本；针对需求面的因素，有效管理流动性，控制物价上涨最基础性的货币条件；

针对国际上的通胀输入因素，密切跟踪和防控境外热钱流入，搞好重要农产品和大宗商品的进出口调节，增强国家储备的吞吐调控能力；针对市场管理因素，把维护市场正常经营活动与打击价格违法行为相结合，以经济手段和法律手段为主，辅之以必要的行政手段，重点打击串通涨价、变相涨价、囤积炒作等不法行为，对于政府所管价格特别是上游资源性产品价格，要把握好调整的时机、节奏和力度。保障民生、稳定预期，就是要保障好广大人民群众特别是困难群众的基本生活，完善补贴制度，建立健全最低生活保障、失业保险标准等与物价上涨挂钩的联动机制；同时，针对通胀预期因素，做好舆论引导工作，澄清各种不实报道，客观分析物价变动趋势，稳定各方面的价格预期。从一定意义上说，稳定价格预期比稳定现期价格更为重要。

应当看到，目前也存在一些阻止物价上涨的因素。首先，粮食总量供求基本平衡。2004 年至 2010 年，我国粮食生产连续 7 年增长，为稳定整个物价提供了基础。其次，大部分工业消费品仍然供大于求。这表现在当前的物价结构上，就是交通和通信类价格、衣着类价格仍处于下降中，家庭设备用品类价格也只有轻微的上涨。最后，经济增速并没有过热。从我国以往物价变动的一般规律看，物价的过高上涨主要与经济增速的过高、过快上升密切相关。而此次物价上涨，经济增速并没有过高、过快上升。历史经验表明，只要经济增长不出现全局性过热，社会总需求不出现全面膨胀，物价上涨就好控制。防止经济增长由平稳转向过热，是防止价格由结构性上涨演变为明显通货膨胀的一个重要前提。"稳增长"与"稳物价"是相辅相成的。综合考虑以上推动物价上涨和阻止物价上涨的各方面因素，特别是当前群众对物价上涨的承受度，2011 年居民消费价格总水平的涨幅控制在 4% 左右是比较适宜的。

三　宏观调控取向的变化：由"积极、宽松"转为"积极、稳健"

财政政策和货币政策是实施宏观调控的两大主要政策。前两年，在应对国际金融危机冲击中，我国实施的是积极的财政政策和适度宽松的货币政策。这次中央经济工作会议提出，2011 年宏观经济政策的基本取向要积极稳健、审慎灵活。因而，宏观调控两大主要政策的导向和搭配有了调整，即继续实施积极的财政政策，而货币政策则由"适度宽松"转为"稳健"。

之所以要继续实施积极的财政政策，就是要发挥财政政策在稳定经济增长、调整经济结构、调节收入分配、促进社会和谐等方面的重要作用。目前，世界经济复苏进程缓慢，复苏动力不足。国际上不稳定、不确定因素仍然很多，国际金融危机并没有结束，不能排除出现反复的可能。在这种国际经济背景下，为保证我国经济由"回升向好"向"稳定增长"转变，仍然需要积极财政政策的支持。具体地说，完成近年来新增中央投资的续建项目，启动"十二五"规划的重大项目，加强经济社会发展的薄弱环节，加大对"三农"、欠发达地区、困难群体、社会事业等的支持力度，都需要继续实施积极的财政政策。但与前两年不同的是，随着经济运行态势的变化，积极财政政策的规模和重点要有所调整、力度要有所微调。

货币政策由"适度宽松"调整为"稳健"，是宏观政策导向的一个重要变化，是由应对国际金融危机冲击时的"非常状态"向经济稳定增长的"正常状态"回归。由"适度宽松"转为"稳健"，一方面，适当收紧货币信贷，这主要是为了应对国际流动性严重过剩，应对国内物价上涨压力，抑制资产价格泡沫，稳定通胀预期；另一方面，转为"稳健"是转为"中性"，并不是转为"紧缩"，货币政策要更好地服务于保持经济平稳较快发展。稳健的货币政策主要包括：按照总体稳健、调节有度、结构优化的要求，综合运用存款准备金率、公开市场操作、利率等价格工具和数量工具，把好流动性这个"总闸门"，保持货币信贷总量合理增长；优化信贷结构，加大对经济社会发展重点领域和薄弱环节的信贷支持，把信贷资金更多地投向实体经济特别是"三农"和中小企业；进一步完善人民币汇率形成机制，增强汇率弹性，保持人民币汇率在合理、均衡水平上的基本稳定；防范金融风险，监控跨境资本流动，严堵境外热钱流入。

四　2011 年和"十二五"时期中国经济增长与波动的具体分析

2007 年至 2011 年，我国经济运行态势表现出四个阶段的变化，由 2007 年的高位偏快，转为国际金融危机冲击时的大幅下滑，随后转向有效应对国际金融危机冲击的恢复性大幅回升，又进一步转向新一轮合理的适度增长区间。现从经济增长与波动的角度，对 2011 年并结合"十二五"时期我国经济走势可能会出现的特点做进一步考察。

1. 从经济周期波动的态势看，2011 年和"十二五"时期，中国经济将在新一轮周期的适度增长区间内运行

新中国成立以来，前 8 轮周期，可以概括为"2+3=5"周期，即周期长度一般说来平均为 5 年左右，上升期很短，往往只有短短的一两年，随后

的调整回落期往往为 3 年左右，总体来说表现为一种"短程"周期。而第
九轮周期的长度延长到 9 年，第十轮周期又延长到 10 年，这两轮周期扩展
为一种"中程"周期。第九轮周期为"2 + 7 = 9"周期，即上升期和前 8 轮
周期一样，只有短短的两年，但回落期比较平稳，每年平均回落 1 个百分
点，平稳回落了 7 年，整个周期为 9 年（见图 3 - 43）。第十轮周期走出了
一个"8 + 2 = 10"的新的良好轨迹，即上升期延长到 8 年，从 2000 年至
2007 年，经济增长率连续处于 8% 至 14% 的上升通道内。但到 2007 年，经
济增长有些偏快。2008 年，在国内经济调整和国际金融危机冲击的叠加作
用下，经济增长率从 2007 年的 14.2% 下降到 9.6%，一年间回落了 4.6 个
百分点，回落的势头较猛。在应对国际金融危机的冲击中，中国及时采取了
积极的财政政策和适度宽松的货币政策，实施了"一揽子计划"，到 2009
年第二季度之后，有效遏止了经济增长急速下滑的态势，在全球率先实现经
济总体回升。2009 年全年，经济增长率为 9.2%，仅比上年回落 0.4 个百分
点。2010 年，经济增长率回升到 10.3%，高于 2009 年，从而进入新一轮即
第十一轮经济周期。如果宏观调控把握得好，第十一轮经济周期有可能延续
第九、十轮周期的长度，走出一个十年左右的"中程"周期。这样，2011
年和"十二五"时期中国经济就可能运行在新一轮周期的适度增长区间。

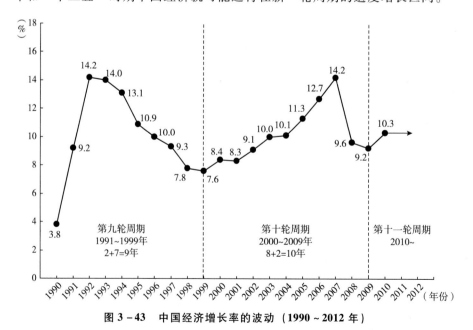

图 3 - 43　中国经济增长率的波动（1990 ~ 2012 年）

从经济增长率的季度波动来看（见图 3 - 44），可以更清晰地看到近几年来中国经济运行态势所呈现的四个阶段变化。第一阶段，2007 年各季，经济增长在 14% 左右的高位运行，显然偏快；第二阶段，2008 年至 2009 年第一季度，出现大幅下滑，一直下滑到 2009 年第一季度 6.6% 的低谷；第三阶段，2009 年第二季度至 2010 年第一季度，在应对国际金融危机冲击中呈现恢复性大幅回升，一直回升到 2010 年第一季度 11.9% 的高位，走出一个 "V" 形回升轨迹；第四阶段，2010 年第二季度至 2011 年第一季度，经济增长率在向适度增长区间的回落中趋稳，2011 年第一季度为 9.7%。由此，中国经济运行已由应对国际金融危机冲击时的大幅下滑和其后恢复性大幅回升的 "非常状态"，向适度增长区间的 "正常状态" 转换。

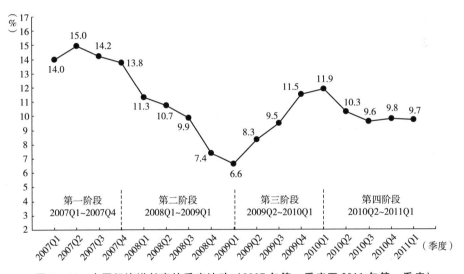

图 3 - 44　中国经济增长率的季度波动（2007 年第一季度至 2011 年第一季度）

2. 从基年经济增长率的位势看，起点较高，2011 年和 "十二五" 时期继续加速上升的空间不大，宏观调控的侧重点是使经济走稳，主要防止经济增长由偏快转为过热

"八五" 时期（1991 ~ 1995 年）的起点，即 "八五" 开始前的基年，1990 年，经济增长率为 3.8%，这使 "八五" 时期经济增长率有较大的上升空间。

"九五" 时期（1996 ~ 2000 年）的起点，1995 年，经济增长率正在从前期高点回落至 10.9%，使 "九五" 时期难以有上升的空间。

"十五" 时期（2001 ~ 2005 年）的起点，2000 年，经济增长率刚开始回升，为 8.4%，这使 "十五" 时期经济增长率有一定的上升空间。

"十一五"时期（2006～2010年）的起点，2005年，经济增长率已上升到11.3%，面临经济增长由偏快转为过热的风险。

"十二五"时期（2011～2015年）的起点，2010年，经济增长率为10.3%，位势较高，继续加速上升的空间不大。宏观调控的侧重点是使经济走稳，防止借"十二五"规划开局之年盲目"大干快上"，防止借领导班子换届之机大搞"政绩工程"，防止整个经济增长由偏快转为过热，努力保持国民经济在适度增长区间平稳运行。为此，2011年和"十二五"时期，宏观调控首先要使经济增长率从应对国际金融危机冲击中的恢复性大幅回升，向适度增长区间平稳回落。进入2011年后，这一正常、平稳的回落过程却被中外一些媒体和人士解读为中国经济已处于滞胀状态，或面临滞胀风险，或将陷入"硬着陆"，经济增长率有可能降到8%以下，甚至说中国经济在未来三年内可能发生银行危机，等等。这种解读是不符合中国国情的。

说中国经济已经陷入或可能陷入滞胀的主要依据是两个指标：一是中国制造业采购经理指数（PMI）近两个月连续回落的情况。二是全国规模以上工业增加值月同比增长率4月比3月回落了1.4个百分点。

中国制造业采购经理指数，2011年4月为52.9%，比3月降低0.5个百分点；5月为52%，比4月又降低0.9个百分点，降至9个月来最低点（见图3-45）。从中国制造业采购经理指数2007年1月以来的波动情况看，2007年各月处于55%左右的高位，2008年4月达到59.2%的高峰；在国内

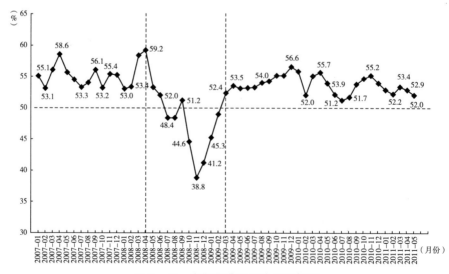

图3-45 中国制造业采购经理指数

经济调整和国际金融危机冲击下，由 2008 年 4 月的高峰猛降到 2008 年 11 月 38.8% 的低谷，随后回升；从 2009 年 3 月至 2011 年 5 月的 27 个月中，中间虽有几次在 51% 至 56% 区间的小幅波动，但是连续处于临界点（50%）以上的扩张区间。在现实经济生活中，由于各种因素的影响，经济运行过程不可能是直线上升的，有点小幅波动是正常的。不应一看到有点小幅波动，就大惊小怪。

从全国规模以上工业增加值月同比增长率来看，与前面经济增长率的季度波动情况一样，近几年来也呈现出四个阶段的变化（见图 3 - 46）。第一阶段，2007 年各月，工业生产增长在 18% 左右的高位运行，有些偏快；第二阶段，2008 年至 2009 年 1～2 月，出现大幅下滑，一直下滑到 2009 年 1～2 月 3.8% 的低谷；第三阶段，2009 年 3 月至 2010 年 1～2 月，在应对国际金融危机冲击中呈现恢复性大幅回升，一直回升到 2010 年 1～2 月 20.7% 的高位，亦走出一个"V"形回升轨迹；第四阶段，2010 年 3 月至 2011 年 5 月，工业生产增速在向适度增长区间的回落中趋稳，从 2010 年 6 月到 2011 年 5 月，已连续 11 个月保持在 13.1 至 14.8% 区间。这怎能说中国经济已经陷入或可能陷入滞胀呢？

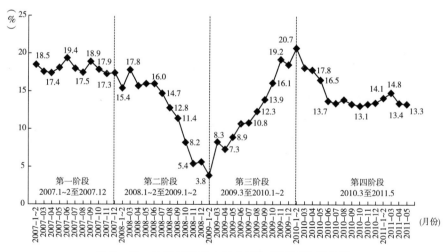

图 3 - 46 全国规模以上工业增加值月同比增长率

3. 从宏观调控的首要任务看，2011 年重在稳定物价总水平，"稳物价"与"稳增长"是相辅相成的

2011 年 1 月至 5 月，居民消费价格月同比上涨率分别为 4.9%、4.9%、

5.4%、5.3%和5.5%（见图3-47）。从近5年来的情况看，2006年，物价较为低稳，在3%以下轻微波动。2007年，物价开始攀升，连续"破三""破四""破五""破六"。2007年底的中央经济工作会议提出"双防"：防止经济增长由偏快转为过热，防止价格由结构性上涨演变为明显通货膨胀。2008年初，物价上冲到8.7%，有突破10%的危险。随后，在应对国际金融危机冲击中，物价随经济增长率一起下降至1.2%。2009年，物价在大部分月份中处于负增长。2010年下半年，物价开始攀升，"破三""破四""破五"，主要是从一些小品种的农产品涨价开始，民间的概括为："蒜你狠、豆你玩、姜你军、油你涨、糖高宗、苹什么、辣翻天"等。

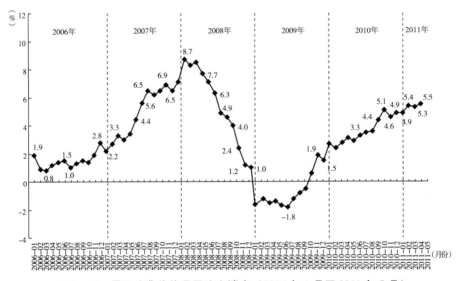

图3-47　居民消费价格月同比上涨率（2006年1月至2011年5月）

关于这次物价上涨的原因和对策，我们已有分析。[①] 需要讨论的是，改革开放30多年之后的今天，广大人民群众对物价上涨的承受度是提高了，还是降低了？我们认为，不是提高了，而是降低了。其一，物价上涨直接影响城乡居民特别是中低收入群体的实际生活水平。广大居民切身感受到的不是笼统的物价总水平上涨4%或5%，而是其中食品类特别是粮食、蔬菜、食用油、肉类、蛋类、水果等日常生活必需品的价格，有的上涨了10%甚至是20%以上。物价上涨，对高收入者来说，不算什么，对低收入者来说

---

① 刘树成："深刻把握经济运行态势和宏观调控新变化"，《人民日报》2011年1月10日。

却加重了生活负担，因此对于业已存在的贫富差距的拉大起到了加剧的作用，容易激化社会矛盾。其二，从改革开放到现在，随着经济的发展和市场化的推进，一般居民家庭多少都有了一些预防性储蓄，即备用于医疗、教育、住房、养老、失业等预防性支出的储蓄。而一旦物价上涨、货币贬值，居民储蓄将缩水，家庭资产将蒸发，这将严重影响群众的情绪，影响群众生活的安定，影响群众对政府的信任。所以，物价问题涉及千家万户，是关系民生、关系经济健康发展、关系社会和谐稳定的大局问题，决不可轻视。在2010年底召开的中央经济工作会议提出，保持物价总水平基本稳定，是当前和今后一个时期宏观调控最紧迫的任务，要"把稳定价格总水平放在更加突出的位置。"在2011年3月5日的《政府工作报告》中进一步提出，"要把稳定物价总水平作为宏观调控的首要任务。"

对于2011年内的物价走势，主流观点认为，由于2010年物价走势是前低后高，再加上翘尾因素的影响，2011年可能会是前高后低，经过努力，实现4%左右的物价调控目标是有一定把握的。我们也同意这样的一个基本判断。但是，还要考虑到一些不确定性因素的影响。如果一些不确定性因素的作用比预计的强了，那么2011年的物价走势也有可能仍然会是一个前低后高的状况。当然，我们不希望出现这种状况，但我们对一些不确定性因素决不可掉以轻心。从2010年、2011年两年看，这些不确定性因素主要有三个。

一是经济增长态势。2010年、2011年两年的经济增长会不会出现偏快或过热的情况？改革开放以来历次物价上涨，跟需求面即经济增长过热的拉动关系密切，而这次物价上涨的一个新特点是，我国的经济增长速度并没有像过去那样过高。在经济增长速度还没有明显高企、经济没有明显偏快或过热的情况下，物价却开始攀升。到现在，大部分中外经济专家都预测2011年中国经济增长率要低于2010年，大约在9.5%左右。我们也基本同意这个预测。但是我们并不排除2010年、2011年两年我国经济增长仍然可能会出现偏快问题。这主要是考虑到各级领导班子换届，再加上"十二五"规划开局，各地"大干快上"的热情很高。因此，当前"稳物价"与"稳增长"的任务是相辅相成的。

二是农业自然灾害因素。我国已连续7年粮食增产。2011年，如果自然灾害特别是旱灾严重的话，将会影响到粮食丰收，会助推物价上涨。

三是国际因素。如国际原油价格、原材料价格、农产品价格走高的话，输入型通货膨胀的压力就会加大。

除以上三个不确定性因素外，我们还要关注和警惕工资上涨与物价上涨的螺旋式攀升问题。这涉及菲利普斯曲线关系问题。菲利普斯曲线有三种表达方式。

第一种是 1958 年在英国从事研究的新西兰经济学家 A. 菲利普斯本人最早提出的原始的曲线，其纵轴是工资上涨率，横轴是失业率，主要关注的是工资上涨与失业之间的关系。

第二种是 1960 年美国经济学家萨缪尔森和索洛改造过的菲利普斯曲线，其纵轴由工资上涨率改变为物价上涨率，横轴仍然是失业率。之所以可用物价上涨率代替工资上涨率，是因为当时在美国，物价上涨主要源于工资上涨，即源于劳动成本的上升。

第三种也就是我们现在常见的一种，其纵轴仍然是物价上涨率，横轴则由失业率改变为经济增长率缺口，即现实经济增长率与潜在经济增长率之间的缺口。之所以可用经济增长率缺口代替失业率，是因为 1962 年美国经济学家奥肯提出了经济增长率缺口与失业率之间的数量关系，被称为奥肯定律。

这样，原始的菲利普斯曲线中，其纵轴工资上涨率被物价上涨率所代替，其横轴失业率被经济增长率缺口所代替。

我国现在推动物价上涨的因素中，越来越多地涉及工资成本的上涨，这又回到了原始菲利普斯曲线的纵轴指标。而我国在 1997 年以来，物价保持了十几年的低稳状态，与经济增长率被控制得没有出现严重过热状态有关，同时，也与劳动成本较低、工资上涨缓慢有关。因此，过去在研究菲利普斯曲线关系时，没有更多地关注物价上涨与工资上涨的关系。而现在，在我国，廉价劳动力的时代已经结束了。今后，物价上涨与劳动成本上涨的关系更紧密了。现在，许多地方提出居民收入增长或职工工资增长与经济增长同步，有的提出五年内工资翻番计划。这需要密切关注和跟踪，警惕工资与物价的螺旋上升。

4. 从宏观调控的政策组合看，积极的财政政策与稳健的货币政策相搭配

2010 年 12 月召开的中央经济工作会议，根据国内外经济形势的新变化，对宏观调控两大主要政策的取向和搭配进行了调整，即继续实施积极的财政政策，而货币政策则由"适度宽松"转为"稳健"。之所以继续实施积极的财政政策，就是要发挥财政政策在稳定经济增长、调整经济结构、调节收入分配、促进社会和谐等方面的重要作用。但与前两年有所不同的是，随着经济运行态势的变化，积极财政政策的规模和重点要有所调整，力度有所微调。货币政策由"适度宽松"调整为"稳健"，是宏观政策取向的一个重要变化，是由应对国际金融危机冲击时的"非常状态"，向经济稳定增长的"正常状态"回归。由"适度宽松"转为"稳健"，一方面，适当收紧了货币信贷，这主要是为了应对国际流动性严重过剩，应对国内物价上涨压力、抑制资产价格泡沫、稳定通胀预期；另一方面，转为"稳健"也就是转为"中性"，并不是转为"紧缩"，还要更好地服务于保持经济平稳较快发展。

财政政策和货币政策作为宏观调控的两大主要政策工具，自20世纪90年代初以来，随着我国社会主义市场经济体制的逐步建立和发展，随着我国经济运行态势和国际经济形势的不断变化，在其取向和搭配上已有6次变换（见图3-48）。

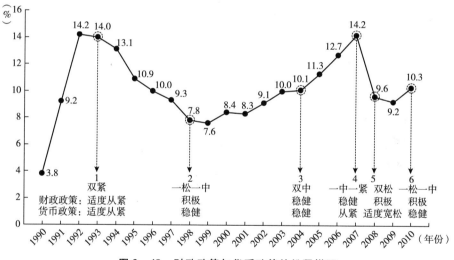

图3-48　财政政策与货币政策的松紧搭配

第一次，双紧型搭配。从1993年下半年开始，针对当时经济运行中出现的经济过热和严重通货膨胀情况，采取了适度从紧的财政政策和适度从紧的货币政策，使我国经济运行在1996年成功地实现了"软着陆"，有效地治理了经济过热和严重的通货膨胀。从1993年下半年至1998年上半年，这一政策搭配共实行了约5年。

第二次，一松一中型搭配。为了应对1997年爆发的亚洲金融危机的冲击，以及克服国内需求不足并防止通货膨胀再起，从1998年的年中开始，宏观调控两大政策均转换了方向。适度从紧的财政政策转为放松性、扩张性的积极财政政策，适度从紧的货币政策转为松紧适度的、中性的稳健货币政策。积极的财政政策有利于扩大总需求，促进经济增长，防止经济下滑。稳健的货币政策既保证了对经济发展的必要支持，又防止了盲目放松银根，有利于防范金融风险；既抑制了通货紧缩，又防止了通货膨胀卷土重来。从1998年年中至2004年，这样的政策搭配共实行了约6年半，在进入新世纪之时，推动我国经济进入了新一轮经济周期的上升阶段。

第三次，双中型搭配。进入新世纪后，为了防止经济在回升中的偏热趋向，从2005年开始，积极的财政政策转向了松紧适度的稳健财政政策，货币政策继续实行松紧适度的稳健货币政策，至2007年，实行了约3年。由此，使我国经济连续保持了平稳较快增长。

第四次，一中一紧型搭配。2007年12月初，中央经济工作会议提出"双防"，要把防止经济增长由偏快转为过热、防止价格由结构性上涨演变为明显通货膨胀作为宏观调控的首要任务。在"双防"任务下，继续实行稳健的财政政策，而稳健的货币政策则转向较为严厉的从紧的货币政策。2008年上半年实行半年后，又转入应对国际金融危机冲击。

第五次，双松型搭配。2008年下半年开始，为了应对美国次贷危机转化为国际金融危机的冲击，宏观调控两大政策都转换了方向。财政政策由"稳健"转为"积极"，货币政策由"从紧"转为"适度宽松"。这是20世纪90年代初以来，两大政策首次实行双松型搭配。至2010年，实行了约两年多，使我国在全球率先实现经济形势的总体回升向好。

第六次，即最近一次，一松一中型搭配。两年多来，在应对国际金融危机冲击的过程中，我国经济运行已由增速大幅下滑转向总体回升向好，又进一步转向新一轮的正常增长阶段，根据国内外经济形势的新变化，财政政策继续保持"积极"，而货币政策转为"稳健"。

在丰富多变的实践中，我国宏观调控的水平不断提高，应对能力不断增强，为保持经济平稳较快发展提供了有力的政策支撑。

5. 从潜在经济增长率看，"十二五"时期，在以加快转变经济发展方式为主线的背景下，适度经济增长区间可把握在8%～10%，潜在经济增长率的中线可把握在9%

我们曾利用计量方法，根据我国改革开放以来的有关数据进行计算，得出：1979～2009年，我国适度经济增长区间可视为8%～12%，潜在经济增长率中线为近 10%。改革开放以来我国经济的高速增长，也付出了很大的代价，主要表现为粗放型的经济增长方式。粗放型的经济增长方式可概括为"三高五低"：高能耗、高物耗、高污染；低劳动成本、低资源成本、低环境成本、低技术含量、低价格竞争。由此，带来经济生活中的一系列结构性矛盾，主要是：①内需与外需不均衡；②投资与消费比例不协调；③收入分配差距较大；④一、二、三次产业结构不合理；⑤科技创新能力不强；⑥城乡、地区发展不平衡；⑦经济增长的资源环境约束强化；⑧经济发展与社会发展不协调等。这种粗放型的经济增长方式和一系列结构性矛盾，使我国今后的经济发展受到能源、矿产资源、土地、水和生态环境的严重制约，受到各种成本上升的影响，受到国内消费需求狭窄的限制，受到国际上经济、金融等风险的冲击。所以，在"十二五"时期，转变经济发展方式刻不容缓。在此背景下，"十二五"时期，适度经济增长区间的上限可下调 2 个百分点，即适度经济增长区间可把握在 8% ~ 10%，潜在经济增长率中线可把握为 9%。

6. 从经济增长的动力看，人均收入水平的提高、城镇化的推进、产业结构的调整升级，是"十二五"时期的重要动力源

"十二五"时期，我国将发生两大历史性变化：一是按照世界银行的标准，我国人均国民总收入将由中低收入组进入中高收入组；二是我国城镇人口比重将超过 50%。这将为"十二五"时期扩大内需特别是扩大消费需求、促进需求结构和产业结构优化升级，提供重要动力。

"十一五"时期末，2010 年，我国 GDP 总量达到 39.8 万亿元人民币，按国际货币基金组织的换算，为 5.745 万亿美元。该年，日本 GDP 总量为 5.39 万亿美元。中国经济总量超过日本，成为世界第二大经济体。该年，美国 GDP 总量为 14.624 万亿美元，是中国的 2.55 倍，中国为美国的 39%。"十一五"时期，GDP 年均增长率，原规划为 7.5%，实际执行结果为 11.2%。从人均 GDP 看，"十一五"时期，由 2005 年人均 14185 元人民币上升到 2010 年人均 29748 元人民币（大约从 1700 美元上升到 4000 美元）。人均 GDP，"十一五"原规划年均增长 6.6%，实际增长 10.6%。

按"十二五"规划，在全面提高质量和效益的基础上，国内生产总值年均增长 7%。按 2010 年价格计算，2015 年 GDP 总量将达到 55 万亿元人民币。按国际货币基金组织的预测，到 2015 年，中国 GDP 总量将达 9.98 万亿美元，美国将达 18 万亿美元。美国是中国的 1.8 倍，中国为美国的 55%，即超过美国 GDP 总量的一半。到 2015 年，中国人均 GDP 将达到

3.96万元人民币，若按1美元等于6.5元人民币计算，将超过6000美元。

图3-49绘出世界银行数据库中中国人均国民总收入从1962年至2010年的增长情况。2011年至2015年是根据"十二五"规划的推算。1962年，中国人均国民总收入为70美元，在世界处于低收入组。到1978年改革开放之初，上升到190美元。到1998年上升到790美元，进入中低收入组。在跨进新世纪之初，突破人均1000美元。"十一五"时期，从人均1760美元上升到4050美元。在"十二五"时期的第一年，2011年，预计人均达到4450美元，开始进入"中高收入组"。

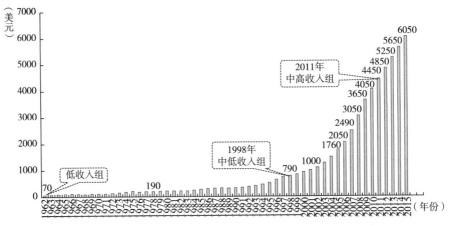

图3-49　中国人均国民总收入（1962～2015年）

从居民收入看，"十一五"时期，我国城镇居民人均可支配收入由2005年10493元人民币，上升到2010年19109元人民币。"十一五"原规划年均增长5%，实际增长9.7%。农村居民人均纯收入由2005年3255元人民币，上升到2010年5919元人民币。"十一五"原规划年均增长5%，实际增长8.9%。在"十二五"规划中，提出"两个同步、两个提高"：努力实现居民收入增长和经济发展同步、劳动报酬增长和劳动生产率提高同步，逐步提高居民收入在国民收入分配中的比重，提高劳动报酬在初次分配中的比重，加快形成合理的收入分配格局。按照"十二五"规划，城镇居民人均可支配收入将由2010年19109元人民币，上升到2015年大于26810元人民币，年均增长大于7%。农村居民人均纯收入将由2010年5919元人民币，上升到2015年大于8310元人民币，年均增长亦大于7%。

关于城镇化的推进。我国城镇化率（城镇人口占总人口的比重，见图 3 - 50)，1949 年为 10.6%，1978 年上升到 17.9%。"十一五"时期，城镇化率由 2005 年 43%，上升到 2010 年 47.5%（按照 2010 年第六次全国人口普查的最新数据，城镇化率为 49.68%，乡村人口比重为 50.32%）。"十二五"期间，我们还要积极稳妥地推进城镇化，不断提高城镇化的水平和质量，增强城镇综合承载能力，预防和治理"城市病"。按"十二五"规划，到 2015 年，城镇化率要达到 51.5%。"十二五"期间，我国城镇人口将首次超过乡村人口，这对于具有 13 亿多人口的大国来说，将是一个历史性的重大变化。

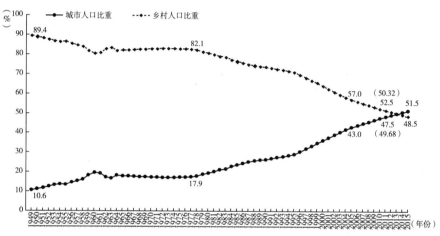

图 3 - 50　中国城镇化率

关于产业结构的调整升级。"十二五"时期，我国产业结构将有重要变化，这包括：加快发展现代农业，改造提升制造业，培育发展战略性新兴产业，推动能源生产和利用方式变革，构建综合交通运输体系，全面提高信息化水平，推进海洋经济发展，推动服务业大发展，加快发展文化产业（见表 3 - 7）。这将为"十二五"时期我国经济发展注入新的动力。

表 3 - 7　"十二五"时期产业结构调整

	相关产业	主要内容
1	加快发展现代农业	保障国家粮食安全作为首要目标。
2	改造提升制造业	发展先进装备制造业，调整优化原材料工业，改造提升消费品工业，促进制造业由大变强。

	相关产业	主要内容
3	培育发展战略性新兴产业	节能环保产业，新一代信息技术产业，生物产业，高端装备制造，新能源产业，新材料产业，新能源汽车。
4	推动能源生产和利用方式变革	构建安全、稳定、经济、清洁的现代能源产业体系。
5	构建综合交通运输体系	按照适度超前原则，统筹各种运输方式发展，基本建成国家快速铁路网和高速公路网，初步形成网络设施配套衔接、技术装备先进适用、运输服务安全高效的综合交通运输体系。
6	全面提高信息化水平	加快建设宽带、融合、安全、泛在的下一代国家信息基础设施。
7	推进海洋经济发展	海洋油气、运输、渔业、旅游、海洋生物、海水综合利用、海洋工程装备制造。
8	推动服务业大发展	生产性服务业、生活性服务业。
9	加快发展文化产业	推动文化产业成为国民经济支柱性产业。

第四节　2012 年：不可忽视 GDP

一　当前中国经济走势：超预期较低位运行

2012 年以来，我国经济下行压力加大，经济增速进一步回落，出现了比社会预期更为明显的放缓。从 GDP 季度同比增长率来看，2012 年第一季度承接了 2011 年 4 个季度连续回落的态势（2011 年 4 个季度分别为 9.7%、9.5%、9.1%、8.9%），进一步回落到 8.1%，低于社会上的普遍预期（普遍预期为 8.4% 或 8.5%）。这是自 2009 年第二季度我国经济增长率在应对国际金融危机冲击中回升以来，12 个季度中的最小增幅；也是自 2000 年起，12 年来少有的 6 个低于 8.1% 的季度增长率之一（见图 3 - 51，另外 5 个低于 8.1% 的季度增长率是：2000 年第四季度，7.3%；2001 年第二季度，7.7%；2001 年第三季度，7.8%；2008 年第四季度，7.4%；2009 年第一季度，6.6%）。

从我国规模以上工业增加值月同比增长率来看，2012 年也承接了去年 7 月以来的回落态势，4 月份进一步下降到 9.3%，亦低于社会上的普遍预期

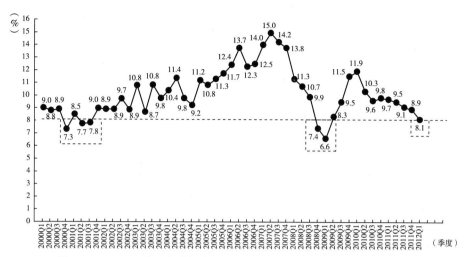

图 3 - 51　GDP 季同比增长率（2000 年第一季度至 2012 年第一季度）
资料来源：国家统计局网站；历次国家统计局关于季度国民经济运行情况发布会。

（普遍预期为 12.2%）。这是自 2009 年 6 月我国工业增加值增长率在应对国际金融危机冲击中回升以来，35 个月中的最低增幅；也是自 2000 年 1～2 月以来，148 个月中少有的 14 个低于 10% 的月同比增长率之一（见图 3 - 52，其他 13 个低于 10% 的月份是：2001 年 7 月、9 月至 12 月，2008 年 10 月至 2009 年 5 月）。5 月份，规模以上工业增加值月同比增长率 9.6%，虽比 4 月份略高 0.3 个百分点，但仍处于 10% 以下的较低位运行。

对于 2012 年以来我国经济增速超预期回落，既不能反应过度，也不能

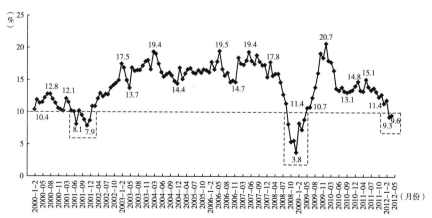

图 3 - 52　工业增加值月同比增长率（2000 年 1～2 月至 2012 年 5 月）
资料来源：国家统计局网站。

掉以轻心。"反应过度"的主要表现为:一是主张大力度地放松宏观调控政策;二是刚刚沉寂一点的"中国经济崩溃论""中国经济危机论""中国经济硬着陆论""中国经济滞胀论"等说法又浮出水面。"不能掉以轻心"就是要认真分析经济增速明显回落的各种可能原因,有针对性地采取各种措施,避免经济增长的大起大落,保持经济更长时间的平稳较快发展。

二 原因分析:注意一种倾向掩盖另一种倾向

经济增速的进一步回落是由多种原因造成的,从学术界已有的分析看,主要有以下 7 个方面的原因。

其一,主动宏观调控的结果。

其二,主动转变经济发展方式、加快结构调整的结果。

其三,国际上外需低迷、出口不振,国际金融危机的影响还在发酵。

其四,国内消费动力不足、投资需求不旺。

其五,资源、环境、劳动力供给等约束强化,潜在经济增长率下移。

其六,企业经营困难,各种成本上升,资金紧张,市场需求疲软,利润下降。

其七,经济增速回落过程中有惯性。

以上的原因都存在。这里,我们想强调提出的是,可能还有第 8 个方面的原因,即一种倾向掩盖另一种倾向。一些地方在反对 GDP 崇拜、反对盲目追求和攀比 GDP 的过程中,出现了忽视 GDP、淡化 GDP 的倾向,不再下大力去做好经济工作。这是值得我们高度重视的。

从历史上看,改革开放以来的经验情况表明,每个五年计划(或规划)之后的第二年,又是各级领导班子换届之年(我们称之为"双重推动年"),往往容易出现经济增长趋热的态势。改革开放以来,从"六五"计划到"十一五"规划,共有 6 个这样的"双重推动年",即 1982 年、1987 年、1992 年、1997 年、2002 年、2007 年(见图 3 - 53 各年 GDP 增长率)。其中,有 3 个年份是经济增长较热或过热之年(1987 年 11.6%、1992 年 14.2%、2007 年 14.2%),有 2 个年份是经济增长回升年(1982 年由上年 5.2% 回升到 9.1%、2002 年由上年 8.3% 回升到 9.1%),仅有一个年份是经济增长回落年(1997 年由上年 10% 回落到 9.3%)。2012 年又是这种"双重推动年",按照历史惯例,本应着重防止经济增长趋热,但实际情况却相反，出现了经济增幅的较大回落。当然，这也可能像 1997 年那样，受到亚洲金融危机冲击和国内需求不足的影响。但如果存在上述的一种倾向掩盖另一种倾向的问题，则是需要重视的。

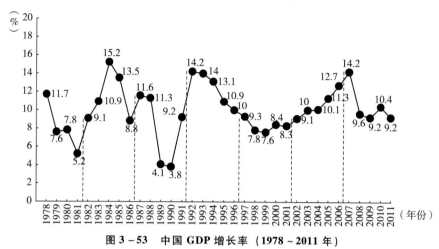

图 3 - 53　中国 GDP 增长率（1978 ~ 2011 年）

资料来源：《中国统计摘要 2012》，中国统计出版社，2012。

为什么不可忽视 GDP？GDP（国内生产总值）是一个国家（或地区）在一定时期内，所有常住单位参与生产和服务活动所形成的增加值。物质资料生产，以及相关的生产性和生活性服务活动，是一个社会赖以生存和稳定发展的实体经济基础。当然，在现实经济运行中，GDP 增长速度不能太高。新中国成立以来，我国经济增长曾多次出现"大起大落"现象。"大起大落"的要害就是"大起"。因为经济增长速度过高、过急、过快的"大起"，也会很快产生"四高"问题，即高能耗、高物耗、高污染、高通胀，很快造成对经济正常运行所需要的各种均衡关系的破坏，由此而导致随后的经济增长速度的"大落"。因此，反对 GDP 崇拜、反对盲目追求和攀比 GDP，是正确的。但我们也应知道，在一定时期内，GDP 增长速度也不能太低。如果太低，也会带来一系列问题。一者，会给居民收入增长和人民生活带来困难。因为 GDP 是提高和改善人民生活的物质基础。GDP"蛋糕"做大了，不一定就能分好；但如果没有 GDP"蛋糕"的适度做大，也就更难去分好"蛋糕"。二者，会使财政收入受到影响。财政收入若大幅下降，则需要财政支持的经济结构调整、社会事业发展、社会保障实现，都会受到影响。三者，影响企业的宏观经营环境。较低的 GDP 增长，从需求面反映市场需求疲软，影响企业的生产和销售，影响就业的扩大。总的来看，经济增速过高，会恶化经济结构；而增速太低，也会恶化经济结构。经济增速过高，难以持续；而增速太低，也难以持续。因此，要保持一定的、适度的经济增速。

现在"稳增长"，保持适度的经济增速，不是简单地放松宏观调控政策，不是重返"高增长"，不是再次回归 GDP 崇拜、GDP 追求，而是在新形势下，向各级政府提出了新的更高的要求。这就是"稳增长"要与转方式、调结构、控物价、抓改革、惠民生相结合，努力实现科学发展。

那么，经济增长速度多高、多低为宜？这涉及潜在经济增长率的把握问题。

三 潜在经济增长率下移：应保持一个渐进过程

有学者正确指出，改革开放 30 多年来，我国经济以近两位数增长，现在进入潜在经济增长率下移的新阶段。但这里有 3 个问题需要讨论。

1. 潜在经济增长率的下移是一个突变过程，还是一个可以渐进的过程

有学者提出，2013 ~ 2017 年，我国潜在经济增长率将由 10% 的高速降到 6% ~ 7% 的中速，明显下一个大台阶。然而，我们从国际经验看，不同国家因其地域大小不同、人口多少不同、资源禀赋不同、国内外环境条件不同等，潜在经济增长率的下移表现为不同的情况。

第一种情况，有的国家表现为突变过程。如日本，"二战"后经历了 4 个阶段（见图 3 - 54）。

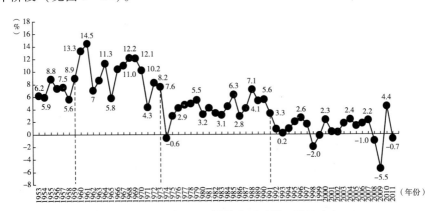

图 3 - 54　日本 GDP 增长率（1953 ~ 2011 年）

资料来源：IMF《国际金融统计年鉴》，1983，1993 年；IMF 数据库，2012 年 4 月。

（1）1953～1959 年的 7 年中（1952 年为基年），GDP 年均增长 7.2%。

（2）1960～1973 年的 14 年中（1959 年为基年），GDP 年均增长上升到 9.7%。

（3）1974～1991 年的 18 年中（1973 年为基年），GDP 年均增长明显下降到 4.1%。

（4）1992～2011 年的 20 年中（1991 年为基年），GDP 年均增长又显著下降到 0.7%。

第二种情况，有的国家则表现为相对平稳的渐进过程。如韩国，"二战"后也经历了 4 个阶段（见图 3-55）。

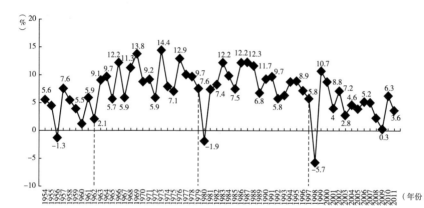

图 3-55　韩国 GDP 增长率（1954～2011 年）

资料来源：IMF《国际金融统计年鉴》，1983，1993 年；IMF 数据库，2012 年 4 月。

（1）1954～1962 年的 9 年中（1953 年为基年），GDP 年均增长 3.9%。

（2）1963～1979 年的 17 年中（1962 年为基年），GDP 年均增长上升到 9.5%，其中有 5 年 GDP 增长率的峰值为 11%～14%。

（3）1980～1997 年的 18 年中（1979 年为基年），GDP 年均增长略下降到 8.2%，仅下降了 1.3 个百分点，其中有 4 年 GDP 增长率的峰值为 11%～12%。

（4）1998～2011 年的 14 年中（1997 年为基年），GDP 年均增长明显下降到 4.2%。

第三种情况，有的国家，潜在经济增长率下移后，在一定时期随着科技发展等因素的推动，还可能重新上移。如美国在 20 世纪 90 年代，在以 IT 产业为代表的新技术革命推动下，潜在经济增长率又有所上升。"二战"后，美国亦经历了 4 个阶段（见图 3-56）。

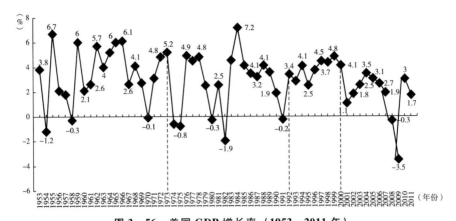

图 3 – 56　美国 GDP 增长率（1953～2011 年）

资料来源：IMF《国际金融统计年鉴》，1985，1997 年；IMF 数据库，2012 年 4 月。

（1）1953～1973 年的 21 年中（1952 年为基年），GDP 年均增长 3.45%。

（2）1974～1992 年的 19 年中（1973 年为基年），GDP 年均增长下降到 2.65%。

（3）1993～2000 年的 8 年中（1992 年为基年），GDP 年均增长又上升到 3.5%。

（4）2001～2011 年的 11 年中（2000 年为基年），GDP 年均增长又下降到 1.57%。

每个时期潜在经济增长率究竟是多少，难以给出精确的测算。在宏观调控实践中，这也是一个经验把握问题。在潜在经济增长率下移的过程中，如果现实经济增长率过快、过急地下落，有可能引起经济和社会的震荡。对潜在经济增长率的下移，社会各方面（政府、企业、个人）都要有一个适应的过程。为了避免带来经济和社会的震荡，宏观调控应力求使经济增长率的下移成为一个渐进的过程。比如，由高速（10%）先降到中高速（8% 以上、10% 以下），再降到中速（7%～9%），再降到中低速（6%～8%）和低速（5% 以下）等，分阶段地进行。当然，现实经济生活不会完全按照人们的主观意志运行，但我们可以尽可能地把握经济增长率的平缓下落。特别是我国是一个地域辽阔、人口众多的国家，国内需求的回旋余地较大，工业化、城镇化的纵深发展都有一个逐步推移的过程，可以说，有条件使潜在经济增长率的下移平滑化。

2. 潜在经济增长率下移过程中，对其上下限下移的把握可以不对称

我们曾根据我国 1978～2009 年 GDP 增长指数，利用 HP 趋势滤波法，得到滤波后的趋势增长率。计算表明，改革开放以来的 30 余年中，滤波后的趋势增长率大体处于 8%～12% 区间，即上限为 12%，下限为 8%。现在，当我们考虑潜在经济增长率下移情况时，并非上限、下限都要同时下移。在最近一段期间，在宏观调控的实际把握中，可以首先将其上限下移 2 个百分点，即降为 10% 以内，而下限 8% 则可暂时不动。这是因为过去我们的主要问题是经济增长往往容易冲出 10%。实践表明，经济增长率冲出 10%，就会使经济运行出现偏快或过热的状况而难以为继。现在，从资源、能源、环境等约束不断强化的情况出发，我们首先应该把经济增长率的上限降下来，把握在 10% 以内比较妥当。

多年来的实践还表明，经济增长率 8% 是我国目前经济发展阶段的一个基本底线。若低于 8%，如在国际金融危机影响下，2008 年第四季度和 2009 年第一季度我国 GDP 增长率分别下降到 7.6% 和 6.6%，给企业生产和城乡就业带来严重困难，使全国财政收入呈现负增长。2012 年第一季度 GDP 增长率降到 8.1%，各方面也立即感到经济运行的下行压力，使企业经营和国家财政收入再度紧张。2012 年 3 月《政府工作报告》将 GDP 增长预期目标由原来多年的 8% 降为 7.5%，主要是导向性的，引导各方面把经济工作的着力点放到转变经济发展方式、提高经济增长质量和效益上来。但在宏观调控的实际把握中，仍以 8% 作为适度增长区间的下限为宜。

由此，在宏观调控的实际操作中，当经济增长率冲出 10% 时，就要实行适度的紧缩性政策；当经济增长率低于 8% 时，就要实行适度的宽松性政策；当经济增长率处于 9% 左右的区间时，经济运行状况比较良好，可实行中性政策。如果说我们过去在宏观调控中经常要把握好经济增长率的"峰位"，防止"大起"，那么今后，在潜在经济增长率下移过程中，则要特别关注经济增长率的"谷位"，防止"大落"。

3. 潜在经济增长率下移过程中，并非经济增速一年比一年低

在潜在经济增长率下移过程中，就年度经济增长率来说，并不一定是直线下落的，也就是说并不一定是一年比一年低，年度间仍会有高低波动。比如，国内外许多经济预测机构都预测 2012 年中国经济增长率会比 2011 年低，但在预测 2013 年时，一般都认为会比 2012 年略高。如国际货币基金组织预测中国经济增长率，2012 年降为 8.2%，而 2013 年将升为8.8%。亚洲开发银行预测中国经济增长率,2012年降为8.5%,而2013年将升为8.7%。世界银行在2011年11月发布预测时,认为中国经济增长率2012年将降为8.4%,2013年继续降为8.3%。但世界银行在2012年4月重新发布预测时,则将2012年中国经济增长率降为8.2%,而2013年上升为8.6%。

为什么2013年中国经济增长率有可能比2012年略高?我们简要回顾一下2008年应对百年不遇的国际金融危机冲击以来,我国宏观调控侧重点由"保增长"到"稳物价",再到近期转为"稳增长"的过程。2008年下半年至2010年的两年半期间,为了迅速扭转经济增速明显下滑趋势和促进经济企稳回升,宏观调控的侧重点是"保增长"。我国采取了积极的财政政策和适度宽松的货币政策,实施了"一揽子"刺激计划,到2009年第二季度之后,有效遏止了经济增长急速下滑的态势,在全球率先实现经济总体回升向好,走出一个"V"形回升轨迹。2009年经济增长率为9.2%,仅比上年回落0.4个百分点。2010年,经济增长率回升到10.4%。随着经济回升和货币信贷超常增长,从2010年1月起,物价开始新一轮逐月攀升,连续"破三""破四""破五",到2010年11月居民消费价格月同比上涨率攀升至5.1%(见图3-57)。在此背景下,2010年12月召开的中央经济工作会议提出"把稳定价格总水平放在更加突出的位置",并强调"坚决防止借'十二五'时期开局盲目铺摊子、上项目",强调"把好流动性这个总闸门"。这样,在"稳物价"的努力下,2011年7月物价涨幅攀升到6.5%的峰值后,又逐月回落下来,到2011年12月回落至4.1%。与物价涨幅的回落相伴随,2011年经济增长率回落至9.2%,比上年低1.2个百分点。进入2012年,物价涨幅继续回落,5月份回落至3%,这就为防止经济增速过度下滑、宏观调控实施适度宽松的微调留出了一定的空间。到2012年5月,当工业生产和固定资产投资的增幅,以及进出口增长等经济指标出现明显下降之时,又提出宏观调控要"把稳增长放在更加重要的位置"。由此,一系列相关措施出台,扩大内需,促进消费,鼓励投资,推进"十二五"规划项目的实施,结构性减税,降低存款准备金率,下调存贷款利率等。与2008年至2010年的"一揽子"刺激计划相比,这次的刺激力度不需要那么大。这样,如果国内外经济环境没有重大的意外冲击,2012年下半年经济增速有望进入小幅回升通道,2013年经济增速有望略高于2012年。

从年度经济增长率的波动看,2010年开始进入新一轮经济周期(第十

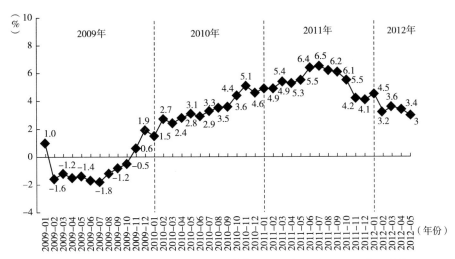

图 3 – 57 居民消费价格月同比上涨率（2009 年 1 月至 2012 年 5 月）
资料来源：国家统计局网站。

一轮周期）。到 2012 年底，本轮周期已进行 3 年。2010 年、2011 年经济增长率分别为 10.4% 和 9.2%，2012 年预计为 8.5%。本轮周期不会像第九轮周期那样走出一个 "2 + 7" 周期，即 2 年上升期加 7 年平稳回落期；也不会像第十轮周期那样走出一个 "8 + 2" 周期，即 8 年平稳上升期加 2 年回落期。本轮周期有可能走出一个新的轨迹，即锯齿形的缓升缓降轨迹。

四 内需动力：重消费，但不可忽视投资

与前述忽视 GDP 倾向相伴随的，还有忽视固定资产投资的倾向。

有学者提出，改革开放以来，我国经济的高速增长主要是靠投资拉动的，这种增长的动力结构不可持续，必须改变。这里，我们需要提出的问题是，如果说 "近十余年来" 我国经济的高速增长主要是靠投资拉动的，这种增长的动力结构需要改变，这是正确的。因为统计数据表明，近十余年来（除 2005 年），我国投资需求对 GDP 增长的贡献率和拉动连续大于消费需求的贡献率和拉动。但如果说 "改革开放以来" 我国经济的高速增长 "一直" 主要是靠投资拉动的，这则不符合实际情况。从我国消费、投资、净出口三大需求对 GDP 增长的贡献率和拉动的统计数据看，1979 ~ 2001 年的前 23 年间，除 1993 年、1994 年和 1995 年外，其他 20 年均是消费的贡献率和拉动大于投资的贡献率和拉动，只是从 2002 年起至 2011 年的近十余年间（除 2005 年），投资的贡献率和拉动才大于消费的贡献率和拉动。同时，数据表

明，1979～2011 年的 33 年间，净出口对 GDP 增长的贡献率超过 15% 的只有 10 年，净出口对 GDP 增长的拉动超过 2 个百分点的只有 7 年。从支出法 GDP 的角度看，改革开放以来，外需对我国经济增长的贡献率和拉动并不起主导作用。

近十余年来，投资的贡献率和拉动连续大于消费的贡献率和拉动，主要是城镇化加快发展的结果。城镇化加快发展的影响，明显反映在支出法 GDP 总量中消费所占的比重即消费率连续下降，而投资所占的比重即投资率不断上升。图 3－58 绘出我国 1952～2011 年消费率、投资率和城镇化率 3 条曲线。从图中看到，2001～2011 年，城镇化率呈明显的上升趋势，并与消费率呈现出高度的负相关关系，与投资率呈现出高度的正相关关系。对于城镇化与消费二者的相关关系，在我国学术界存在着 4 种不同看法。

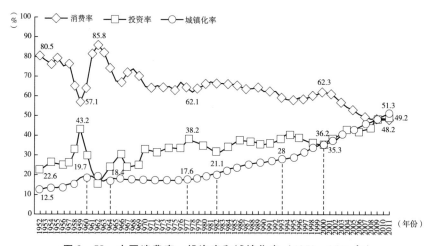

图 3－58　中国消费率、投资率和城镇化率（1952～2011 年）

资料来源：《中国国内生产总值核算历史资料 1952～1995》，东北财经大学出版社，1997；《中国统计摘要 2012》，中国统计出版社，2012；历年《中国统计年鉴》。

第一种，正相关。认为城镇化率的提高可以有力地拉动消费需求的增长。[①] 目前，倡导用城镇化促进消费需求，基本成为舆论界的一个共识。

第二种，零相关。认为改革开放以来，我国城镇化率的提高对消费率上升的贡献几乎为零。[②]

---

① 刘艺容："加快城市化进程是拉动消费增长的持久动力"，《消费经济》2005 年第 4 期。
② 范剑平、向书坚："我国城乡人口二元社会结构对居民消费率的影响"，《管理世界》1999 年第 5 期。

第三种，负相关。认为城镇化率的提高反而降低了消费率。持这种观点的学者对此又有两种不同的判断。一种认为这种负相关是"违背常规"的，是"不正常现象"。[①] 另一种认为这种负相关完全是"正常现象"，[②] 指出目前我国正处于城镇化的加速期，城镇化能拉动"消费量"的增长（城镇化对消费绝对水平的影响），但又会引起"消费率"的下降（城镇化对消费相对水平的影响）。这是因为城镇化率的提高既会带动消费量的上升，也会带动投资量的上升，但相比之下，对投资量的带动更大，因而在支出法 GDP 总量中消费所占的比重会相对下降，而投资所占的比重会相对上升。[③] 上述第一种"正相关"的观点，其实说的是城镇化与消费量的关系，而不是与消费率的关系。而上述认为"负相关"是"违背常规"的观点，实际上是混淆了消费量与消费率两个不同的概念。

第四种，"U"形相关，即先负相关，后正相关。认为在城镇化的前期，城镇化率的提高会降低消费率，而在后期才会促进消费率的提高。与此相对应，城镇化率与投资率则呈"倒 U"形相关，即在前期，城镇化率的提高会推动投资率的上升，而在后期则会降低投资率。[④]

关于城镇化率与消费率、投资率的关系，在现实经济生活中会出现较为复杂的情况。从图 3 - 58 看到，1953～2011 年，可以分为 7 个时段。

1. 1953～1960 年的 8 年，这是新中国成立后城镇化初期阶段，城镇化率年均上升 0.9 个百分点，消费率年均下降 2.06 个百分点，投资率年均上升 2.11 个百分点。城镇化率与消费率表现为一上一下的负相关，相关系数为 -88%。城镇化率与投资率表现为同向上升中的强正相关，相关系数高达93%（见表 3 - 8）。

2. 1961～1964 年的 4 年，处于"大跃进"之后的经济调整期，城镇化率下降，消费率上升，投资率下降。城镇化率与消费率表现为一下一上的负相关，相关系数为 -41%，城镇化率与投资率表现为同向下降中的正相关，相关系数为 51%。

3. 1965～1977 年的 13 年，这是处于"文化大革命"特殊时期，城镇化

① 王飞、成春林："城镇化对我国居民消费率的影响"，《甘肃农业》2003 年第 11 期。
② 刘艺容："我国城市化率与消费率关系的实证研究"，《消费经济》2007 年第 6 期。
③ 刘艺容："我国城市化率与消费率关系的实证研究"，《消费经济》2007 年第 6 期。陈昌兵："城市化与投资率和消费率间的关系研究"，《经济学动态》2010 年第 9 期。
④ 陈昌兵："城市化与投资率和消费率间的关系研究"，《经济学动态》2010 年第 9 期。

率下降（大批知识青年上山下乡），消费率下降，投资率上升。城镇化率与消费率表现为同向下降中的正相关，相关系数为 67%。城镇化率与投资率表现为一下一上的负相关，相关系数为 -56%。

4.1978～1982 年的 5 年，处于改革开放之初的调整期，城镇化率上升，消费率上升，投资率下降。城镇化率与消费率表现为同向上升中的正相关，相关系数为 90%。城镇化率与投资率表现为一上一下的负相关，相关系数为 -98%。

5.1983～1993 年的 11 年，城镇化率上升，消费率下降，投资率上升。城镇化率与消费率表现为一上一下的负相关，相关系数为 -90%。城镇化率与投资率表现为同向上升中的正相关，相关系数为 55%。

6.1994～2000 年的 7 年，这是一个应对 1992～1993 年经济过热和随后受到亚洲金融危机影响的时期，城镇化率上升，消费率上升，投资率下降。城镇化率与消费率表现为同向上升中的正相关，相关系数为 95%。城镇化率与投资率表现为一上一下的负相关，相关系数为 -96%。

7.2001～2011 年的 11 年，这是我国城镇化加速发展时期，城镇化率年均上升 1.37 个百分点，这是新中国成立以来城镇化率上升最快的时期。消费率年均下降 1.28 个百分点，投资率年均上升 1.26 个百分点。城镇化率与消费率表现为一上一下的负相关，相关系数为 -95%。城镇化率与投资率像新中国成立初期那样表现为强正相关，相关系数高达 94%（见表 3-8）。

总的来看，新中国成立以来 1953～2011 年、改革开放前 1953～1977 年、改革开放后 1978～2011 年，城镇化率与消费率均表现为负相关，城镇化率与投资率均表现为正相关（见表 3-8）。

表 3-8　城镇化率、消费率、投资率的变动及相关系数

时段（年）	城镇化率年均变动（%）	消费率年均变动（%）	投资率年均变动（%）	城镇化率与消费率相关系数（百分点）	城镇化率与投资率相关系数（百分点）
(1) 1953～1960	0.90	-2.06	2.11	-88	93
(2) 1961～1964	-0.33	2.55	-3.85	-41	51
(3) 1965～1977	-0.06	-0.76	0.78	67	-56
(4) 1978～1982	0.71	0.44	-0.48	90	-98
(5) 1983～1993	0.62	-0.65	0.97	-90	55

时段（年）	城镇化率年均变动（%）	消费率年均变动（%）	投资率年均变动（%）	城镇化率与消费率相关系数（百分点）	城镇化率与投资率相关系数（百分点）
（6）1994～2000	1.10	0.43	-1.04	95	-96
（7）2001～2011	1.37	-1.28	1.26	-95	94
1953～2011	0.66	-0.55	0.45	-82	76
1953～1977	0.20	-0.65	0.47	-46	37
1978～2011	0.98	-0.47	0.32	-92	80

可见，近十余年来，在我国经济增长中，投资的贡献率和拉动连续大于消费的贡献率和拉动，主要是城镇化加快发展的结果，有其一定的客观必然性。但投资率过高、消费率过低，是不可持续的。然而，2011年我国的城镇化率为51.3%，在我国未来经济发展中，还需要一段较长时间的城镇化过程。这是我国经济发展的阶段性特征。今后一段时期内，城镇化率的提高不一定有前十年那么快，但是还处于城镇化发展的中期。城镇化的发展，特别是城镇化质量的进一步提高，都还需要适度的投资。同时，转方式、调结构、惠民生，不是说说而已，也需要一定的投资。比如：①企业加强技术创新、技术改造，更新设备，提升产品质量和提高经营效益，②发展战略性新兴产业，③搞好节能减排、环境治理，④发展现代农业，⑤加强科学、教育、文化、卫生等社会事业的基础设施建设，⑥加强保障房等民生工程建设，都需要一定的投资。要重在改善投资结构，提高投资效率，扩大投资资金来源，充分发挥市场配置资源的基础性作用，充分发挥民间投资的作用。"钱从哪里来，用到哪里去"，向我们的经济工作提出了更高的要求。总之，在未来我国经济发展中，我们要坚持扩大国内需求特别是消费需求的方针，促进经济增长向依靠消费、投资、出口协调拉动转变。据此，我们要重消费，但也不可忽视投资。一定的、适度的投资，仍然是一定时期内我国经济增长的重要动力。

参考文献

保罗·A.萨缪尔森，威廉·D.诺德豪斯：《经济学》，中国发展出版社，1992。

陈昌兵："城市化与投资率和消费率间的关系研究"，《经济学动态》2010年第9期。

陈佳贵、李扬主编，刘树成、汪同三副主编《经济蓝皮书：2010年中国经济形势分析与预测》，社会科学文献出版社，2009。

陈佳贵、李扬主编，刘树成、汪同三副主编《经济蓝皮书春季号：中国经济前景分析——2010年春季报告》，社会科学文献出版社，2010。

陈佳贵、李扬主编《经济蓝皮书：2012年中国经济形势分析与预测》，社会科学文献出版社，2011。

陈佳贵、李扬主编《经济蓝皮书春季号：中国经济前景分析——2012年春季报告》，社会科学文献出版社，2012。

范剑平、向书坚："我国城乡人口二元社会结构对居民消费率的影响"，《管理世界》1999年第5期。

刘世锦："增长速度下台阶与发展方式转变"，《经济学动态》2011年第5期。

刘树成："多次性微调：使经济增长率不'冒顶'"，《经济学动态》2006年第10期。

刘树成："把握本轮周期中宏观调控的多阶段性特点"，《经济蓝皮书：2007年中国经济形势分析与预测》，社会科学文献出版社，2006。

刘树成："保持经济平稳较快发展"，《人民日报》2009年2月4日。

刘树成：《繁荣与稳定——中国经济波动研究》，社会科学文献出版社，2000。

刘树成：《经济周期与宏观调控——繁荣与稳定Ⅱ》，社会科学文献出版社，2005。

刘树成：《中国经济增长与波动60年——繁荣与稳定Ⅲ》，社会科学文献出版社，2009。

刘树成："新中国经济增长60年曲线的回顾与展望——兼论新一轮经济周期"，《经济学动态》2009年第10期。

刘艺容："加快城市化进程是拉动消费增长的持久动力"，《消费经济》2005年第4期。

刘艺容："我国城市化率与消费率关系的实证研究"，《消费经济》2007年第6期。

石贝贝："德银经济学家马骏：中国经济将呈'W'形复苏"，《上海证券报》2009年1月23日。

王飞、成春林："城镇化对我国居民消费率的影响"，《甘肃农业》2003年第11期。

王红茹："经济观察：2009 GDP增长猜想"，《中国经济周刊》2009年1月5日。

《中华人民共和国国民经济和社会发展第十二个五年规划纲要》，《人民日报》2011年3月17日。

佐利克："在中国与世界银行合作30周年座谈会上的致辞"，2010年9月13日，世界银行网站。

IMF：World Economic Outlook Database.

World Bank：Database.

·链接·

专访录　为全面复苏积蓄力量[*]

国际金融危机以来，我国经济的走势备受海内外关注。当前，我国经济究竟处于什么阶段，下一步需要做哪些工作，政策上又应该有哪些考虑？日前，经济学家、中国社会科学院经济学部副主任刘树成接受了新华社记者的专访，谈了他对这一系列热点话题的看法。

一　我们正处在应对危机的第二个阶段

2008 年下半年，美国次贷危机逐步演变为全球性的金融危机。特别是从第四季度起，金融危机蔓延开来，全球经济明显下滑，中国经济也未能幸免。

"从应对金融危机的进程看，中国经济可以划分为三个阶段。"刘树成告诉记者。2008 年 7 月至 2009 年 2 月，是经济增长速度急速下滑的阶段；2009 年 3 月开始进入经济增长企稳回升阶段；经过一段时间的调整和积蓄力量，中国经济有望逐步全面复苏。

刘树成认为，当前部分行业、部分指标开始回升，同时也有部分行业、部分指标仍在下滑。只有当大部分行业、大部分指标回升时，才算是真正进入全面复苏阶段。

通过几幅图表，刘树成向记者分析了 2008 年以来我国实体经济的运行状态。"工业生产是经济运行中受危机影响较大的指标。"刘树成介绍说，2008 年上半年工业生产基本保持在常年正常水平。6 月份后开始一路下滑，2009 年 1 至 2 月份的增速，比去年 6 月下滑了 12.2 个百分点。3 月份起，工业生产虽略有波动，但总体处于回升态势。

"工业的急速下滑主要是受到出口影响，目前的回升主要是靠投资拉

＊　本链接选用的是新华社记者赵承、周英峰对作者的专访录《为全面复苏积蓄力量》，《新华网》2009 年 7 月 6 日。

动，消费也起到了一定作用。"刘树成分析说。从城镇固定资产投资的数据看，2008 年 12 月降到下半年的最低点。2009 年起，在政府投资的拉动下，投资需求持续快速回升。从消费来看，增速下滑稍滞后于工业生产。社会消费品零售总额去年 9 月开始下滑，2009 年 2 月降到最低点，随后开始逐渐回升。

刘树成认为，国际金融危机发生的最初一段时期，经济下滑来势迅猛。为此，国家出手快、出拳重，采取了一系列宏观调控措施。当前，政策的效果已经初步显现，最重要的是迅速扭转了经济下滑的趋势。随着这些措施的继续落实，政策效果将进一步显现，经济回升的态势应该能够保持。

"从上述经济指标看，刚刚企稳回升了 3 个月，经济回升的基础并不稳固。"刘树成认为，当前工业生产回升的主导力量是政府投资，民间投资还没有跟进；与出口密切相关的行业还没有回升或回升不高；另外，财政收入困难的状况尚未明显改善。

二　稳住神后需要为经济复苏做准备

"金融危机到来时，一开始大家都蒙了，经济下滑的势头也是这些年没有过的。"刘树成认为，当前我国经济稳住了神，但基础还不够稳固。下一步，需要继续稳住速度，为经济增长打牢基础；同时，又要加快转变经济增长方式，为进入全面复苏阶段做准备，把保增长与调结构结合起来。

刘树成表示，转变经济增长方式，需要从三个方面着手：一是处理好内需与外需的关系；二是处理好投资与消费的关系；三是处理好外延扩张与科技进步的关系。

"当前，需要加大科技创新的力度。"刘树成认为，科技创新不光是中央政府的事，不能光指望政府的优惠政策，各地方、各部门和各企业都需要关注创新。创新也不仅仅是开发新产品或产品的新特性，也包括推行新的生产方法，开拓新的市场，掌握新的原料，实现新的组织形式。

刘树成说，大的经济危机往往孕育着大的科技创新，当前要注意培育新的产业。20 世纪 90 年代至 2001 年，美国抓住了 IT 产业。当时，认为生物产业会接替 IT 产业成为主导产业，但后来是房地产业支撑美国经济的又一轮发展。这次，大家看好新能源，一是新能源本身；二是与之相关的产业，比如节能汽车、节能建筑等。

"现在，正是建设创新型国家的好时机，既有利于经济企稳回升，又有利于推动全面复苏。"刘树成说，美欧正从更广阔的领域寻找复苏出路。针对金融危机，美国把新能源作为创新产业的火车头，其中汽车又是新能源战略中的重点。三大汽车公司是美国经济的象征，目前美国政府已让两大公司申请破产，目的是借助政府和市场倒逼机制的双重力量，使汽车产业轻装上阵，尽快"新生"。

对于中国经济来说，当前还有很多困难。"我们要一面保增长，一面调结构，为经济全面复苏积蓄力量并寻找方向。"刘树成说。

三 让经济回升具有更可持续的动力

"政府主导下的回升，往往是不可持续的。上一轮经济周期中出现的矛盾、弊病，要防止在这一轮再次出现。"刘树成提醒说。

面对外需的萎缩，我国政府提出扩大内需促进经济增长。刘树成认为，当前内需并不稳固，特别需要进一步刺激民间投资。政府的项目、资金下去以后，如果没有把民间投资、社会投资带动起来，效果就会减弱。同时，出口行业增长还没有跟上来，在新购买力高峰到来之前，过剩部门也面临短期需求不足的麻烦。

"扩大内需，目前主要是扩大投资需求，而启动国内消费还需要加力。"刘树成认为，启动消费最根本的是提高居民收入，否则消费不可能有持久的上升动力。近年来，投资率处于高位，进出口上升较多，而消费率一直下降。推动税制改革，提高居民收入，目前是个好时机。

全面复苏的动力在哪里？刘树成认为，一是创新型的产业；二是房地产业。我国正处于城镇化的中期，预计到2020年房地产仍将是经济增长的支柱产业。要让房地产业继续成为支柱产业，需要解决房价与居民收入比的问题，提高居民的购买力。20世纪90年代积累起的购买力，上一轮经济周期中已基本释放，当前居民需要积蓄新的购买力。

"只有全面复苏，才能提高收入；而只有提高收入，才能推动进一步增长。"刘树成表示，由政府投资带动转向民间投资、社会投资跟进以及居民消费的跟进，关系到企稳回升的持久性。

对于经济增长速度，刘树成认为，各地不应片面追求增速，但也要保持一定增速，因为城市化进程需要一定的速度。"8%以下解决不了就业问题，

10% 以上又可能造成通货膨胀，要把握合理区间，8% 至 9% 好一些。"

刘树成认为，我国经济刚进入企稳回升阶段，现行的财政、货币政策都还需要继续坚持。同时，需要考虑国内外形势变化，加强储备性政策研究，把短期政策与长期政策结合起来，既为稳住经济打牢基础，又为全面复苏创造条件。

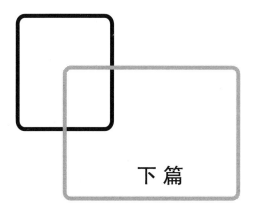

下 篇

伟大复兴的新征程：

经济增长速度换挡期研究

第四章
当前和未来五年中国宏观经济走势分析[*]

2012 年，中国经济增速由超预期回落，到初步企稳回升。党的十八大之后，中国经济走势如何为国内外各界广为关注。这里首先分析 2012 年中国宏观经济走势的特点，然后对学术界有关 2013 年和未来中长期中国经济走势的不同预测进行梳理，在此基础上，给出对 2013 年和未来五年中国宏观经济走势的分析。

第一节　2012 年中国经济走势的特点

2012 年，中国经济走势的显著特点是由经济增速超预期回落，到初步企稳回升。

1. 从 GDP 季度同比增长率来看。2007 年，GDP 季度同比增长率在 14% 左右的高位上运行。2008 年第一季度至 2010 年第一季度，在应对严重的国际金融危机冲击中，GDP 季度增长率走出了一个 "V" 形下降和回升的轨迹。到 2010 年第一季度，GDP 增长率回升到高峰，为 11.9%。随后，逐步下滑。在 2010 年第三季度至 2011 年第四季度间，曾有 6 个季度 GDP 增长率回稳在 9% 左右。但进入 2012 年后，又进一步回落，第一季度降为 8.1%，第二季度 "破八"，降到 7.6%（上半年增速为 7.8%），第三季度又降为 7.4%（前三季度累计增速为 7.7%），这是自 2009 年第二季度我国经济增长率在应对国际金融危机冲击中回升以来，14 个季度中的最低增幅。

---

*　本章选用的论文是 "当前和未来五年中国宏观经济走势分析"，《中国流通经济》2013 年第 1 期。

预计 2012 年第四季度略有回升，全年约为 7.7% 或 7.8%。

2. 从规模以上工业增加值月同比增长率来看。2007 年，我国规模以上工业增加值月同比增长率在 18% 左右的高位上运行。2008 年至 2010 年初，在应对严重的国际金融危机冲击中，工业增加值月同比增长率亦走出一个"V"形下降和回升的轨迹。到 2010 年 1~2 月份，工业增加值增长率回升到高峰，为 20.7%。随后，逐步下滑。在 2010 年 6 月至 2011 年 12 月间，曾有 19 个月工业增加值增长率回稳在 13% 左右。但进入 2012 年后，又进一步回落，4 月起跌破 10%，8 月降为 8.9%，这是自 2009 年 5 月我国工业增加值增长率在应对国际金融危机冲击中回升以来，39 个月中的最低增幅。9 月和 10 月略有回升，分别为 9.2%、9.6%。

3. 从固定资产投资和房地产开发投资来看。固定资产投资（不含农户）月同比累计名义增长率，2007 年至 2009 年初，大体平稳在 25% 左右。2009 年 3 月至年底，在应对严重的国际金融危机冲击中，有一个突发的上升，高点在 33% 左右。2009 年 6 月为高峰，达 33.6%。随后，从 2010 年 2 月至 2011 年 12 月，两年内，投资增速在回落中趋稳于 23%~26% 左右。2012 年以来各月又进一步下降，8 月降到 20.2% 的低点。9 月、10 月略有回升，分别为 20.5%、20.7%。

全国房地产开发投资月同比累计名义增长率，在 2007 年至 2008 年中，有一个上升，由 23.4% 上升到 33.5%。在国际金融危机冲击中，2008 年 7 月至 2009 年 2 月，有一个急速的下降，直降到 1%。随后，又回升，至 2010 年 5 月达到 38.2% 的高峰。然后，增速下滑。2012 年加快下滑，至 7 月下滑到 15.4% 的低位。同年 7 月至 10 月，基本稳定在这一水平。

其他多项重要经济指标，如社会消费品零售总额月同比名义增长率、全国规模以上工业企业实现利润月同比增长率、汇丰银行发布的中国制造业采购经理人指数、中国物流与采购联合会与国家统计局联合发布的中国制造业 PMI 等，2012 年 9 月之后，均已结束探底下滑，开始出现轻微回升态势，但回升的基础还不稳固。

第二节　对 2013 年和未来中国经济走势的各种不同意见

1. 对 2013 年中国经济走势的不同预测

对 2013 年中国经济走势的预测，可归纳为以下 4 类有代表性的看法。

（1）大幅下降论。有学者提出，2013 年中国经济可能面临"大底"，经济增长率可能会下降到 7%，甚至大幅降至 5% ~6%。国际上也有学者预言，2013 年后中国经济会面临"硬着陆"的风险，经济增长可能大幅放缓至 5% 或更低。

（2）"7 时代"论。有学者认为，中国经济增长已经进入了"7 时代"，即经济增长 7% 将长期化，2012 年第四季度小幅回升态势很难延续。

（3）超越新常态论。有学者提出，2013 年中国经济将超越"新常态"，GDP 增速有望达到 9.3%。

（4）微幅回升论。较多学者和机构认为，2013 年中国经济增长率有可能回升，但回升的幅度不会很大。如中国社会科学院"中国经济形势分析与预测课题组"预测，2013 年中国经济增长率将回升至 8.2%。世界银行和国际货币基金组织分别发布的最新预测为，2013 年中国经济增长将回升至 8.1%、8.2%。

2. 对未来中国经济走势的不同预测

对未来中国经济走势的预测，可梳理为以下 4 种有代表性的意见。

（1）6% 至 7% 说。有学者提出，中国潜在经济增长率在 2015 年左右将由过去 10% 的高速降到 6% ~7% 的中速，降幅为 30% ~40%，下一个较大台阶。

（2）8% 说。有学者认为，中国经济以 8% 的平均增速，可以再维持 20 年。

（3）9% 说。有学者预测，中国经济增长率在 2014 年以后将强劲反弹，以 9% 的增速继续高速增长 15 年。

（4）分阶段说。有学者分析，中国潜在经济增长率在"十二五"时期（2011 ~ 2015 年）为 8% ~9%，"十三五"时期（2016 ~ 2020 年）为 7% ~8%。

经济走势越是不确定，经济预测就越是活跃，越是百家争鸣。不同意见的讨论是正常的、有益的。各种不同意见都有其理由，究竟哪一种正确，现在还很难说，要靠今后的实践来检验。这里没有一个标准答案。这里，我们主要以潜在经济增长率问题为线索，对当前与未来五年中国宏观经济走势所涉及的几个重要问题进行探讨。因目前我们正处于国内外经济环境和经济条件的复杂多变时期，五年以上更长远的经济发展问题一时还不易说清楚。所以我们这里主要探讨近五年的经济走势，这可能还比较好把握一些。

第三节　潜在经济增长率下移过程是否上下限都要下移

改革开放 30 多年来，我国经济以近两位数高速增长，现在进入潜在经济增长率下移的新阶段。准确计算潜在经济增长率是一件很困难的事情，而且，在宏观调控实践中这也是一个经验把握问题。中国社会科学院经济研究所课题组曾根据我国 1978 ~ 2009 年 GDP 增长指数，利用 HP 趋势滤波法，计算得出滤波后的趋势增长率。计算表明，改革开放以来的 31 年中，滤波后的趋势增长率大体处于 8% ~ 12% 的区间内，即上限为 12%，下限为 8%。现在，当我们研究潜在经济增长率下移问题时，其上下限是否都要同时下移呢？

我们认为，从我国当前实际情况出发，在潜在经济增长率下移过程中，其上下限的下移可以不对称。在最近五年内，在宏观调控的实际把握中，可以首先将潜在经济增长率的上限下移 2 个至 3 个百分点，即其上限由 12% 降到 10% 以内，把握在 9% 左右为宜，而其下限 8% 则可暂时不动。也就是说，如果我们把潜在经济增长率作为一个区间来把握，未来五年内可以把握在 8% ~ 9% 的区间。

为什么首先要把潜在经济增长率的上限降下来呢？这是因为过去我国的主要问题是经济增速往往容易过高。新中国成立以来，我国经济增长曾多次出现"大起大落"现象。"大起大落"的要害就是"大起"。实践表明，在我国，经济增长率冲出 10%，就会使经济运行出现偏快或过热的状况而难以为继。现在，从要素供给（能源、资源、土地、环境、劳动力等）约束强化，各种要素成本上升，人口年龄结构变化和人口红利逐渐减少等因素出发，潜在经济增长率的上限首先应该降下来。

为什么潜在经济增长率的下限 8% 可以暂时不动呢？改革开放以来 30 多年的近两位数的高速增长已难以持续，但从我国目前的经济发展阶段看，在现实经济运行中，经济增长率 8% 应该是一个基本底线。如果低于 8%，经济运行也会遇到一系列问题和各种困难而难以持续。

其一，经济增速偏低，会影响企业的宏观经营环境。较低的经济增速，从需求面反映出市场需求疲软，影响企业正常的生产和销售，使生产能力和各种资源不能被充分利用，企业利润下滑，设备投资下降，并进而影响就业的扩大。2012 年 1 ~ 8 月，随着经济增速的下滑，全国规模以上工业企业实现利润当月同比增长率除 3 月外，均呈负增长。9 月，当月同比增速 7.8%，是 2012 年 4 月以来首度由负转正。10 月同比增长 20.5%。1~10 月，全国规模以上工业企业实现利润累计同比增长 0.5%，是 2012 年以来各月累计同比增速首度由负转正。

其二，经济增速偏低，会影响国家财政收入。财政收入若大幅下降，则需要财政支持的经济结构调整、经济发展方式转变、各项社会事业的发展、社会保障的扩大，都会遇到困难。2012 年 1~10 月，随着经济增速的下滑，全国财政收入的增速明显下降，月同比累计增长 11.2%，比 2011 年同期回落 16.9 个百分点。就当月看，2012 年 4 月、6 月、7 月、8 月，全国财政收入当月增幅均跌破 10%，分别为 6.9%、9.8%、8.2%、4.2%。特别是 8 月，中央财政收入同比下降 6.7%，是年内首次负增长；9 月，中央财政收入再现负增长，同比下降 2.4%。

其三，经济增速偏低，会给居民收入增长和人民生活带来困难。经济发展和增长是提高与改善人民生活的物质基础。经济"蛋糕"做大了，不一定就能分好；但如果没有"蛋糕"的适度做大，也就更难去分好"蛋糕"。

其四，经济增速偏低，市场上容易产生悲观预期，不利于市场信心的稳定。

总之，在我国目前的经济发展阶段，经济增速太高，如冲出 10%，会恶化经济结构，造成宏观经济效率损失，不利于转变经济发展方式，难以持续；而增速偏低，如低于 8%，也会恶化经济结构，造成宏观经济效率损失，不利于转变经济发展方式，难以持续。因此，应保持适度的经济增速。

第四节　潜在经济增长率下移过程是否可以平滑化

潜在经济增长率的下移是一个大幅度的突变过程，还是一个可以逐步渐进的过程？有学者提出，从国际经验看，"二战"后成功追赶型国家在高速增长期之后，经济增长率下台阶时，都是大幅下降约 30%~40%。我国将在 2015 年左右，潜在经济增长率由过去 10% 的高速降到 6%~7% 的中速，降幅亦为 30%~40%，下了一个较大台阶。

然而，我们仔细研究国际经验可以看到，不同国家因其地域大小不同、人口多少不同、资源禀赋不同、国内外环境条件不同等，潜在经济增长率的下移可表现为三种不同的情况。

第一种情况，有的国家表现为突变过程。如日本，"二战"后，20世纪70年代中期开始，经济增长率由原来的年均9%以上，猛降为4%左右。

第二种情况，有的国家则表现为相对平稳的渐进过程。如韩国，经济增长率由20世纪60~70年代的年均9%左右，降到20世纪80~90年代中期的8%左右，再降到20世纪90年代后期的4%左右。

第三种情况，有的国家，潜在经济增长率下移后，在一定时期随着科技发展等因素的推动，还可能重新上移。如美国，20世纪90年代由信息技术革命推动了潜在经济增长率的上移。

在现实经济生活中，对潜在经济增长率的下移，社会各方面（政府、企业、居民个人等）都要有一个适应的过程。如果经济增长率过快、过急地下落，有可能引起经济和社会的震荡。为了避免引起大的震荡，宏观调控应力求使经济增长率的下移成为一个逐步渐进的过程，也就是使潜在经济增长率的下移平滑化。比如，先由"高速"（10%）降到"中高速"（8%~9%），再降到"中速"（7%~8%），再降到"中低速"（6%~7%），然后降到"低速"（5%以下），等等，分阶段地进行。

我国是一个地域辽阔、人口众多的国家，国内需求的回旋余地较大，工业化、城镇化的纵深发展有一个逐步推移的过程，人口红利的下降也有一个渐进的过程，应该说，我们有条件使潜在经济增长率的下移平滑化。特别是我国三十多年来取得了辉煌的成就，靠的是改革开放。今后的经济发展，依然要靠改革开放。改革开放是我国经济发展的最大红利。

第五节 潜在经济增长率下移是否经济增速一年比一年低

在潜在经济增长率下移过程中，经济增速的波动态势将会怎样？经济增速会不会一年比一年低？我们认为，在潜在经济增长率下移过程中，就年度经济增长率来说，并不一定是直线下落的，年度间仍会有高低起伏波动。在未来一个时期内（五年至十年左右），鉴于国内外经济环境的变化，特别是鉴于我国长期以来宏观调控的经验和教训，我们应该力求使我国经济波动走出一种锯齿形缓升缓降的新轨迹，即一两年微幅回升、一两年微幅回落、又一两年微幅回升，使经济在潜在经济增长率的适度区间内保持较长时间的平稳运行和轻微的上下起伏波动，这既不是简单的大落又大起的"V"形或"U"形轨迹，也不是大落之后很长时间内恢复不起来的"L"形轨迹。具体说，在我国 GDP 增长率 2010 年达到 10.4% 之后，2011 年回落到 9.3%，2012 年预计进一步回落至 7.8% 左右，而 2013 年有可能比 2012 年略高，小幅回升至 8.2% 左右。如果 2013 年回升力度适度而不过高，那么，2014 年仍有可能继续小幅上升。

之所以预计 2013 年 GDP 增长率有可能比 2012 年略高，是从中期内经济波动、物价变动与宏观调控三者之间相互关系出发得出的分析。近几年来，这三者之间相互关系的变化，也通过宏观调控侧重点变化的"四部曲"反映出来，即由"双防"到"保增长"，再到"稳物价"，又到"稳增长"。

"双防"。2007 年，我国经济运行偏快，GDP 增长率高达 14.2%，全国规模以上工业增加值月同比增长率在 18% 左右的高位运行（规模以上工业增加值月同比增长率各年 1～2 月累计计算，下同），物价开始逐月攀升，由 2007 年 1 月 2.2%，一路攀升到 12 月 6.5% 和 2008 年 2 月 8.7% 的高峰。在此形势下，2007 年 12 月初召开的中央经济工作会议提出了"双防"，即要把防止经济增长由偏快转为过热、防止价格由结构性上涨演变为明显通货膨胀作为宏观调控的首要任务。在"双防"任务下，继续实行稳健的财政政策，而稳健的货币政策则转向较为严厉的从紧的货币政策。

"保增长"。随着上述宏观调控政策的趋紧，加之 2008 年 9 月袭来的国际金融危机的严重冲击，工业生产迅速下滑，由 2008 年 3 月 17.8% 猛降到 2009 年 1～2 月 3.8% 的低谷。与此同时，物价增幅亦迅速下降，由 2008 年 2 月 8.7% 的高峰猛降到 2009 年 2 月 -1.6%。为了应对国际金融危机的冲击，迅速扭转经济增速明显下滑的趋势，宏观调控的侧重点转向"保增长"。宏观调控两大政策都转换了方向。财政政策由"稳健"转为"积极"，货币政策由"从紧"转为"适度宽松"。由此强劲地带动了经济的回升，全国规模以上工业增加值月同比增长率由 2009 年 1～2 月 3.8% 的低谷迅速回升到 2010 年 1～2 月 20.7% 的高峰。这期间，2009 年各月，物价按其自身惯性，继续在低位运行，有 9 个月处于负上涨。

"稳物价"。2009 年货币信贷超常增长和经济迅速回升，滞后反应是 2010 年物价开始新一轮逐月攀升，连续"破三""破四""破五"，到 2010 年 11 月攀升至 5.1% 的新高。在此背景下，2010 年 12 月召开的中央经济工作会议提出"把稳定价格总水平放在更加突出的位置"。财政政策继续保持"积极"，而货币政策转为"稳健"。在"稳物价"的努力下，2011 年 7 月物价涨幅攀升到 6.5% 的峰值后，又逐月回落下来。伴随物价涨幅的回落，经济增速、工业生产增速亦在回落。

"稳增长"。在货币信贷趋紧的形势下，进入 2012 年，物价涨幅继续回落，加之外需不振，经济增速、工业生产增速超预期进一步回落。2012 年 5 月，提出宏观调控要"把稳增长放在更加重要的位置"。一系列相关措施出台，扩大内需，促进消费，鼓励投资，推进"十二五"规划项目的实施，结构性减税，降低存款准备金率，下调存贷款利率等。与 2008 年至 2010 年的"一揽子"刺激计划相比，这次的刺激力度不需要那么大。如果国内外经济环境不发生重大的意外冲击，2012 年第三季度工业生产和 GDP 增长率可筑底，第四季度有望进入小幅回升通道。目前，物价涨幅较低，财政政策、货币政策都有一定的适度宽松的微调空间，2013 年经济增速有望略高于 2012 年。

参考文献

陈佳贵、李扬主编《经济蓝皮书春季号：中国经济前景分析——2012 年春季报告》，社会科学文献出版社，2012。

陈佳贵、李扬主编《经济蓝皮书：2013 年中国经济形势分析与预测》，社会科学文献出版社，2012。

刘树成："新中国经济增长 60 年曲线的回顾与展望"，《经济学动态》2009 年第 10 期。

刘树成："不可忽视 GDP"，《经济学动态》2012 年第 7 期。

中国社会科学院经济研究所宏观经济调控课题组："宏观调控目标的'十一五'分析与'十二五'展望"，《经济研究》2010 年第 2 期。

·链接·

专访录　在保当前和谋长远之间寻找平衡[*]

《经济参考报》： 十六大以来，我国政府利用财政政策和货币政策等经济手段调控宏观经济、熨平经济波动的手法越发灵活。尤其是，率先从严重的国际金融危机中走出，实现经济复苏。请您归纳一下在这十年中我国政府在调控宏观经济运行方面都取得了哪些成就？

刘树成： 中国经济这十年的发展轨迹可以分为两个阶段，宏观调控也着力解决两种难题。

第一个阶段，2003 年至 2007 年，中国经济增长承接 2000 年之后的上升之势，处于新中国成立以来从未有过的最长的上升周期，过去上升期只能保持短短的一两年，而这次却有长达八年的连续上升，处于难得的长时间的上升通道。那时宏观调控的主要任务就是紧缩型调控，提出要"双防"，防止经济过热，防止物价上涨，努力延长经济波动的上升期。

第二个阶段，2008 年在国内经济需要调整结构时，又遇上国际金融危机"雪上加霜"，国内外因素叠加，一些企业倒闭，农民工失业返乡，中国经济遇到了新的困难和挑战。这期间宏观调控的主基调就是松紧有度，沉着应变，保持平稳增长，避免大起大落。于是，宏观调控侧重点由 2008 年至 2010 年"保增长"，转到 2011 年"控物价"，又转到 2012 年"稳增长"。

从"双防"到"保增长""控物价""稳增长"，这是十年宏观调控的"四部曲"，拿捏有度，审慎灵活，表明我国宏观调控水平显著提高，于"平衡"的艺术中凸显中国智慧：扩大国内需求和稳定外需的平衡、增加投资和刺激消费的平衡、调整振兴产业和推动科技创新的平衡、拉动经济增长和保障改善民生的平衡、东部地区率先调结构和中西部地区开发崛起的平衡、克服当前困难和促进长远发展的平衡。

---

[*]　本链接选用的是《经济参考报》记者金辉对作者的专访录，载《经济参考报》2012 年 9 月 27 日。

《经济参考报》：有人提出，改革开放以来，我国经济的高速增长主要是靠投资拉动的，这种增长的动力结构不可持续，必须改变。对此，您有何看法？

刘树成：如果说"近十余年来"我国经济的高速增长主要是靠投资拉动的，这种增长的动力结构需要改变，这是正确的。因为统计数据表明，近十余年来（除2005年），我国投资需求对GDP增长的贡献率和拉动连续大于消费需求的贡献率和拉动。但如果说"改革开放以来"我国经济的高速增长"一直"主要是靠投资拉动的，这则不符合实际情况。从我国消费、投资、净出口三大需求对GDP增长的贡献率和拉动的统计数据看，1979～2001年的前23年间，除1993年、1994年、1995年的3年外，其他20年均是消费的贡献率和拉动大于投资的贡献率和拉动，只是从2002年起至2011年的近十余年间（除2005年），投资的贡献率和拉动才大于消费的贡献率和拉动。同时，数据表明，1979～2011年的33年间，净出口对GDP增长的贡献率超过15%的只有10年，净出口对GDP增长的拉动超过2个百分点的只有7年。从支出法GDP的角度看，改革开放以来，外需对我国经济增长的贡献率和拉动并不起主导作用。

近十余年来，投资的贡献率和拉动连续大于消费的贡献率和拉动，主要是城镇化加快发展的结果。在城镇化加快发展阶段，既会带动消费上升，也会带动投资上升，但相比之下，对投资的带动更大，这也反映在支出法GDP总量中，投资所占的比重即投资率不断上升，而消费所占的比重即消费率连续下降。从我国1952～2011年消费率、投资率和城镇化率3条曲线可看到，消费率从2001～2011年呈明显的下降趋势，投资率呈明显的上升趋势。消费率从2000年的62.3%，下降到2011年的48.2%，下降了14.1个百分点。投资率从2000年的35.3%，上升到2011年的49.2%，上升了13.9个百分点，这是新中国成立以来投资率首次超过消费率。

可见，近十余年来，在我国经济增长中，投资的贡献率和拉动连续大于消费的贡献率和拉动，主要是城镇化加快发展的结果，有其一定的客观必然性。但投资率过高、消费率过低，是不可持续的。然而，在我国未来经济发展中，还需要一段较长时间的城镇化过程。这是我国经济发展的阶段性特征。今后一段时期内，城镇化率的提高不一定有前十年那么快，但是还处于城镇化发展的中期。城镇化的发展，特别是城镇化质量的进一步提高，都还需要适度的投资。同时，转方式、调结构、惠民生，不是说说而已，也需要一定的投资。比如发展现代农业,加强科学、教育、文化、卫生等社会事业的基础设施建设,加强保障房等民生工程建设,都需要一定的投资。要重在改善投资结构,提高投资效率,扩大投资资金来源,充分发挥市场配置资源的基础性作用,充分发挥民间投资的作用。"钱从哪里来,用到哪里去",向我们的经济工作提出了更高的要求。

《经济参考报》:近来,关于中国经济未来走势引起新一轮的热烈讨论,存在各种不同的意见。在讨论中趋于一致的看法是,与过去 30 年相比,未来中国经济的增长将会减速,不同意见是这个减速的程度有多大,减速的过程会怎样实现。那么,对于未来中国潜在增长率您有何看法?

刘树成:当前大概有四种有代表性的意见。

第一种意见认为,中国潜在经济增长率在 2015 年左右将由过去 10% 的高速降到 6% ~7% 的中速,降幅为 30% ~40% ,下一个较大台阶。

第二种意见认为,中国经济以 8% 的平均增速可以再维持 20 年,持续到 2030 年。

第三种意见,中国经济增长率在"十二五"前三年,就是 2011 年、2012 年、2013 年将继续下行,分别为 9% 、8% 、7% 。而后,将强劲反弹,以 9% 的增速继续增长 15 年,到 2030 年。

第四种意见,中国潜在经济增长率 2011 ~2015 年为 8% ~9% ,2016 ~2020 年为 7% ~8% 。

除了这四种意见还有其他不同意见,在目前这个时点上很难说哪一种意见是对的,哪一种意见是不对的,这要靠今后的实践来检验。

由此引出一些重要的问题需要进一步深入讨论,把这些问题讨论清楚了,有利于中国经济今后更长时间的发展。

首先,当前我国经济增长率是否低于潜在经济增长率?这也是在上半年经济数据出来后,谈论最多的问题之一。有人认为,经济增长速度偏低,低于潜在增长率,有必要对宏观调控方向和力度进行调整。还有人认为,鉴于前几年"四万亿"投资带来的负效应,现在经济增长率为 7.6% 、7.8% 是正常的,高于政府年初的 7.5% 的预期目标,没有必要再去采取宏观调控政策。

我认为,2012 年上半年 7.8% 的增长和第二季度 7.6% 的增长,都低于 8% 的增长,是低于我们当前潜在经济增长率的。如果给出一个当前中期(如五年)潜在经济增长率的区间的话,还是可以把握在 8% ~9% 的区间。

如果我们经济增长率在8%以下，就会对居民收入的增长和人民生活带来困难，GDP是提高和改善人们生活的物质基础。GDP"蛋糕"做大了不一定就能分好，但是没有适度做大GDP"蛋糕"就更难分好这个"蛋糕"。增速太低也会使财政收入受到影响，财政收入如果大幅度下降，则会使需要财政支持的经济结构的调整、社会事业的发展、社会保障的实现受到影响。GDP增速太低还会影响企业的宏观经营环境，较低的GDP增长，从需求面反映市场需求疲软，影响企业的生产和销售，影响就业的扩大，就影响到了收入。

其次，我们知道经济增长率既不能过高也不能太低，多少为宜呢？对此，学术界还是有不同意见的。经济增长速度的高低多少为宜涉及潜在经济增长率的把握问题。有学者指出改革开放30多年来我国经济以近两位数增长，现在进入潜在增长率下移的新阶段。但是也有学者提出在2013年至2017年我国潜在经济增长率将由10%的高速降到6%、7%的中速，明显下移一个大台阶。潜在经济增长率的下移是突变过程还是渐进过程，这是需要讨论的。

从国际经验来看，不同国家因其地域大小不同、人口多少不同、资源禀赋不同，国内外环境不同等，潜在经济增长率的下移表现为不同情况。第一种情况，有的国家表现为突变过程，潜在增长率下移比较明显，比如日本"二战"以来下移得比较明显。第二种情况，有的国家表现为相对平稳的渐进过程，比如韩国。第三种情况，有的国家，潜在经济增长率下移后，一定时期随着科技发展等因素的推动，可能重新上移，比如20世纪90年代的美国。

每个时期潜在经济增长率究竟是多少，很难给出精确的测算。在宏观调控的具体实践中，这也是一个经验把握问题。在潜在经济增长率下移的过程中，如果现实经济增长率过快、过急地下落，有可能引起经济和社会的震荡。对潜在经济增长率的下移，社会各方面（政府、企业、个人）都要有一个适应的过程。为避免带来经济和社会的振荡，宏观调控应力求使经济增长率的下移成为一个渐进的过程。比如由高速，改革开放以来30多年的10%，先降到中高速8%~9%，然后再降到中速7%~8%，然后再降到中低速6%~7%，再降到低速5%以下，是有台阶的，不是高台跳水，最好是分阶段下移。

现实经济生活不是按照我们的主观意志完全平稳地"下台阶"，但是我们可以尽可能地把握经济增速，使其实现平稳下落。特别是我国是地域辽阔、人口众多的国家，国内需求的回旋余地比较大，工业化、城镇化的纵深发展都有逐步推移的过程，我们有条件使潜在经济增长率的下移平滑化。在潜在经济增长率下移的过程中，就年度经济增长率来说不一定是直线下落，也就是说并不一定是一年比一年低，年度间仍然有高低波动。比如说国内外多数经济预测机构都预测 2012 年中国经济增长率比 2011 年低。但在预测 2013 年的时候，许多预测机构认为中国经济增长率会比 2012 年略高。

第五章
巩固和发展经济适度回升的良好态势[*]

在新的国内外大背景下，2013 年中国经济走势如何？学术界有不同看法。基本上有三种看法：一种是认为经济增速将继续下滑而不能回升；另一种认为 GDP 增长率维持在目前 7% 的增长区间就很好，不必回升；第三种认为，要努力巩固和发展已出现的适度回升的良好态势。我们持第三种看法。如果说要巩固和发展已出现的适度回升的良好态势，那么就要回答三个问题：一是能不能回升（可能性）；二是要不要回升（必要性）；三是怎样适度回升？

第一节　历史上两次回升的简要回顾与当前回升的新背景

20 世纪 90 年代初以来，在我国宏观经济波动中，GDP 增长率曾有两次回升（见图 5 - 1）。第一次是 1991 年。面对 1990 年 GDP 增长率 3.8%，我国宏观经济运行能不能回升起来？3.8% 的经济增长率，是 1978 年改革开放以来我国最低的经济增长率，是对改革开放第一个十年快速增长之后的调整。当时，社会上对整个经济能不能回升，普遍存在着一种悲观预期。1991

---

　　*　本章选用的论文是"巩固和发展经济适度回升的良好态势"，《经济学动态》2013 年第 3 期；"2013 ~ 2017 年中国经济的增长与波动"，《经济蓝皮书春季号：中国经济前景分析——2013 年春季报告》，社会科学文献出版社，2013 年 4 月；"激活市场环境，促进经济回升"，《中国经济时报》2013 年 7 月 11 日。

年 1 月，中国社会科学院和新华社联合主办了"中国与世界：九十年代中国经济展望"研讨会。在研讨会上，我们曾预测，1991 年我国经济运行将会回升起来。① 其后的实际经济运行表明，1991 年 GDP 增长率回升到 9.2%，但 1992 年经济过热，GDP 增长率达到 14.2%。

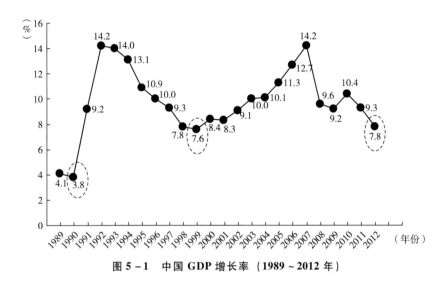

图 5－1 中国 GDP 增长率（1989～2012 年）

第二次回升是 2000 年。面对 1999 年在应对亚洲金融危机中我国 GDP 增长率降至 7.6% 的局面，我国宏观经济运行能不能回升起来？当时，我们曾提出，我国的经济增长与波动有可能进入一种"使景气上升期延长"的新态势，并提出"走出一条新的向上走势中的平稳轨迹"。② 后来的实际经济运行表明，2000～2007 年我国经济增长率走出了一条新中国成立以来从未有过的、连续 8 年上升的新轨迹。

现在，我们又面临着一次新的经济回升机遇，但背景情况已与前两次大不相同了。当前，我国经济发展所面临的国内外环境发生了重大变化。一方面，世界经济已由金融危机前的"快速发展期"进入"深度转型调整期"。国际金融危机的影响还在不断发酵，世界经济低速增长的态势仍将延续，国际经济形势依然错综复杂，充满不确定性。另一方面，国内经济已由"高

---

① 刘树成："当前国内经济形势的特点"，《瞭望周刊·海外版》1991 年 2 月 25 日，第 7～8 期。

② 刘树成："论中国经济增长与波动的新态势"，《中国社会科学》2000 年第 1 期。刘树成："中国经济波动的新轨迹"，《经济研究》2003 年第 3 期。

速增长期"进入"增长阶段转换期"。改革开放 30 多年来近两位数的高速增长已告一段落,开始进入潜在经济增长率下移的新阶段。

具体来看,2007 年,当 GDP 增长率连续 8 年上升直到 14.2% 的时候,中央曾提出"双防"任务,即把防止经济增长由偏快转为过热、防止价格由结构性上涨演变为明显通货膨胀作为宏观调控的首要任务,以进行调整。随后,2008 年第一、二季度,GDP 季度同比增长率开始回落(见图 5 - 2)。接着,在严重的国际金融危机冲击下,GDP 增长率又连续三个季度迅猛下滑至 6.6%。在应对国际金融危机中,我国采取了大力度的经济刺激政策,迅速扭转了经济下滑趋势,并出现了一次小回升。到 2010 年第一季度,GDP 增长率回升到 11.9%(2010 年全年 GDP 增长率回升到 10.4%),但没有稳住。之后,从 2010 年第二季度,经 2011 年 4 个季度,再到 2012 年第三季度,GDP 增长率又出现了连续 10 个季度的下滑趋势。然而,从 2012 年 9 月起,我国经济运行的多项重要指标都结束了探底下滑,开始出现企稳回升态势。规模以上工业增加值的月同比增长率,从 2012 年 9 月至 12 月,连续 4 个月小幅回升。GDP 季度同比增长率也在 2012 年第四季度出现回升,为 7.9%(见图 5 - 2)。但经济回升的基础还不稳固,经济增长的下行压力仍然很大。从微观层面看,在宏观经济运行刚刚出现回升苗头的初期,不同行业、不同企业的感受是不一样的。有的行业、企业,已开始感受到回暖,恰似"春江水暖鸭先知"。而其他许多行业、企业,一下子还没有感受到"春天的温暖"。总的来看,经济态势还处于"乍暖还寒"的局面。

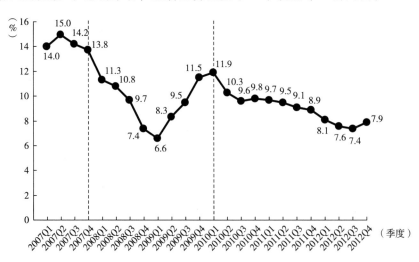

图 5 - 2　中国 GDP 季度同比增长率(2007 年第一季度至 2012 年第四季度)

第二节　中国经济增速能不能回升

　　要回答 2013 年中国经济增速能不能回升的问题，首先要分析清楚，从 2010 年第二季度到 2012 年第三季度的这一轮经济增速连续 10 个季度下滑，是趋势性因素还是周期性因素在起作用？抑或是两种因素都在起作用？如果是两种因素都在起作用，那么究竟是哪一种因素的作用更强、更重要？

　　所谓趋势性因素是指，决定经济运行在一个较长时期内基本走向的各种因素，诸如劳动力、资本、技术进步等要素投入因素，资源禀赋因素，生态环境因素，体制机制因素等。

　　所谓周期性因素是指，影响经济运行在短期内波动的各种因素。可分为两大类。第一大类是经济体系本身的使其向上扩张的因素和使其向下收缩的因素。向上扩张的因素，即我们常说的"内生增长动力"，如经济体系本身所积蓄的投资扩张因素、消费扩张因素、产出扩张因素等。向下收缩的因素，如经济体系本身所积蓄的投资收缩因素、消费收缩因素、产出收缩因素等。向上扩张因素和向下收缩因素形成的两种力量此起彼伏，此长彼消，各自积蓄到一定程度而交替起作用，形成经济的短期波动。第二大类周期性因素，是逆周期调节的宏观调控政策因素。因为宏观调控政策的变化直接受到经济短期波动态势的影响，要进行逆周期调节，从而也具有了一定的周期性特点。

　　当然，影响经济运行的还有其他多种因素，如自然因素、心理因素和各种随机冲击因素，再加上国际上的外部因素，等等。这里，主要讨论与趋势性因素和周期性因素有关的问题。

　　如果认为这一轮经济增速下滑只是趋势性因素在起作用，而没有周期性因素在起作用，那么，2013 年的经济增速就只能继续往下滑，而没有可能进入回升通道。因为由各种趋势性因素的变化（诸如人口红利逐渐消失，土地、能源、资源、生态环境等约束不断强化）所决定的潜在经济增长率进入了下移阶段。潜在经济增长率在"十二五"时期会下移，"十三五"时期会继续下移，因此，2013 年的经济增速就只有下滑而不可能回升了。

　　实际上，本轮经济增速下滑是趋势性因素与周期性因素交织在一起、共同起作用的结果。但虽是共同起作用，作用的特点却不同，即作用的性质、角度和方式不同。趋势性因素是长期性、基础性的，它决定着一定时期内潜在经济增长率或长期趋势线，也就是决定着经济短期波动的中轴线或基准线水平，但它要通过经济短期波动来实现。周期性因素是短期性、叠加性的，它叠加在长期趋势线上，使经济运行围绕长期趋势线而上下起伏波动，它影响着经济短期波动的上下幅度。简单地说，趋势性因素决定着经济波动的中轴线位势，周期性因素影响着经济波动的上下幅度。如果非要说哪个因素的作用更强、更重要，可以说趋势性因素的作用更强、更重要，因为它是长期性、基础性的。但问题不在于哪个因素重要，哪个因素不重要，而在于要把握它们各自不同的作用特点，及其不同的政策含义。如果我们只看到其中一种因素的作用，而忽视另一种因素的作用，则会误导出现两种情况。

一种是，如果只看到周期性因素的作用，而忽视趋势性因素的作用，以为本轮经济增速下滑可以像过去那样，简单依靠扩张性的财政政策和货币政策，就能使经济增速重新大起，那就不合时宜了。因为在当前国内外大环境下，特别是我国潜在经济增长率已经开始下移的大背景下，经济增速已难以重回原来的两位数高增长的局面。而如果要采取强刺激政策，则经济增速的大起不可持续，就有可能重回原来的粗放型、速度型经济增长方式上去，导致经济的大起大落。

另一种是，如果只看到趋势性因素的作用，而忽视周期性因素的作用，以为今后我国经济增速只会一年年滑下去，把短期波动中低谷期的较低经济增长率误认为是长期趋势线，该回升的时候不敢回升，那就会贻误来之不易的经济回升的良好时机。

因此，一方面，我们要重视趋势性因素的作用，加大转变经济发展方式和调整经济结构的政策支持力度，积极推进改革开放和长效的体制机制建设，把握好一定时期内经济增速的中轴线，既不要过高、也不要过低地偏离中轴线。另一方面，要按照2012年12月中央经济工作会议的要求，继续把握好稳中求进的工作总基调，继续实施积极的财政政策和稳健的货币政策，充分发挥宏观调控政策的逆周期调节和推动结构调整的作用，巩固和发展已出现的经济适度回升的良好态势。从目前看，我国经济增速刚刚呈现企稳回升的态势，还有一定的回升空间。但不需采取力度过大的刺激政策。在继续实施积极的财政政策和稳健的货币政策中，适时微调、预调。2012年，我国GDP增速为7.8%。2013年有可能比上年略高，回升至8.2%左右。如果

2013 年回升力度适度而不过高，那么，2014 年仍有可能继续小幅回升。今后 5 年，在实际经济运行中，经济增速在适度回升中的上限把握是：一不引起经济过热，GDP 增长率最高不要超过 10%；二不引起明显的物价上涨，物价上涨率不要超过 4%。

第三节　中国经济增速要不要回升

要回答 2013 年中国经济增速要不要回升的问题，首先要说明，经济增速太高不利于转方式和调结构，而经济增速偏低也不利于转方式和调结构。

经济增速太高，不利于转方式和调结构，这已形成人们的共识。因为经济增速太高会带来"六高三低"的粗放型增长问题，即高速度、高投入、高能耗、高物耗、高污染、高通胀，低技术、低质量、低效益。这是过去我国经济增长中存在的主要问题。现在，我们要实现转方式和调结构，无疑就要把过去那种过高的经济增长速度降下来。

但为什么经济增速偏低也不利于转方式和调结构呢？因为经济增速偏低会使宏观经济运行环境趋紧，会给经济发展带来一系列困难和问题，如企业利润增速下降，市场上弥漫悲观预期，国家财政收入增速亦下滑。就企业来说，企业是转方式和调结构的基层主体。如果企业利润增速下降或负增长，市场上又弥漫着悲观预期，市场前景不明，那么，企业就没有信心和没有能力去转方式和调结构。在现实经济生活中，转方式和调结构，提高经济增长质量和效益，不是"纸上谈兵"，说说而已，也不只是转变观念的问题，重要的是要实实在在地推动技术进步、技术创新。而技术进步、技术创新是需要投资支持的。新材料、新产品、新技术、新工艺的研发，技术改造、设备更新、节能减排等，都需要一定的投资。在经济增速偏低的宏观经济环境下，企业生产经营困难，一是不愿和不敢去投资；二是没好项目去投资；三是没钱去投资。现在，人们常说，要利用经济下行的"倒逼机制"使企业加快转方式和调结构。实际上，"倒逼机制"的压力是在经济下行阶段产生的，也就是说，"倒逼"所要解决的问题是在经济增速低位运行时暴露出来的，而这些问题的解决则要在经济回升过程中，也就是说，"倒逼机制"的实现则是在经济上行阶段。因为在宏观经济回升的大环境中，企业生产经营状况改善，企业利润增速提高，原材料、机器设备等生产资料价格尚处于低位，信贷条件相对宽松，市场前景看好，市场信心恢复，这就有利于企业扩大投资，有利于企业转方式和调结构。

从 2012 年第二、三季度的情况看，GDP 季度同比增长率分别下降至 7.6% 和 7.4%，连续两个季度低于 8%。第四季度略有回升，为 7.9%，接近 8%。在我国目前经济发展阶段，如果 GDP 增速连续两个季度或以上低于 8%，反映在工业企业利润上，则会出现大幅下降或负增长的困难局面。2012 年前 9 个月，全国规模以上工业企业实现利润各月累计同比增速均为负增长（见图 5 - 3）。1 ~ 9 月累计同比增速为 - 1.8%，比 2011 年同期大幅回落 28.8 个百分点。只是到 10 月之后，随着全国经济和工业生产的增速逐步企稳回升，工业企业利润累计增速才微微由负转正。在这种情况下，企业是难以实现转方式和调结构的。

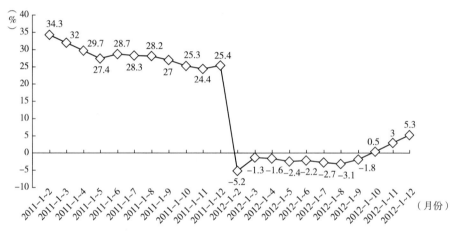

图 5 - 3　全国规模以上工业企业实现利润各月累计同比增长率
（2011 年 2 月至 2012 年 12 月）

20 世纪 90 年代初以来，在我国经济运行中，共有 4 次出现 GDP 增速连续两个季度或以上低于 8% 的情况（见图 5 - 4）。第一次是 1998 年第一、二季度和 1999 年第二至第四季度，共 5 个季度，主要受当时亚洲金融危机冲击和国内需求不足的影响。反映在工业企业利润上，1998 年各月累计同比增速均为严重的负增长。第二次是 2001 年第二、三季度，主要受美国 IT 产业泡沫破裂引发美国经济衰退，以及国内需求不足的影响。反映在工业企业利润上，2001 年 10 月至 2002 年 8 月，连续 10 个月各月累计同比增速降到 10% 以下，其中有 4 个月为负增长。第三次是 2008 年第四季度至 2009 年第一季度，主要受国际金融危机冲击和国内经济调整的影响。反映在工业企业利润上，2008年第四季度至2009年第四季度，连续5个季度，各季累计同比增速降到10%以下，其中有3个季度为负增长。第四次就是2012年第二、三、四季度，主要受国际金融危机延续和国内经济调整的影响。由此可见，经济增速偏低不利于企业生产经营，不利于企业转方式和调结构。

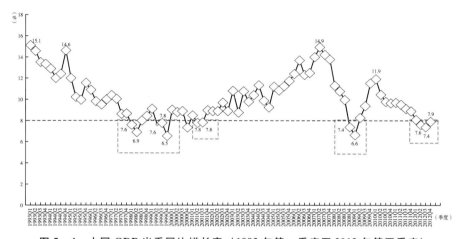

图5-4 中国GDP当季同比增长率（1993年第一季度至2012年第四季度）

资料来源：根据GDP季度累计同比增速换算为当季同比增速，前者原始数据见中国经济信息网数据库。

经济增速偏低，企业效益下滑，也必然会影响到国家财政收入的增长。2012年各月，随着经济增速的低位运行，全国财政收入累计同比增速大幅下降（见图5-5）。1~12月累计比上年同期增长12.8%，比上年同期大幅回落12.2个百分点。财政收入增速若大幅下降，则需要财政支持的转方式和调结构，需要财政支持的科学、教育、文化、卫生等各项社会事业的发展，需要财政支持的有关改革措施的推进等，都会遇到困难。财政收入增速下降，而财政支出刚性很强，财政收支矛盾将会突出。

综上所述，如果GDP增速连续两个季度或以上维持在偏低水平，将会给经济发展带来一系列困难和问题，除影响企业利润、市场预期、国家财政收入之外，还可能滞后影响企业职工收入和就业。因此，我们需要摆脱经济持续偏低增长的局面，有必要使已经出现的经济适度回升的态势进一步巩固和发展起来，为推进转方式和调结构、推进改革开放，创造良好的宏观经济运行环境。

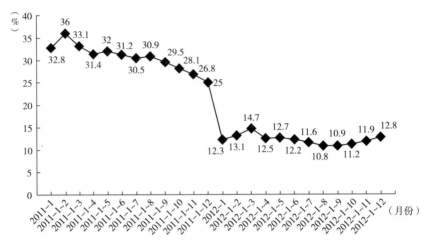

图 5 - 5　全国财政收入各月累计同比增长率（2011 年 1 月至 2012 年 12 月）

第四节　中国经济增速怎样适度回升

要回答 2013 年中国经济增速怎样适度回升的问题，首先要认识到，在这次回升时，我国经济发展和宏观调控的理念发生了什么重大变化。新中国成立以来，我国经济发展和宏观调控的理念已发生过 3 次重大变化。

第一次是 1958 年提出"多快好省"。当时对"多快好省"进行解读时，特别突出了"快"字。那时，《人民日报》曾发表了一篇题为《力争高速度》的社论，提出：快是多快好省的"中心环节"，速度是总路线的"灵魂"。①

第二次是 1992 年提出"又快又好"。当时，邓小平南方谈话时提出："在今后的现代化建设长过程中，出现若干个发展速度比较快、效益比较好的阶段，是必要的，也是能够办到的。"② 之后，《人民日报》发表了一篇题为《促进经济又快又好地发展》的本报评论员文章，提出："防止发生经济过热现象，力求国民经济在新的一年里又快又好地发展。"③

第三次是 2006 年提出"又好又快"。2006 年 11 月 30 日，在当年中央经济工作会议召开前夕，中共中央政治局召开会议，分析当前经济形势，研究下年经济工作，提出：努力实现国民经济"又好又快"发展，务必保持

---

① 人民日报社论："力争高速度"，《人民日报》1958 年 6 月 21 日。

② 邓小平："在武昌、深圳、珠海、上海等地的谈话要点"，《邓小平文选》第 3 卷，人民出版社，1993，第 375 ~ 377 页。

③ 人民日报本报评论员："促进经济又快又好地发展"，《人民日报》1993 年 1 月 29 日。

经济"平稳较快"增长，避免出现大的起伏。由此，"好"字首次排在了"快"字之前。近些年来，在每年召开的中央经济工作会议上和每年的《政府工作报告》中，具有代表性的提法都是"又好又快"或实现经济"平稳较快"发展。

以上这些理念的提出和变化，都反映了当时我国经济发展的不同阶段性特征和背景，都包含着一个"快"字。2012年11月召开的党的十八大和12月召开的中央经济工作会议，在新的经济发展背景下提出：实现经济"持续健康"发展。这就首次去掉了"快"字，更加突出了要把经济发展的立足点转到提高质量和效益上来。所以，本轮经济回升不是简单地把经济速度搞上去，而是要实现尊重经济规律、有质量、有效益、可持续的回升，要实现实实在在和没有水分的回升，要实现与转方式、调结构、促改革相结合的回升。

在本轮经济回升中，我们要牢牢把握扩大内需这一战略基点，而城镇化是扩大内需的最大潜力所在。目前，我国的城镇化还是不完全、不成熟的城镇化。一者，2012年我国城镇化率达到52.57%，这是按照城镇常住人口统计的，包括了在城镇居住半年以上的进城农民，但他们还没有完全融入现代城市生活。如果按城镇户籍人口计算，目前的城镇化率仅为35%左右。二者，我国城镇化的质量还不高，城镇各种基础设施建设和各项社会事业发展都还跟不上，"城市病"多有显现。由此，我国未来城镇化发展的空间还很大。今后，我国城镇化率的速度不会像1995～2012年这17年那样以年均1.38个百分点提高，但若将目前的按城镇常住人口统计的城镇化率从52.57%提高到60%，即提高7.43个百分点，根据一些业内专家的估计，即使每年以0.7个百分点的速度提高，还需10年的时间。加之，还要提高城镇化质量，有序推进农业转移人口市民化，走集约、智能、绿色、低碳的新型城镇化道路，这将为我国未来5年，乃至更长时期的经济发展提供巨大的潜力。同时，城镇化是转方式、调结构、促改革的聚合点。从转方式来说，城镇化有利于扩大内需，既能扩大消费，又能扩大投资。但在一定时期内，对投资的扩大作用可能更大一些。因为要为进城的农民工及其家属提供相应的产业岗位和就业机会，提供相应的公共服务，这些都需要扩大投资。从调结构来说，城镇化有利于区域经济结构和产业结构的优化升级。从促改革来说，城镇化需要在改革攻坚中推进，它涉及户籍制度、土地制度、收入分配制度、社会保障制度、投融资体制、基本公共服务体制等多方面的配套改革。

第五节　新一轮经济周期从哪年算起

从经济周期转换角度做进一步考察，新一轮周期究竟应该从哪年算起？

从季度看，2012 年第四季度，我国 GDP 增长率出现新的回升，为 7.9%。从年度看，2012 年全年，GDP 增长率为 7.8%。2013 年，根据国内外许多机构和学者的预测，我国 GDP 增长率可能比 2012 年略高。如国际货币基金组织、世界银行、联合国经济合作与发展组织、汇丰银行，对 2013 年我国 GDP 增长率的预测分别为 8.2%、8.4%、8.5% 和 8.6%。中国社会科学院"中国经济形势分析与预测"课题组，以及笔者本人也曾对此做出预测，均为 8.2% 左右。这样，2013 年我国经济有望回升，进入新一轮周期。

但是，此前，2010 年我国经济波动曾出现过一次回升态势（见图 5 - 6）。在新中国成立以来的第 10 轮经济周期中，2000~2007 年连续 8 年，GDP 增长率处于上升通道；2008 年、2009 年在国际金融危机冲击和国内经济调整之下，GDP 增长率连续下降到 9.6% 和 9.2%。在应对国际金融危机的冲击中，我国采取了大力度的经济刺激政策，迅速扭转了经济下滑趋势。从年度看，2010 年 GDP 增长率回升到 10.4%，出现一个小高峰。当时，笔者曾说，2010 年我国经济有可能进入新一轮即第十一轮经济周期。[①] 然而，随

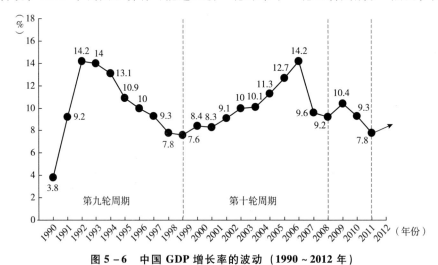

图 5 - 6　中国 GDP 增长率的波动（1990~2012 年）

---

① 刘树成："新一轮经济周期分析"，《经济蓝皮书春季号：中国经济前景分析——2010 年春季报告》，社会科学文献出版社，2010。

后，2011 年、2012 年 GDP 增长率没有稳住，连续下降到 9.3% 和 7.8%。这样，2010 ~ 2012 年形成了一个历时 3 年的起伏小波动。

由此，新一轮周期（第十一轮周期）究竟应该从哪年算起呢？是从 2010 年算起，还是从 2013 年算起？对此可以有两种处理方法。

第一种处理方法，新一轮周期从 2013 年算起，也就是把 2010 ~ 2012 年的小波动算入第十轮周期，作为 2008 ~ 2009 年调整的延续。这样，第十轮周期共历时 13 年，其中 8 年为上升期，5 年为回落期，形成 8 + 5 = 13 年的中程周期。

第二种处理方法，新一轮周期从 2010 年算起，也就是把 2010 ~ 2012 年的小波动算作新的第十一轮周期。新一轮周期具有新的国内外大背景。2010 年之后，我国经济发展所面临的国内外环境发生了重大变化。一方面，世界经济已由金融危机前的快速发展期，进入深度转型调整期。国际金融危机的影响还在不断发酵，世界经济低速增长的态势仍将延续，国际经济形势依然错综复杂，充满变数。另一方面，国内经济已由高速增长期，进入增长阶段转换期。改革开放 30 多年来近两位数的高速增长已告一段落，开始进入潜在经济增长率下移的新阶段。鉴于国内外大背景的变化，也鉴于我国宏观调控的经验教训，今后应避免采取力度过大的经济刺激政策。这样，在新一轮周期中，我国经济波动有可能出现一种新的轨迹，即走出一种锯齿形缓升缓降的新轨迹，一两年微幅回升、一两年微幅回落、又一两年微幅回升，使经济在潜在经济增长率的适度区间内保持较长时间的平稳运行和轻微的上下起伏波动，也就是在一个 10 年左右的中程周期内，有可能出现两三个短期的小波动。由此，2010 ~ 2012 年的小波动可以算作新的第十一轮周期的第一个小波动。当然，这还要靠今后的经济运行实践来检验。

这里为分析的方便，暂按第一种方法处理。

第六节　激活市场环境　促进经济回升

一　本轮经济回升的特点：呈现"弱回升"态势

从现实经济的运行情况看，2012 年 9 月起，我国经济运行的多项重要指标都结束了近两年多的探底下滑，开始出现企稳回升态势，但是进入 2013 年后的头几个月，各种经济指标却出现了两种不同的情况。

一种情况是，一些经济指标在回升中又出现了轻微下落。

1. GDP 当季同比增长率，2012 年第四季度结束了连续 10 个季度的下滑趋势，回升到 7.9%，但 2013 年第一季度又轻微下落到 7.7%，然而比 2012 年第二、三季度仍略高一些。

2. 工业增加值当月同比增长率，2012 年 9 月结束了连续 30 个月的下滑趋势，至 12 月回升到 10.3%。但 2013 年又轻微下落到 5 月的 9.2%。

3. 社会消费品零售额当月同比名义增长率，2012 年 9 月至 12 月回升到 14% 至 15% 左右，但 2013 年前 5 个月又下落到 12% 左右。然而 2013 年 3 月至 5 月在低位又呈现出微弱的上升之势，由 1 至 2 月合计的 12.3%，上升到 5 月的 12.9%。

4. 固定资产投资月度累计同比增长率，2012 年 5 月至 2013 年 2 月有所上升，但 2013 年 3 月之后又轻微下滑，至 5 月累计增长率降至 20.4%。

第二种情况是，一些经济指标继续呈现回升态势，但回升的幅度不大。如：

1. 房地产开发投资月度累计同比增长率，总体位势由 2012 年下半年的 15% 至 16% 左右，上升到 2013 年前 5 个月的 20% 至 22% 左右。但 1 至 5 月累计增速 20.6%，比年初 1 至 2 月累计增速 22.8% 略有下降。

2. 广义货币 M2 月度同比增长率，从 2012 年 1 月至 2013 年 5 月在波动中呈上升之势，2013 年 1 月到 5 月为 15% 至 16% 左右，超过年初预期的增长目标 13%。

3. 中国制造业采购经理指数（中采 PMI），由 2013 年 2 月的 50.1%，上升至 5 月的 50.8%。但汇丰银行公布的以中国中小企业样本为主的制造业采购经理指数（汇丰 PMI），2013 年 4 月、5 月、6 月连续下降，5 月和 6 月降到 50% 以下，自 2012 年 11 月以来首次跌破警戒线。

一般来说，经济回升可有三种态势：强回升、适度回升、弱回升。由以上各种经济指标的表现来看，本轮经济回升目前呈现出弱回升的特点。在弱回升中，经济运行的上行动力和下行压力这两股力量相互交织，经济运行的上行动力并不强劲，经济回升的基础或回升的趋势并不稳固。在新中国成立以来经济增长与波动的前 9 轮回升中，大多都是强回升。也就是说，经济在增长与波动的运行中，一旦回升，就回升得很猛烈，GDP 增长率在短短一两年内就可迅速回升到 10% 以上。由此，带来的是经济大起大落的大幅度波动。而在第十轮经济回升中，即从 2000 年开始的回升中，克服了过去强回升的弊端，从 2000 年至 2003 年，经过 4 年，逐步、适度地回升起来。随后，从 2004 年至 2007 年又在较高位势上运行了 4 年。这样，在第十轮经济周期中，GDP 增长率的整个上升过程由 2000 年至 2007 年，共延长到 8 年。前 4 年，增长比较适度；后 4 年，增长有些偏快。

二　经济"弱回升"的原因分析

形成本轮经济弱回升局面的原因很多，主要有以下四大因素。

1. 国内外经济大环境、大背景因素。与过去不同，当前，我国经济增长与波动所面临的国内外大环境、大背景已经发生了变化。从国际方面说，世界经济已由国际金融危机前的"快速发展期"，转变为"深度转型调整期"。国际金融危机的影响还在不断发酵，外需低迷不振的局面仍将继续，国际经济走势依然错综复杂，充满不确定性。从国内方面看，我国经济已由改革开放 30 多年以来平均近两位数的"高速增长期"，转变为潜在经济增长率下移的"增长阶段转换期"。在这种国内外经济大环境、大背景之下，我国经济增速的回升很难像过去那样进入"强回升"状态。

2. 宏观调控政策因素。宏观调控的方向和力度，对于经济波动的高低起伏具有重要的直接影响。本次宏观调控政策放松的力度并不大，由此使经济回升的力度也不大。具体说，一来，2008 年至 2010 年在应对国际金融危机冲击中，为了"保增长"，曾采取了大力度的宏观调控刺激政策。本次宏观调控吸取了上次"保增长"时的经验教训，没有采取大力度的刺激政策，而是坚持"稳中求进"的工作总基调，统筹考虑稳增长、控物价、防风险，促进经济持续健康发展。二来，目前，我国宏观调控政策放松的空间有限，受到两种价格（居民消费价格、住房价格）上涨压力的制约，以及受到产能过剩的制约。居民消费价格的上涨压力主要来自成本推动的影响，诸如劳动成本、资源成本、环境成本、土地成本、资金成本等上升的影响。至于房价，近些年来始终没有找到一个有效解决房价上涨的可靠办法。房价上涨的压力，成为现阶段束缚我国宏观调控、束缚我国经济顺利发展的一个重要"瓶颈"。不突破这个"瓶颈"，宏观调控政策的施展空间就受到很大的局限。

3. 各级领导班子换届因素。过去我们常说，每逢各级领导班子换届之年，就有一种"换届效应"，即各地区、各部门都想"大干快上"，做出政绩，从而助推经济高速增长。而 2012 年下半年至 2013 年初的这次大换届，还没有看到原先那种助推经济高速增长的"换届效应"。是过去那种"换届效应"没有了，被克服了？还是往后推移了，尚未完全释放出来？一下子还难以下结论。但从这次换届的规模来说，各级新领导班子要对原领导班子的重要决策和规划进行调整，要形成新领导班子的决策和规划，这无疑需要有一个调研过程、思维过程、酝酿过程、决策过程、融资过程和具体实施过程。所以，各地方、各部门一下子还难以形成向上助推经济迅速回升的力量。

4. 市场波动因素。在经济周期波动中的向上转折时与向下转折时，即在经济回升的"启动"时与在经济扩张的"刹车"时，具有不对称的特点。在市场经济条件下，往往是"刹车容易、启动难"。而在原有的计划经济体制下，则相反，一般是"启动容易、刹车难"。

为什么在市场经济条件下的经济周期波动中，"刹车容易、启动难"呢？因为在市场经济条件下，企业是市场的主体，企业自主决策、自负盈亏。当经济波动处于低谷阶段时，企业的生产经营和财务状况面临困难，其生产经营的预期前景和固定资产投资的预期前景都不被看好。企业既面临着眼前的困难，更对市场前景缺乏信心，市场上充斥着悲观情绪。在这种情况下，企业认为，扩大生产和投资不仅无利可图，而且还要冒风险。这样，企业利用自有资金或通过借贷来扩大生产和投资支出，以及银行放贷，都极其谨慎。由此，经济回升的启动比较难。当经济波动处于过度扩张之中而需要刹车时，企业和银行都唯恐刹车不及而受损失，因此，经济扩张的刹车比较容易。

为什么在原有的计划经济体制下，"启动容易、刹车难"呢？因为在计划经济体制下，企业不是独立的生产经营主体，而是政府的附庸，企业的决策由政府确定，企业也不需要自负盈亏。在经济波动中，当经济需要启动时，只要政府一声令下，各地区、各部门、各企业都会争先恐后地去争取资金，而不考虑资金使用的效率、效益和风险。因此，经济容易启动，而且经常是"强回升"。而当经济扩张需要刹车时，各地区、各部门、各企业都不愿意立即停手，唯恐先刹车者吃亏，都期望经济继续上涨，难以下决心进行调整和收缩。这样，当经济过度扩张时，刹车就比较难。

三 对策分析

前面提到，一般来说，经济回升可有三种态势：强回升、适度回升、弱回升。目前，我国经济回升处于"弱回升"态势。吸取历史的经验教训，不应再走"强回升"的老路。但应通过努力，进入"适度回升"态势。因为在"弱回升"态势下，宏观经济环境不稳定，三大收入的增长均受到影响（企业利润收入、国家财政收入、居民收入），特别是企业的生产经营面临诸多困难，加之市场前景不看好，市场情绪不乐观，这不利于转变经济发展方式，不利于调整经济结构，不利于提高经济增长的质量和效益。

从企业利润收入看，2012 年全国规模以上工业企业实现利润增长 5.3%，跑输了 GDP。2012 年 GDP 增长率为 7.8%。特别是 2012 年前 9 个月，工业企业利润各月累计同比增速均为负增长。

从国家财政收入看，2013 年第一季度全国财政收入增长率为 6.9%，跑输了 GDP。第一季度 GDP 增长率为 7.7%。

从居民收入看，2013 年第一季度城镇居民可支配收入实际增速 6.7%，也跑输了 GDP。2013 年第一季度农村居民人均现金收入实际增速 9.3%，略高于 GDP 增速，但比 2012 年同期农村居民人均现金收入实际增速 12.7% 下降了 3.4 个百分点。

三大收入的增速均在下降。这种状况能不能持续？能持续多久？恐怕各方面都不太适应。所以，我们还是应该通过努力，进入"适度回升"态势。

美国研究经济周期的著名学者哈伯勒，在说明市场经济条件下经济启动与刹车的不对称特点时曾指出："通过银行方面的限制信用，总是可以使扩张由此停顿、收缩过程由此开始的。但是单单凭了使信用代价低廉和供额充裕的办法，却不一定能使收缩迅速得到遏止，等等。在高潮转折点与低潮转折点之间，存在着某种参差不齐的情况，对向上转折进行解释时所采取的方式，跟对向下转折时所采取的，应有所不同。"[①] 这就是说，在经济波动由扩张向下转折时，通过货币政策，提高利率，紧缩银根，限制信用，即可使经济扩张停止而转入收缩，即"刹车容易"。而在经济波动由收缩向上转折时，单凭放松货币政策，降低利率，使信用代价低廉，扩大信贷规模，使信贷供给充裕，却不一定能使经济收缩迅速停止而马上转入回升，即"启动难"。哈伯勒分析说："当价格和需求在减退中，并且预期将进一步减退时，对可投资金的需求就会衰落到那样程度，简直没有一种利率（除非是一个

---

① 哈伯勒：《繁荣与萧条——对周期运动的理论分析》，中译本，商务印书馆，1988，第 406 页。

负数）可以促使投资复活，从而促使货币实际流通额——即按时间单位计以货币为依据的商品总需求——增进。"①

由此，对我们的政策启示是：为了使经济由收缩转入回升，仅靠放松货币政策还不行，还必须要有一个良好的宏观经济环境，即有利于激活投资、扩大消费、使企业有实际的或预期的赢利的这样一种宏观经济环境。这就需要：其一，通过深化改革，用制度创新、科技创新、管理创新来激活投资和扩大消费；其二，通过转方式、调结构，直接扩大消费，并扩大与提高消费能力有关的投资，特别是结合城镇化的发展，提高医疗、教育、住房方面的消费和投资，解决人民群众生活中最为关切的"三座大山"问题，即"看病难、看病贵，上学难、上学贵，买房难、买房贵"问题；其三，对于当前的宏观调控政策来说，还有一定的放松空间，特别是当前物价涨幅较低。总之，通过努力，形成一个良好的宏观经济环境，使经济运行进入"适度回升"态势。

参考文献

邓小平："在武昌、深圳、珠海、上海等地的谈话要点"，《邓小平文选》第 3 卷，人民出版社，1993，第 375～377 页。

哈伯勒：《繁荣与萧条——对周期运动的理论分析》，中译本，商务印书馆，1988。

刘树成："当前国内经济形势的特点"，《瞭望周刊·海外版》1991 年 2 月 25 日，第 7～8 期。

刘树成：《中国经济周期波动的新阶段》，上海远东出版社，1996 年，第 62、101 页。

刘树成："论中国经济增长与波动的新态势"，《中国社会科学》2000 年第 1 期。

刘树成："中国经济波动的新轨迹"，《经济研究》2003 年第 3 期。

刘树成："不可忽视 GDP——当前中国经济走势分析"，《经济学动态》2012 年第 7 期。

刘树成："当前和未来五年中国宏观经济走势分析"，《中国流通经济》2013 年第 1 期。

人民日报社论："力争高速度"，《人民日报》1958 年 6 月 21 日。

人民日报本报评论员："促进经济又快又好地发展"，《人民日报》1993 年 1 月 29 日。

新华社报道："中共中央政治局召开会议，分析当前经济形势，研究明年经济工作"，《人民日报》2006 年 12 月 1 日。

---

① 哈伯勒：《繁荣与萧条——对周期运动的理论分析》，中译本，商务印书馆，1988，第 406 页。

·链接·

专访录 巩固和发展好当前经济适度回升的态势 *

新春来临，新的一年中国宏观经济将往何处去？

从 2010 年第二季度到 2012 年第三季度，中国经济增速连续 10 个季度下滑，之后，在 2012 年第四季度略有回升，为 7.9%。在中国社会科学院学部委员、经济学部副主任刘树成的研究视野中，这是我国 20 世纪 90 年代初以来第三次出现的 GDP 增长率回升。

不过，目前学界对此次经济增速回升的性质争议颇大。一种认为经济增速将继续下滑而不能回升；另一种认为 GDP 增长率维持在目前 7% 的增长区间就很好，不必回升；还有的主张要努力巩固和发展已出现的适度回升的良好态势。

刘树成说，他本人持第三种看法，"因为这次回升能否持续、持续多久，对未来中国经济的发展至关重要"。他预测，2013 年 GDP 增速可能回升到 8.2% 左右，略高于 2012 年的 7.8%。

更重要的是，在刘树成看来，与以往的几次经济回升相比，这一轮回升将更多地注重质量，而不是单纯的速度，从而为中国经济的转型和改革的推进提供良好的宏观条件。而城镇化则将是这次"新型回升"的基点所在。

一 20 年来第三次回升

《21 世纪》：您如何评价这次经济增速回升的性质和意义？

刘树成：20 世纪 90 年代初以来，在我国宏观经济波动中，GDP 增长率曾有两次回升。第一次是 1991 年。1990 年 GDP 增长率 3.8%，是 1978 年改革开放以来我国最低的经济增长率，是对改革开放第一个十年快速增长之后的调整。当时社会上对整个经济能不能回升普遍比较悲观。结果 1991 年

---

* 本链接选用的是《21 世纪经济报道》记者王尔德对作者的专访录《巩固和发展好当前经济适度回升的态势》，载《21 世纪经济报道》2013 年 2 月 20 日。

GDP 增长率回升到 9.2%，1992 年 GDP 增长率达到 14.2%。

第二次回升是 2000 年。1999 年亚洲金融危机中我国 GDP 增长率降至 7.6%，当时中国社会科学院的研究曾提出，我国的经济增长与波动有可能进入一种"使景气上升期延长"的新态势，并提出"走出一条新的向上走势中的平稳轨迹"。结果 2000～2007 年我国经济增长率走出了一条新中国成立以来从未有过的连续 8 年上升的新轨迹。

现在，我们又面临着一次新的经济回升机遇，但国内外环境和前两次大不相同。一方面，国际金融危机的影响还在不断发酵，世界经济低速增长的态势仍将延续。另一方面，国内经济已由"高速增长期"进入"增长阶段转换期"。30 多年来近两位数的高速增长已告一段落，开始进入潜在经济增长率下移的新阶段。

2007 年，当 GDP 增长率连续 8 年上升直到 14.2% 的时候，中央曾提出"双防"，把防止经济增长由偏快转为过热、防止价格由结构性上涨演变为明显通胀。随后，2008 年第一、二季度 GDP 季度同比增长率开始回落。接着在国际金融危机冲击下，GDP 增长率又连续三个季度迅猛下滑到 6.6%。

为应对国际金融危机，我国采取大力度经济刺激，到 2010 年一季度，GDP 增长率回升到 11.9%，但没有稳住。之后从 2010 年第二季度到 2012 年第三季度，GDP 增长率又出现连续 10 个季度的下滑。但从 2012 年 9 月起，我国经济运行的多项重要指标都结束了探底下滑，开始出现企稳回升态势。GDP 季度同比增长率也在 2012 年第四季度出现回升，为 7.9%。但经济回升的基础还不稳固。总的来看，经济态势还处于"乍暖还寒"的局面。我个人认为，要努力巩固和发展已出现的适度回升的良好态势。

二 2013 年 GDP 增速可望达 8.2% 左右

《21 世纪》：从 2010 年第二季度到 2012 年第三季度这一轮经济增速连续 10 个季度下滑，是趋势性因素还是周期性因素在起作用，或者是两种因素兼而有之？如果是兼而有之，那么哪种因素更强、更重要？

刘树成：所谓趋势性因素是指，决定经济运行在一个较长时期内基本走向的各种因素，比如劳动力、资本、技术进步等要素投入，资源禀赋因素，生态环境因素，体制机制因素等；而所谓周期性因素是指影响经济运行在短期内波动的各种因素。

如果认为这一轮经济增速下滑只是趋势性因素在起作用，而没有周期性因素，那么 2013 年经济增速就只能继续往下滑，而没有可能进入回升通道。因为人口红利逐渐消失，土地、能源、资源、生态环境等约束不断强化，这些趋势性因素已决定了潜在经济增长率进入了下移阶段，"十二五"时期会下移，"十三五"时期会继续下移。

但实际上，这轮经济增速下滑是趋势性因素与周期性因素交织在一起，共同起作用的。当中可以说是趋势性因素的作用更强、更重要一些。但问题不在于哪个因素重要哪个不重要，而在于要把握它们各自不同的作用特点，及其不同的政策含义。

一方面，我们要重视趋势性因素的作用，加大转变经济发展方式和调整经济结构，积极推进改革开放和长效的体制机制建设，把握好一定时期内经济增速的中轴线，既不要过高、也不要过低地偏离中轴线。另一方面，要充分发挥宏观调控政策的逆周期调节和推动结构调整的作用，巩固发展经济适度回升的良好态势。目前经济增速刚刚呈现企稳回升态势，还有一定的回升空间。但不需采取力度过大的刺激政策。只需要在继续实施积极的财政政策和稳健的货币政策中，适时微调、预调。

2012 年 GDP 增速为 7.8%。2013 年可能回升到 8.2% 左右。如果 2013 年回升力度适度，那么 2014 年仍有可能继续小幅回升。今后 5 年经济增速在适度回升中的上限把握是：一不引起经济过热，GDP 增长率最高不要超过 10%；二不引起明显的物价上涨，物价上涨率不要超过 4%。

三 经济增速偏低也不利于转型

《21 世纪》： 从转方式和调结构的角度来看，您认为这次经济增速回升是否有利于我国的经济转型？

刘树成： 我认为，经济增速太高不利于转方式和调结构，而经济增速偏低也不利于转方式和调结构。经济增速太高会带来高速度、高投入、高能耗、高物耗、高污染、高通胀，低技术、低质量、低效益的粗放型增长问题。这已经成为共识。经济增速偏低，会使宏观经济运行环境趋紧，带来一系列困难，比如企业利润下降，市场上弥漫悲观预期，国家财政收入增速下滑，还可能滞后影响企业职工收入和就业。

在我国目前的经济发展阶段，如果 GDP 增速连续两个季度或以上低于 8%，工业企业利润就会出现大幅下降或负增长。比如 2012 年前 9 个月 GDP 增速连续下滑期间，全国规模以上工业企业实现利润各月累计同比增速均为负增长，1~9月累计同比增速为 -1.8%，比2011年同期大幅回落28.8个百分点。在这种情况下，企业是难以实现转方式和调结构的。

从国家层面看，2012年各月经济增速低位运行，全国财政收入1~12月累计比上年同期增长12.8%，比上年同期大幅回落12.2个百分点。这种情况下，需要财政支持的转方式和调结构，以及科学、教育、文化、卫生等各项社会事业，还有一些改革措施的推进等，都会遇到困难。

现在人们常说，要利用经济下行的"倒逼机制"加快转方式和调结构。实际上，"倒逼机制"的压力是在经济下行阶段产生的，也就是说，"倒逼"所要解决的问题是在经济增速低位运行时暴露出来的，而这些问题的解决则要在经济回升过程中，也就是说，"倒逼机制"的实现是在经济上行阶段。因为在经济回升的大环境中，企业经营状况改善，企业利润增速提高，原材料、机器设备等生产资料价格尚处于低位，信贷条件相对宽松，市场前景看好，市场信心恢复，这就有利于企业扩大投资，有利于企业转方式和调结构。

所以，我们要使已经出现的经济适度回升的态势进一步巩固和发展起来，为经济转型创造良好的宏观环境。

四 以城镇化为基点的新型回升

《21世纪》：这次经济增速适度回升，和以往的几次回升相比，性质和意义会有怎样的不同？

刘树成：我们要看到，在这次回升时，我国经济发展和宏观调控的理念发生了重大变化。这种理念的重大变化，新中国成立以来发生过3次。第一次是1958年提出"多快好省"。第二次是1992年提出"又快又好"。第三次是2006年提出"又好又快"，"好"第一次摆在了"快"的前面，或者叫"平稳较快地发展"。这三次始终都包含一个"快"字。

而党的十八大，提的是实现经济"持续健康"发展，第一次把"快"字去掉了，更加突出了把经济发展的立足点转到提高质量和效益上来。所以，本轮经济回升不是简单地把经济速度搞上去，而是要实现尊重经济规律、有质量、有效益、可持续的回升，要实现实实在在没有水分的回升，要实现与转方式、调结构、促改革相结合的回升。

《21世纪》：您认为这一轮经济增速适度回升的动力源来自哪里？

刘树成：在这轮经济回升中，我们要牢牢把握扩大内需这一战略基点，而城镇化是扩大内需的最大潜力所在。2012年我国城镇化率达到52.57%，但这是按照城镇常住人口统计的，包括了在城镇居住半年以上的进城农民，这些人还没有完全融入现代城市生活。如果按城镇户籍人口计算，目前的城镇化率其实只有35%左右。而且我国城镇化质量还不高，城镇各种基础设施建设和社会事业发展都还跟不上。所以我国未来城镇化发展的空间还很大。

今后我国城镇化率的速度不会像1995～2012年这17年那样以年均1.38个百分点的速度提高，但如果将按城镇常住人口统计的城镇化率从现在的52.57%提高到60%，即提高7.43个百分点，每年以0.7个百分点的速度提高，那还需要10年时间。加上还要有序推进农业转移人口市民化，走集约、智能、绿色、低碳的新型城镇化道路，这就为中国未来5年乃至更长时期的经济发展提供了巨大潜力。

同时，城镇化也是转方式、调结构、促改革的聚合点。从转方式来说，城镇化有利于扩大内需，既能扩大消费，又能扩大投资。在一定时期内对投资的扩大作用可能更大一些，因为要为进城农民和他们的家属提供相应的产业岗位和就业机会，提供相应的公共服务，这些都需要投资。

从调结构来说，城镇化有利于区域经济结构和产业结构的优化升级。从促改革来说，城镇化涉及户籍制度、土地制度、收入分配制度、社会保障制度、投融资体制、基本公共服务体制等多方面的配套改革，需要在改革攻坚中推进。

第六章
中国经济增长由高速转入中高速[*]

2010～2012年，中国经济发展所面临的国内外环境发生了重大变化。从国际看，世界经济已由国际金融危机前的"快速发展期"进入"深度转型调整期"。从国内看，经济发展已由"高速增长期"进入"增长速度换挡期"，或称"增长阶段转换期"。改革开放30多年来，中国经济以近两位数的高速增长创造了世界经济发展史上的"奇迹"，已成为世界第二大经济体。现在，中国经济发展开始进入潜在经济增长率下降的新阶段。在这个新阶段，从宏观调控方面来说，怎样保持经济的长期持续健康发展呢？一个重要的问题就是要把握好潜在经济增长率下降的幅度，也就是要把握好经济增长的适度区间，把握好经济增长速度究竟换到哪一档。

第一节　中国经济进入增长速度换挡期

关于潜在经济增长率下降的幅度问题，近两年来引起学术界的热烈讨论。有观点认为，潜在经济增长率的下降是一个大幅度的突变过程。我们认为，潜在经济增长率的下降可以是一个逐步的渐进过程，先由"高速"降到"中高速"，然后再降到"中速"，再降到"中低速"，最后降到"低

---

[*] 本章选用的论文是"中国经济增长由高速转入中高速"，《经济学动态》2013年第10期。该文还以"我国经济进入中高速增长阶段"为题（有删减），载《人民日报》2013年10月14日。

速"，分阶段地下降。①

从近几年实际经济运行的情况看，2010年第一季度，在应对国际金融危机中GDP季度同比增长率回升到11.9%的高峰后，从2010年第二季度至2013年第二季度，GDP季度增长率出现了连续13个季度的下滑（见图6-1）。其中，2012年第四季度GDP增长率曾出现了反弹，小幅回升到7.9%。但进入2013年后，第一、二季度GDP增长率又连续下滑到7.7%和7.5%。如果这一下滑趋势不止住，第三、四季度继续滑下去，全年GDP增长率就有可能低于7.5%，这会是1999年以来的15年中，唯一一个低于年初《政府工作报告》经济增长预期目标的年份。

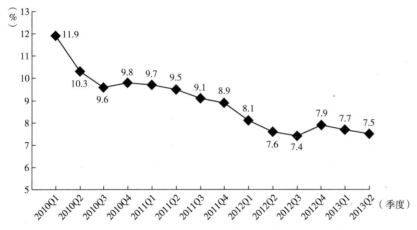

图6-1　GDP季度同比增长率（2010年第一季度至2013年第二季度）

这一下滑趋势给现实经济生活带来新问题，并引起国内外的广泛关注和担忧。从国内看，全国规模以上工业企业实现利润，2012年仅增长5.3%，跑输了GDP（7.7%）；2013年上半年虽略有恢复性增长，但新增利润主要集中于少数几个行业。中央财政收入近两年中出现了多年来少有的负增长，2013年上半年仅增长1.5%，远低于年初7%的预算目标。城镇居民可支配收入实际增速，2013年上半年降至6.5%，跑输了同期GDP（7.6%）。更重要的是，这关乎经济前景预期和市场信心问题。从国际看，中国经济"恶化论""崩溃论""硬着陆论""复苏夭折论"等说法再次接踵而来。

---

① 刘树成："立足发展阶段　把握经济走势"，《人民日报》2012年7月16日；"不可忽视GDP"，《经济学动态》第7期；"当前和未来五年中国宏观经济走势分析"，《中国流通经济》第1期。

在国内外新的经济环境背景下，面对经济增速的下滑趋势，经济增速降到什么时候为底？宏观调控究竟要不要"出手"？这些问题变得突出起来。2013 年 6 月中旬以后，中央政府采取了一系列"稳增长、调结构、促改革"的措施，7、8 月份，经济运行的许多指标出现企稳向好势头，并初步稳定了市场预期。但经济企稳回升的基础仍不牢固，不确定因素很多，经济增速下行的压力仍很大。

第二节　关注宏观调控中的三个重要命题

针对经济运行的新形势、新问题，在这次宏观调控中，提出了三个相互关联的命题。

一是关于宏观调控的指导原则，提出"稳中有为"的命题，即宏观调控要根据经济形势变化，适时适度进行预调和微调，稳中有为。[①] 回答了宏观调控要不要"出手"的问题。

二是关于宏观调控的政策规则，提出"合理区间"的命题，即宏观调控要使经济运行处于合理区间，经济增长率、就业水平等不滑出"下限"，物价涨幅等不超出"上限"，统筹稳增长、调结构、促改革。[②] 回答了宏观调控什么时候"出手"和怎样"出手"的问题。

三是关于宏观调控的换挡定位，提出"中高速增长"的命题，即当前中国经济已进入中高速增长阶段，宏观调控要保证经济的长期持续健康发展。[③] 回答了宏观调控"出手"的力度问题。要维持"中高速增长"，防止经济增速大幅度下降。

第三节　合理区间和中高速增长的量化探讨

20 世纪 90 年代中期，学术界曾提出"适度增长区间"及其"上限"、"下限"、"中线"问题。1996 年底，在总结当时宏观调控成功地实现了

[①] "中共中央政治局召开会议讨论研究当前经济形势和下半年经济工作，中共中央总书记习近平主持会议"，《人民日报》2013 年 7 月 31 日。

[②] "李克强主持召开部分省区经济形势座谈会"，《人民日报》2013 年 7 月 10 日。

[③] 李克强："以改革创新驱动中国经济长期持续健康发展——在第七届夏季达沃斯论坛上的致辞"，《人民日报》2013 年 9 月 12 日。

"软着陆"的经验时，应《人民日报》之邀，刘国光和笔者曾合写了一篇《论"软着陆"》的文章。① 该文提出，"软着陆"的基本经济含义是：国民经济的运行经过一段过度扩张之后，平稳地回落到适度增长区间。所谓"适度增长区间"是指：在一定时期内，由社会的物力、财力、人力即综合国力所能支撑的潜在的经济增长幅度。该文指出，1996 年经济增长率虽已回落到适度区间，但是处于适度区间的上限边缘，仍要谨防经济增长率的强烈反弹。之后，在"论中国经济增长的速度格局"② "宏观调控目标的'十一五'分析与'十二五'展望"③ 等文章中，都讨论过适度增长区间的上限、下限和中线问题。

过去，我国经济增长的主要问题是经常冲出上限，因此对上限的把握成为宏观调控中的突出问题。那时，在学术界的讨论中，一般认为经济增长率 8% 的下限不成问题，上限应把握在 10%。但从实际经济运行的情况看，经常冲出 10%。1979 ~ 2010 年的 32 年间，经济增长率超出 10%（含 10%）的年份就有 16 个，占一半。总的来看，我们曾用趋势滤波法对1979 ~ 2009 年的经济增长率进行趋势平滑计算，现实经济增长呈现出一条以 8% ~ 12% 为区间、约 10% 为中线的趋势增长率曲线（见图 6 - 2）。

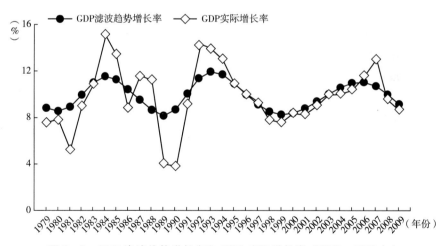

图 6 - 2　GDP 滤波趋势增长率和 GDP 实际增长率（1979 ~ 2009 年）

---

① 刘国光、刘树成："论'软着陆'"，《人民日报》1997 年 1 月 7 日。

② 刘树成："论中国经济增长的速度格局"，《经济研究》1998 年第 10 期。

③ 中国社会科学院经济研究所宏观经济调控课题组："宏观调控目标的'十一五'分析与'十二五'展望"，《经济研究》2010 年第 2 期。

现在，在国内外新的经济环境背景下，我国经济正处于增长速度下降的换挡期。经济增速下降具有惯性。由此，经济增长由过去经常冲出上限，转变为要守住下限的情况。当前，对下限的把握成为宏观调控中的突出问题。那么，在当前和未来五年左右的时段里，经济增长的适度区间或称合理区间究竟应该把握在什么范围呢？对此，学术界存在不同的意见，这是正常的。对于适度区间的计算，由于计算的方法不同，计算的假设条件不同（如是否考虑了今后改革红利的释放，是否考虑了改革对经济的供给面和需求面的影响，是否考虑了国际条件可能的变化等），计算的时间段不同（如计算的是未来五年，还是十年、二十年等），会有不同的结果。

为了从现实国情出发，为了容易达成共识和容易在宏观调控实践中把握，一种选择是以2013年3月《政府工作报告》中经济增长率和物价上涨率的预期目标为参照系。2013年经济增长率的预期目标为7.5%，可作为适度区间的下限。从实践看，2013年第二季度GDP增长率降到7.5%，有进一步下滑的危险，宏观调控就实施了一系列"微刺激"政策，托住了底。

关于适度区间的上限，可从物价上涨率把握，也可从经济增长率把握，一般来说二者是密切相关的。二者的数量关系可以通过菲利普斯曲线来建立。我们曾利用1978~2009年GDP增长率与居民消费价格上涨率数据，得出一个菲利普斯曲线方程。根据此方程的计算，在居民消费价格涨幅3%的条件下，相对应的GDP增长率为8.93%；在居民消费价格涨幅3.5%的条件下，相对应的GDP增长率为9.13%；在居民消费价格涨幅4%的条件下，相对应的GDP增长率为9.32%。这是过去30余年的历史数据。今后，GDP增长率与居民消费价格上涨率二者的数量关系可能会有新的变化，需要不断跟踪研究。但从当前看，我们不妨先借鉴一下历史数据。从2013年《政府工作报告》中居民消费价格涨幅的预期目标3.5%出发，相对应的GDP增长率大体为9%。我们可暂以GDP增长率9%作为适度区间的上限。现在，对经济增长率下限讨论得比较多，而对经济增长率上限讨论得比较少。眼下看来，9%的经济增长率好像是很高的，今后似乎是较难出现的。但从今后新的改革红利释放的角度看，从新型城镇化和城乡发展一体化深入推进的角度看，等等，以GDP增长率9%作为上限还是有必要的。

对于经济增长适度区间的确定和把握，需要根据国内外经济形势的变化而调整。同时，也需要参考其他重要经济指标的运行情况而调整，如就业状况，企业运行状况，三大收入（国家财政收入、企业利润收入、居民收入）状况，等等。总之，这里提出的 GDP 增长率 7.5% ~ 9% 的适度区间，需要在经济运行实践中修订和把握。

经济增长的适度区间把握在 7.5% ~ 9%，表明中国经济已从高速转入中高速增长阶段。其含义包括以下几个方面。

一者，从世界范围看，7.5% 的经济增速在世界主要经济体中仍然是较高的速度。

二者，从国内看，与过去 30 多年实际经济增长趋势曲线的 8% ~ 12% 区间相比，下限由 8% 下降到 7.5%，下降 0.5 个百分点，上限由 12% 下降到 9%，下降 3 个百分点。7.5% ~ 9% 的区间可称为中高速增长。这体现出我们主动将经济增长速度降下来一些，使经济发展更加注重转方式和调结构，更加注重提高质量和效益，更加注重资源节约和环境保护，更加注重民生。

三者，中国经济增长刚刚从过去 30 多年间经常冲到 10% 以上的高速路走下来，社会各方面（政府、企业、居民个人等）都要有一个适应的过程。如果经济增长率过快、过急地大幅度下降，不利于转方式和调结构，不利于形成良好的市场预期，甚至会引起经济和社会的震荡。经济增长先从高速转入中高速，分阶段地逐步下降是有利的。

四者，我国是一个地域辽阔、人口众多的国家，工业化、信息化、城镇化、农业现代化正在向纵深发展，国内市场和需求的回旋余地很大，加之改革开放的不断深化和推动，充分释放改革红利，更大程度更广范围发挥市场在资源配置中的基础性作用，更好地转变政府职能，我们有条件实现经济的中高速增长。

第四节　政策建议：与其守住下限　不如把握中线

过去我们讨论"适度增长区间"问题时，主要针对的情况是经济增长经常冲出上限，由此而提出要把握适度增长区间的中线。但现在的问题是，经济增长由过去经常冲出上限，转变为要守住下限的情况。经济增长冲出上限，不利于转方式、调结构；而经济增长滑出下限，或连续在下限边缘运行，也会带来一系列新问题，同样不利于转方式、调结构。守住下限，是被动的。而且，经济下滑具有惯性，一旦有个"风吹草动"，就很容易滑出下限。因此，宏观调控"与其守住下限，不如把握中线"。现在，是针对经济增长有可能滑出下限而提出要把握适度增长区间的中线。

怎样把握适度增长区间的"中线"呢，或者说，在当前和未来一个时期怎样保持经济的中高速增长而防止经济增速的大幅度下降呢？从我国地域辽阔、人口众多的国情出发，我们要充分利用我国经济发展中"两大差距"所带来的"两大空间"：一是由地区差距所带来的发展空间；二是由城乡差距所带来的发展空间。

（一）由地区差距所带来的发展空间

以各地区人均 GDP 水平为代表来进行分析。依据 2012 年全国 31 个省、市、自治区人均 GDP 的最新统计数据，各地区可分为以下四大梯队（见表 6 - 1）。

第一梯队，人均 GDP 超过 10000 美元。有 6 个地区：天津、北京、上海、江苏、内蒙古、浙江。比 2011 年时多了 3 个地区（江苏、内蒙古、浙江）。其中，除西部的内蒙古之外，全为东部地区。

表 6 - 1　2012 年我国各地区人均 GDP

地　区	所处位置	人均 GDP（元）	人均 GDP（美元）	分组
天　津	东　部	93110	14750	第一梯队
北　京	东　部	87091	13797	
上　海	东　部	85033	13471	
江　苏	东　部	68347	10827	
内蒙古	西　部	64319	10189	
浙　江	东　部	63266	10022	
辽　宁	东　部	56547	8958	第二梯队
广　东	东　部	54095	8570	
福　建	东　部	52763	8358	
山　东	东　部	51768	8201	
吉　林	中　部	43412	6877	
重　庆	西　部	39083	6191	
湖　北	中　部	38572	6110	
陕　西	西　部	38557	6108	
全　国		38449	6091	

续表

地　区	所处位置	人均GDP（元）	人均GDP（美元）	分组
河　北	东　部	36584	5795	第三梯队
宁　夏	西　部	36166	5729	
黑龙江	中　部	35711	5657	
山　西	中　部	33629	5327	
新　疆	西　部	33621	5326	
湖　南	中　部	33480	5304	
青　海	西　部	33023	5231	
海　南	东　部	32374	5129	
河　南	中　部	31723	5025	
四　川	西　部	29579	4686	
江　西	中　部	28799	4562	
安　徽	中　部	28792	4561	
广　西	西　部	27943	4427	
西　藏	西　部	22757	3605	第四梯队
云　南	西　部	22195	3516	
甘　肃	西　部	21978	3482	
贵　州	西　部	19566	3100	

资料来源：各地区人均GDP（人民币元），《中国统计摘要2013》，中国统计出版社，2013，第28页。

注：人均GDP（美元），按2012年平均汇率折算，1美元=6.3125美元。

第二梯队，人均GDP在10000美元以下、6000美元以上（也就是比全国平均水平6091美元为高）。有8个地区：辽宁、广东、福建、山东、吉林、重庆、湖北、陕西。其中，东部地区4个，中、西部地区各两个。

第三梯队，人均GDP在6000美元以下、4000美元以上。有13个地区：除东部地区的河北、海南之外，全部为中、西部地区。中部6个：黑龙江、山西、湖南、河南、江西、安徽。西部5个：宁夏、新疆、青海、四川、广西。

第四梯队，人均GDP在4000美元以下。有4个地区：西藏、云南、甘肃、贵州，全为西部地区，比2011时少了2个地区（安徽、广西）。

世界银行于2013年9月23日最新公布了关于2012年不同经济体人均国民总收入的分组标准。其中，12616美元及以上为高收入经济体，4086～12615美元为上中等经济体，1036～4085美元为下中等经济体，1035美元及以下为低收入经济体。大体参照这个标准，我国上述第一梯队的地区已经达到或接近高收入水平，第二、三梯队的地区大体处于上中等水平，第四梯队的地区大体处于下中等水平。从各地区人均 GDP 水平的差距看，我国经济未来在地区间的梯度推移和升级还有很大发展空间。

（二）由城乡差距所带来的发展空间

在未来一个时期，我国经济发展的第二大空间，是由城乡差距所带来的发展空间。这两大发展空间也是相互关联的。新型城镇化和城乡一体化的深度推进，城乡差距的缩小，是缩小各地区人均 GDP 差距的重要途径。新型城镇化和城乡一体化是人类社会发展的历史必然进程和客观大趋势，是实现现代化的必由之路。从目前看，我国的城镇化还是不完全、不成熟的城镇化。一者，2012 年我国城镇化率达到 52.57%，这是按照城镇常住人口统计的，包括了在城镇居住半年以上的进城农民，但他们还没有完全融入现代城市生活。如果按城镇户籍人口计算，目前的城镇化率仅为 35% 左右。二者，我国城镇化的质量还不高，城镇各种基础设施建设和各项社会事业发展都还跟不上，交通拥堵、环境污染等"城市病"突出显现，群众生活中最为关切的"三座大山"问题，即"看病难、看病贵，上学难、上学贵，买房难、买房贵"问题一直没有得到有效的解决。当前，在我国，与一般制造业产品严重产能过剩同时并存的是，许多公共品或准公共品的供给还远远不足而处于严重短缺状态。在医院，每天看病的人比超市的人还多。儿童医院更是拥挤不堪、"人满为患"。这表明医院的"供给"远远不足。原有城镇居民的住房问题还没有解决好，解决两亿多新进城农民工的住房问题更是"望尘莫及"。这反映住房的"供给"更远远不足。

一方面要继续提高城镇化率；另一方面又要提高城镇化质量，有序推进农业转移人口市民化，走集约、智能、绿色、低碳的新型城镇化道路，同时还要推进城乡发展在建设规划、基础设施、公共服务等方面的一体化，这些将为我国未来经济发展提供巨大的潜力。特别是，新型城镇化和城乡一体化是转方式、调结构、促改革的聚合点。从转方式来说，新型城镇化和城乡发展一体化有利于扩大内需，既能扩大消费，又能扩大投资。从调结构来说，新型城镇化和城乡一体化有利于地区结构和产业结构的优化升级。从促改革来说，新型城镇化和城乡一体化涉及户籍制度、土地制度、收入分配制度、社会保障制度、财政体制、金融体制、投融资体制、基本公共服务体制等多方面的配套改革。

　　总的来看，30 多年来我国经济发展取得的辉煌成就，主要靠的是改革开放。今后的经济发展，特别是充分利用"两大差距"所带来的"两大空间"，仍然要靠改革开放。改革开放是我国经济发展的最大红利，我国经济发展的前景依然广阔。

参考文献

　　李扬主编《经济蓝皮书春季号：中国经济前景分析——2013 年春季报告》，社会科学文献出版社，2013。

　　刘国光、刘树成："论'软着陆'"，《人民日报》1997 年 1 月 7 日。

　　刘树成："论中国经济增长的速度格局"，《经济研究》1998 年第 10 期。

　　刘树成："立足发展阶段　把握经济走势"，《人民日报》2012 年 7 月 16 日。

　　刘树成："不可忽视 GDP"，《经济学动态》2012 年第 7 期。

　　刘树成："当前和未来五年中国宏观经济走势分析"，《中国流通经济》2013 年第 1 期。

　　刘树成："2013～2017 年中国经济的增长与波动"，《经济蓝皮书春季号：中国经济前景分析——2013 年春季报告》，社会科学文献出版社，2013。

·链接·

专访录　中国经济：中高速增长靠什么[*]

　　国家统计局 11 月 6 日发布的报告显示，1979～2012 年，我国国内生产总值年均增长 9.8%，创造了人类经济发展史上的新奇迹。

　　当前，中国经济在由高速转入中高速增长的情况下，该怎样继续保持长期持续健康发展？本报记者就此专访了中国社会科学院学部委员、经济学部副主任刘树成。

一　中国经济进入中高速增长期

　　记者：2013 年 6 月中旬以后，中央政府采取了一系列"稳增长、调结构、促改革"的措施。最新公布的统计数据显示，经济运行的许多指标出现企稳向好势头，并稳定了市场预期。您如何看当前的中国经济形势？

　　刘树成：2010～2012 年以来，中国经济发展所面临的国内外环境发生了重大变化。从国际看，世界经济已由国际金融危机前的"快速发展期"进入"深度转型调整期"。从国内看，经济发展已由"高速增长期"进入"增长速度换挡期"，或称"增长阶段转换期"。当前，中国经济面临的一个重要的问题就是把握好潜在经济增长率下降的幅度，也就是把握好经济增长的适度区间。

　　记者：中国经济进入中高速增长阶段意味着什么？实现中国经济的中高速增长有哪些有利条件？

　　刘树成：经济增长的适度区间把握在 7.5%～9%，表明中国经济已从高速转入中高速增长阶段。其含义体现在四个方面。

　　第一，从世界范围看，7.5% 的经济增速在世界主要经济体中仍然是较高的速度。

---

　　[*]　本链接选用的是《光明日报》记者张翼对作者的专访录"中国经济：中高速增长靠什么"，《光明日报》2013 年 11 月 12 日。

第二，从国内看，与过去30多年实际经济增长趋势曲线的8%～12%区间相比，7.5%～9%的区间可称为中高速增长。这体现出我们主动将经济增长速度降下来一些，使经济发展更加注重转方式和调结构，更加注重提高质量和效益，更加注重资源节约和环境保护，更加注重民生。

第三，中国经济增长刚刚从过去30多年间经常冲到10%以上的高速路走下来，社会各方面都要有一个适应的过程。如果经济增长率过快、过急地下降，不利于转方式和调结构，不利于形成良好的市场预期。

我国是一个地域辽阔、人口众多的国家，工业化、信息化、城镇化、农业现代化正在向纵深发展，国内市场和需求的回旋余地很大，加之改革开放的不断深化和推动，充分释放改革红利，更大程度更广范围发挥市场在资源配置中的基础性作用，更好地转变政府职能，我们有条件实现经济的中高速增长。

二　"两大差距"带来"两大空间"

记者：您提出，宏观调控"与其守住下限，不如把握中线"。那么，怎样把握适度增长区间的"中线"？在当前和未来一个时期怎样保持经济的中高速增长？

刘树成：经济增长冲出上限，不利于转方式、调结构；而经济增长滑出下限，或连续在下限边缘运行，也会带来一系列新问题，同样不利于转方式、调结构。守住下限，是被动的。因此，宏观调控"与其守住下限，不如把握中线"。从我国地域辽阔、人口众多的国情出发，我们要充分利用我国经济发展中"两大差距"所带来的"两大空间"：一是由地区差距所带来的发展空间；二是由城乡差距所带来的发展空间。

记者：请您具体谈一谈地区差距所带来的发展空间以及对我国经济未来发展的意义。

刘树成：依据2012年全国31个省、市、自治区人均GDP的最新统计数据，各地区可分为以下四大梯队。第一梯队，人均GDP超过10000美元。有天津、北京、上海、江苏、内蒙古、浙江6个地区；第二梯队，人均GDP在10000美元以下、6000美元以上（也就是比全国平均水平6091美元为高），有辽宁、广东、福建、山东、吉林、重庆、湖北、陕西8个地区；第三梯队，人均GDP在6000美元以下、4000美元以上，有河北、海南、黑龙江、山西、湖南、河南、江西、安徽、宁夏、新疆、青海、四川、广西13

个地区；第四梯队，人均 GDP 在 4000 美元以下，有西藏、云南、甘肃、贵州 4 个地区。参照世界银行标准，我国上述第一梯队的地区已经达到或接近高收入水平，第二、三梯队的地区大体处于上中等水平，第四梯队的地区大体处于下中等水平。从各地区人均 GDP 水平的差距看，我国经济未来在地区间的梯度推移和升级还有很大发展空间。

三　改革创新驱动中国经济"第二季"

记者：经济发展要突破瓶颈，解决深层次矛盾和问题，根本出路在创新。您认为未来改革创新体现在哪些方面？

刘树成：特别要指出的是，新型城镇化和城乡一体化是转方式、调结构、促改革的聚合点。从转方式来说，新型城镇化和城乡发展一体化有利于扩大内需，既能扩大消费，又能扩大投资。从调结构来说，新型城镇化和城乡一体化有利于地区结构和产业结构的优化升级。从促改革来说，新型城镇化和城乡一体化涉及户籍制度、土地制度、收入分配制度、社会保障制度、财政体制、金融体制、投融资体制、基本公共服务体制等多方面的配套改革。

记者：您认为，由城乡差距带来的发展空间有多大？能否为未来发展提供巨大潜力？

刘树成：从目前看，我国的城镇化还是不完全、不成熟的城镇化。2012年，我国城镇化率达到 52.57%，如果按城镇户籍人口计算，目前的城镇化率仅为 35% 左右。同时，我国城镇化的质量还不高，城镇各种基础设施建设和各项社会事业发展都还跟不上，交通拥堵、环境污染等"城市病"突出显现，"看病难、看病贵，上学难、上学贵，买房难、买房贵"等问题一直没有得到有效的解决。当前，与一般制造业产品严重产能过剩同时并存的是，许多公共品或准公共品的供给还远远不足。一方面，要继续提高城镇化率；另一方面又要提高城镇化质量，有序推进农业转移人口市民化，走集约、智能、绿色、低碳的新型城镇化道路，同时还要推进城乡发展在建设规划、基础设施、公共服务等方面的一体化，这些将成为我国未来经济发展的巨大潜力。

第七章
实现居民人均收入翻番的难度和对策[*]

党的十八大报告描绘了在新的历史条件下我国全面建成小康社会的宏伟蓝图，提出了全面建成小康社会的新目标，其中一大亮点是：到 2020 年，实现国内生产总值和城乡居民人均收入比 2010 年翻一番。这是首次将城乡居民人均收入指标纳入全面建成小康社会的奋斗目标。提高城乡居民收入也是我新一轮改革的重要内容。这里，将对实现居民人均收入翻番的难度和相应的对策进行分析。

第一节　更加贴近百姓生活的奋斗目标

一　历次翻番目标的提出过程

改革开放以来，在党的全国代表大会或中央委员会全会上，作为经济发展的量化奋斗目标，曾多次提出翻番任务，这次是第八次了（见表 7－1）。

第一次，1982 年，党的十二大报告提出，从 1981 年到 2000 年，力争使全国工农业的年总产值翻两番。

第二次，1985 年，党的全国代表会议通过的"七五"计划建议中提出，使 1990 年的工农业总产值和国民生产总值比 1980 年翻一番或者更多一些。

---

* 本章选用的论文是"实现居民人均收入翻番的难度和对策分析"，《宏观经济研究》2013年第 4 期。

表 7 - 1　历次翻番目标的提出过程

序　号	年　份	会议名称	翻番目标
1	1982	党的十二大	工农业总产值
2	1985	党的全国代表会议	工农业总产值、国民生产总值
3	1987	党的十三大	国民生产总值、人均国民生产总值
4	1995	党的十四届五中全会	人均国民生产总值、国民生产总值
5	1997	党的十五大	国民生产总值
6	2002	党的十六大	国内生产总值
7	2007	党的十七大	人均国内生产总值
8	2012	党的十八大	国内生产总值、城乡居民人均收入

第三次，1987 年，党的十三大报告提出我国现代化建设"三步走"的战略目标。第一步，到 20 世纪 80 年代末，实现国民生产总值比 1980 年翻一番，解决人民的温饱问题；第二步，到 20 世纪末，国民生产总值再翻一番，人民生活达到小康水平；第三步，到 21 世纪中叶，人均国民生产总值达到中等发达国家水平，人民生活比较富裕，基本实现现代化。

第四次，1995 年，党的十四届五中全会通过的"九五"计划和 2010 年远景目标的建议中提出，到 2000 年，实现人均国民生产总值比 1980 年翻两番；到 2010 年，实现国民生产总值比 2000 年翻一番。

第五次，1997 年，党的十五大鉴于我国现代化建设"三步走"战略目标中原定的第一步和第二步目标已分别于 1987 年和 1995 年提前 3 年和 5 年完成，因此对 21 世纪的第三步目标又做了新的部署，提出：第一个十年，实现国民生产总值比 2000 年翻一番，使人民的小康生活更加宽裕；再经过十年，到建党一百年时，使国民经济更加发展，各项制度更加完善；到 21 世纪中叶新中国成立一百年时，基本实现现代化，建成富强民主文明的社会主义国家。

第六次，2002 年，党的十六大提出，国内生产总值到 2020 年比 2000 年翻两番，基本实现工业化。

第七次，2007 年，党的十七大提出，实现人均国内生产总值到 2020 年比 2000 年翻两番。

二　国内生产总值和居民人均收入双翻番的含义

综合上述，前七次的翻番目标，分别用的是工农业总产值、国民生产总值、人均国民生产总值、国内生产总值和人均国内生产总值，这些都是反映一个国家生产活动总成果的指标，是经济发展本身的指标。工农业总产值，是我国过去国民经济核算中所采用的"物质产品平衡表体系"的一个总量经济指标。20 世纪 80 年代后期，随着我国改革开放的展开，逐步采用了国际上通用的联合国的"国民账户体系"，于是常用的总量经济指标改换为国民生产总值和国内生产总值。国民生产总值等于国内生产总值加上来自国外的净要素收入。联合国 1993 年版的"国民账户体系"中，将国内生产总值作为一个生产概念，而将国民生产总值作为一个收入概念，改称为国民总收入。

党的十八大报告把国内生产总值和城乡居民人均收入双翻番作为我国全面建成小康社会的新目标，具有重要的含义。双翻番既能反映我国生产活动总成果的发展变化，也能反映居民收入分配状况的发展变化；既包含了经济发展本身的要求，也包含了社会发展的新要求；既体现了以经济建设为中心的要义，又体现了转变经济发展方式、发展成果由人民共享的科学发展精神。

在我国国家统计局的国民经济核算《资金流量表（实物交易)》中，居民可支配收入由以下四个部分组成。

第一部分是劳动者报酬收入，即国内各部门劳动者报酬的总和，加上从国外获得的劳动者报酬，再减去支付给国外的劳动者报酬。国内的劳动者报酬包括劳动者获得的各种形式的工资、奖金和津贴（货币形式的和实物形式的），还包括劳动者所享受的公费医疗、医药卫生费、上下班交通补贴、单位支付的社会保险费、住房公积金等。

第二部分是属于住户部门的个体经营者（主要是农民）、国有和集体农场的经营利润收入，即他们所创造的增加值扣除劳动者报酬、扣除生产税净额之后的余额。

第三部分是居民获得的净财产收入，即居民从利息、红利、地租、其他财产所获得的收入，扣除居民所支付的利息、地租和其他财产使用的费用。

第四部分是居民获得的净经常转移收入，即居民所获得的社会保险福利、社会补助和其他经常转移收入，扣除居民所支付的收入税（个人所得税和财产税等）、社会保险缴款和其他经常转移。

以上前三部分为收入初次分配领域，形成居民初次分配收入。第四部分为收入再分配领域，最后形成居民可支配收入，即可用于居民最终消费和储蓄等的收入。将居民可支配收入按人口平均，就是居民人均可支配收入。可见，这是一个更加贴近百姓生活、关系群众切身利益、具有民生性的指标。

在我国国家统计局所进行的城镇和农村住户抽样调查中，城乡居民人均收入分为城镇居民人均可支配收入和农村居民人均纯收入。国家统计局已于2012年12月1日开始实施城乡一体化住户调查制度，将把城镇和农村居民收入指标统一起来。

三　历次五年计划或规划中居民人均收入指标的变化

改革开放以来，对历次党的全国代表大会或中央委员会全会来说，党的十八大是首次将城乡居民人均收入翻番作为经济发展的一个重要量化奋斗目标。而在改革开放以来的历次五年计划或规划中，则一直列有城乡居民收入方面的指标，但在指标的具体名称和增长数值上有所发展变化。

在"六五"计划（1981～1985年）中，列有职工工资总额年均增长4.9%，农民人均纯收入年均增长6%。

在"七五"计划（1986～1990年）中，列有职工工资总额年均增长7%，职工实际平均工资年均增长4%，农民人均纯收入年均增长7%。

在"八五"计划（1991～1995年）中，列有扣除物价因素，职工实际平均工资年均增长2%，农民人均纯收入实际年均增长3.5%。这是首次说明"扣除物价因素"。

在"九五"计划（1996～2000年）中，列有城镇居民人均生活费收入实际年均增长5%，农民人均纯收入实际年均增长4%。

在"十五"计划（2001～2005年）中，列有城镇居民人均可支配收入和农村居民人均纯收入分别年均增长5%左右。到这时，城乡居民这两个收入指标都是指扣除物价因素的"实际"指标。

在"十一五"规划（2006～2010年）中，列有城镇居民人均可支配收入和农村居民人均纯收入分别年均增长5%。

在"十二五"规划（2011～2015年）中，列有城镇居民人均可支配收入和农村居民人均纯收入分别年均增长7%以上。在"十二五"规划纲要中写明，城乡居民收入增长按照不低于国内生产总值预期目标（7%）确定，在实施中要努力实现和经济发展同步。党的十八大报告所提出的到2020年实现国内生产总值和城乡居民人均收入比2010年翻一番的目标，正是与"十二五"规划相衔接的，特别是把城乡居民人均收入指标升格为我们党的全面建成小康社会的一个重要奋斗目标。

第二节 实现居民人均收入翻番的难度分析

2011~2020 年的 10 年内要实现居民人均收入翻一番（扣除价格因素），就需要居民人均收入年均增长 7.2%。从城镇居民人均可支配收入来看，考虑到 2011 年和 2012 年已分别比上年实际增长 8.4% 和 9.6%，今后 8 年仅需年均增长 6.7%，就能实现翻番。从农村居民人均纯收入来看，考虑到 2011 年和 2012 年已分别比上年实际增长 11.4% 和 10.7%，今后 8 年仅需年均增长 6.2%，就能实现翻番。有观点认为，今后 8 年实现城乡居民人均收入翻番所要求的这两个增长速度 6.7% 和 6.2% 并不算很高，实现起来并不难。还有观点认为，改革开放以来我国已多次提出和实现国内生产总值等翻番的目标。现在，提出国内生产总值和居民人均收入双翻番，并提出居民收入增长与经济发展同步。那么，只要国内生产总值实现了翻番，居民人均收入也就跟着翻番了，这并不难。

但仔细一分析，我们认为，到 2020 年居民人均收入翻番的目标可以实现，然而却具有一定的难度。这个难度不可低估，我们需付出极大的努力。这是因为以下几方面的原因。

1. 关于居民人均收入增长与国内生产总值增长同步问题

图 7-1 绘出了改革开放以来城镇居民人均可支配收入增长率与国内生产总值增长率的波动曲线。在 1979~2012 年的 34 年里，就有 25 年其增长低于国内生产总值增长，只有 9 年高于国内生产总值增长。这 34 年平均看，城镇居民人均可支配收入年均增长 7.4%，而国内生产总值年均增长 9.8%，前者低于后者 2.4 个百分点。

图 7-2 绘出了改革开放以来农村居民人均纯收入增长率与国内生产总值增长率的波动曲线。在 1979~2012 年的 34 年里，就有 26 年其增长低于国内生产总值增长，只有 8 年高于国内生产总值增长。这 34 年平均看，农村居民人均纯收入年均增长 7.5%，而国内生产总值年均增长 9.8%，前者低于后者 2.3 个百分点。

从我国改革开放以来的长期历史情况看，城乡居民人均收入增长与国内生产总值增长并不同步。在大部分年份里，城乡居民人均收入增长低于国内生产总值增长。在这种背景下，今后要求城乡居民人均收入与国内生产总值长期同步增长，是具有一定难度的。

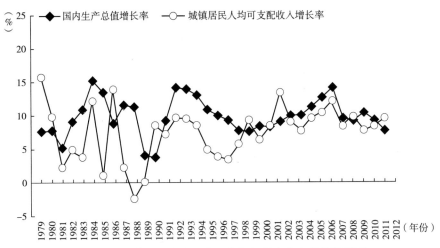

图 7 - 1　城镇居民人均可支配收入与国内生产总值增长率

资料来源:《中国统计摘要 2012》,中国统计出版社,2012,第 23、103 页。

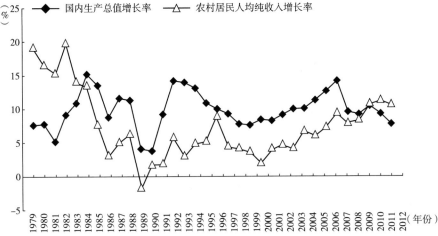

图 7 - 2　农村居民人均纯收入与国内生产总值增长率

资料来源:《中国统计摘要 2012》,中国统计出版社,2012,第 23、103 页。

2. 关于潜在经济增长率下降问题

就以往 34 年里城乡居民人均收入的增速来说,分别为 7.4% 和 7.5%,并不算低。但这是在国内生产总值年均增长 9.8% 的情况下实现的。今后,由于国内外各种客观条件的变化,我国潜在经济增长率要下降,比如说下降到 7% 。而如果按照过去的情况,城乡居民人均收入的增速仍低于国内生产总值增速 2.3 ~ 2.4 个百分点,那么,城乡居民人均收入的增速就要下降到 4.6% ~ 4.7% 。而按照城乡居民人均收入翻番的要求,今后 8 年它们的增速要分别达到 6.7% 和 6.2%。无疑，在潜在经济增长率下降的情况下，实现居民人均收入翻番的难度加大了。

3. 关于居民人均收入增速跑赢国内生产总值增速问题

从国内生产总值的宏观分配格局看，由三大主体构成，即企业、政府、居民个人。2012 年，我国国内生产总值增长 7.8%，而城镇居民人均可支配收入和农村居民人均纯收入扣除价格因素后分别增长 9.6% 和 10.7%，均"跑赢"了国内生产总值。同时，全国财政收入比上年名义增长 12.8%，扣除价格因素也"跑赢"了国内生产总值。居民个人收入和政府财政收入的增速都"跑赢"了国内生产总值增速，那么，企业收入的增速就必定"跑输"了国内生产总值增速。2012 年 1~9 月累计，全国规模以上工业企业实现利润呈现负增长，为 -1.8%；全年仅增长 5.3%，比 2011 年的增长率 25.4% 回落了 20.1 个百分点（见图 7-3）。可见，居民个人收入和政府财政收入的增速双双"跑赢"国内生产总值增速，是以企业收入的增速大大"跑输"国内生产总值增速为代价的，这种局面难以持续。

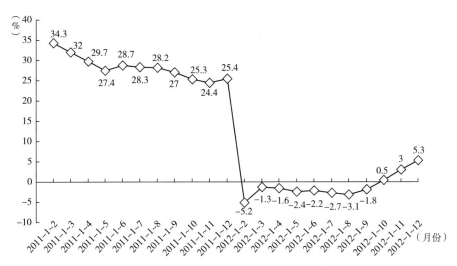

图 7-3　全国规模以上工业企业实现利润各月累计同比增长率
（2011 年 2 月至 2012 年 12 月）

4. 关于提高两个比重问题

实现居民人均收入翻番，要求提高劳动者报酬在初次分配中的比重，提高居民收入在国民收入分配中的比重。而长期以来，这两个比重是下降的，学术界对此已有不少研究（贾康、刘微，2010；张车伟，2012）。从国家统计局公布的《资金流量表（实物交易）》数据来看（见图7-4），2000~2008年，劳动者报酬在初次分配中的比重由53.3%下降到47.6%，下降了5.7个百分点；居民收入在国民收入分配中的比重，即居民可支配总收入在国民可支配总收入中的比重由67.5%下降到58.3%，下降了9.2个百分点；而政府收入在国民可支配总收入中的比重则由14.5%上升到19%，上升了4.5个百分点；企业收入在国民可支配总收入中的比重由17.9%上升到22.7%，上升了4.8个百分点。2009年，劳动报酬在初次分配中的比重、居民收入在国民收入分配中的比重均略有上升；而政府收入在国民可支配总收入中的比重、企业收入在国民可支配总收入中的比重均略有下降。这是一种恢复性、暂时性的变化，还是趋势性、长期性、根本性、历史性的变化，尚需跟踪观察。今后，要进一步提高劳动报酬和居民收入的比重，是让政府收入还是让企业收入所占的比重下降呢？这就涉及难度很大的国民收入宏观分配大格局的调整问题了。

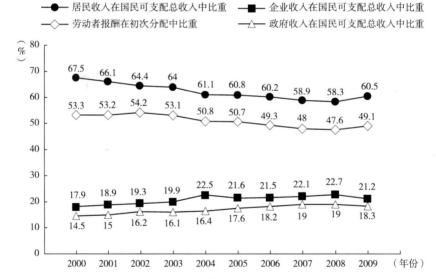

图7-4　居民收入、劳动者报酬、企业收入、政府收入的比重

资料来源：《中国统计年鉴》，中国统计出版社，2012，第80~89页。

第三节　实现居民人均收入翻番的对策分析

1. 提高居民收入的最根本环节是，把生产搞上去

生产是分配的基础，不能只就分配论分配。马克思曾指出："就对象

说，能分配的只是生产的成果"。① 经济总量这个"蛋糕"做大了，不一定就能分好；但如果没有"蛋糕"的适度做大和质量做好，也就更难去分好"蛋糕"。企业是生产第一线。要为企业创造良好的宏观经济环境，并通过深化改革和完善相关的财政金融支持政策，推动企业技术创新和提高企业经营管理水平，从而提高企业的劳动生产率和经济效益，使企业有提高劳动者报酬的能力，有消化劳动成本上升和其他各种成本上升的能力。

2. 提高居民收入的最重大举措是，抓好国民收入分配大格局的改革和调整

鉴于长期以来都是政府财政收入和企业收入的增速高于居民收入增速，以及在国民收入分配中政府财政收入和企业收入的比重呈上升趋势，而居民收入的比重呈下降趋势，为实现居民收入翻番，要努力做到"双让利"和"三协调"，即政府和企业二者都要为居民收入让利，政府财政收入、企业收入和居民收入三者的增速都要与 GDP 增速相协调。国民收入分配大格局的改革和调整，是绕不过去的"大坎"。而在最近发布的《关于深化收入分配制度改革的若干意见》（国家发展与改革委员会等，2013）中，对这个大格局的改革和调整并未提出明确的指导性意见。

3. 提高居民收入的最基本途径是，提高劳动者报酬收入

表 7 - 2 列出了我国居民可支配收入的构成，以目前可得到的 2009 年最新数据为例。从表 7 - 2 可以看出，在居民可支配收入的四个组成部分中，第一部分劳动者报酬收入所占比重最高，为 80.54%。所以，提高居民收入的途径很多，但最基本的途径是提高劳动者报酬收入。对提高劳动者报酬来说，一要重在扩大就业数量，努力推进城镇化和农村劳动力转移；二要提升劳动者获取收入的能力，实现更高质量的就业；三要深化企业、机关、事业单位的工资制度改革，完善最低工资政策，建立健全工资决定和正常增长机制，这是收入分配制度改革的重点。换句话说，收入分配制度改革的重点应该在于初次分配领域中劳动者报酬的提高。政府和企业都要为提高居民收入让利，首先是在初次分配领域中为提高劳动者报酬让利。政府要为企业特别是小微企业让利，减轻企业税费负担，使企业有能力为劳动者提高工资。

---

① 马克思："《1857～1858 年经济学手稿摘选》导言"，《马克思恩格斯文集》第 8 卷，人民出版社，2009，第 19 页。

表 7 - 2　居民可支配收入的构成（2009 年）

项　目	数额（元）	比重（%）
第一部分，劳动者报酬收入	166958.0	80.54
1. 国内各部门劳动者报酬总和	166469.0	80.30
2. 加上从国外获得的劳动者报酬	629.1	0.30
3. 减去支付给国外的劳动者报酬	140.1	0.07
第二部分，住户部门经营利润收入	31722.1	15.30
1. 住户部门的增加值	92511.4	44.63
2. 扣除支付给住户部门的劳动者报酬	60186.6	29.03
3. 扣除生产税净额	602.7	0.29
第三部分，净财产收入	7864.0	3.79
1. 获得的财产收入	11359.1	5.48
2. 扣除支付的费用	3495.1	1.69
第四部分，净经常转移收入	758.3	0.37
1. 获得的经常转移	22214.5	10.72
2. 扣除支付的经常转移	21456.1	10.35
居民可支配收入总计	207302.4	100.00

资料来源：《中国统计年鉴》，中国统计出版社，2012，第 88~89 页。

　　这里，有一种认识需要澄清，即一般认为，在市场经济条件下，政府在收入分配中的作用主要是在再分配领域，而在初次分配领域中政府所能发挥的作用不大。认为初次分配主要是各种要素的价格和生产出来的商品的价格在市场上形成的过程，这是市场行为，政府不应干预。我们认为，这种认识是不全面的。因为各种要素的价格和生产出来的商品的价格在市场上形成之前，政府已规定了相应的税收。政府税收的高低，直接影响着初次分配的结果。所以，就政府税收对初次分配结果的影响来说，政府在初次分配中也起着重要的作用。

　　4. 提高居民收入的一个重要方面是，提高农民的经营利润收入

　　从表 7 - 2 可以看到，在居民可支配收入中，第二部分住户部门（主要是农民）的经营利润收入所占比重为 15.3%，是居民收入的一个重要组成部分。所以,在《关于深化收入分配制度改革的若干意见》中,"建立健全促进农民收入较快增长的长效机制"被单独作为一个重要章节列出。这里的重点是,增强农村发展活力,加快发展现代农业,加大强农惠农富农的政策力度,促进农民勤劳致富、增产增收。从表7-2看到,在住户部门参加的生产经营活动中,政府征收的生产税净额仅占居民可支配收入的0.29%,已经很少了。今后,在这方面的减税空间已经不大了。

5. 要多渠道增加居民财产性收入,但在中短期内难以对提高整体居民收入有明显作用

从表7-2看到,在居民可支配收入中,目前居民从利息、红利、其他财产所获得的收入只占5.48%,比重较小。应该通过不断深化资本市场改革、利率市场化改革、征地制度改革、住房租赁市场改革等,多渠道增加居民财产性收入。但这些改革的难度是不小的,一下子难以对提高整体居民收入起到明显的作用。

6. 再分配领域的改革,重在帮扶低收入和困难群体

从表7-2看到,在居民可支配收入中,低收入和困难群体所获得的社会保险福利、社会补助和其他经常转移收入所占比重为10.72%;较高收入群体所支付的收入税(个人所得税和财产税等)、社会保险缴款和其他经常转移所占比重为10.35%;从居民整体看,所获得的净经常转移收入则只占0.37%,相当少。说明在再分配领域,主要是提高低收入和困难群体的收入,而不是提高整体居民收入。再分配领域的改革任务重在"抽肥补瘦",帮扶低收入和困难群体,在一定程度上缩小收入分配差距。总体来看,在居民收入分配中,初次分配和再分配都需要提高居民收入、缩小收入分配差距,但初次分配领域是提高居民收入和缩小收入分配差距的"大头"和重点。如果在初次分配领域中劳动者报酬较低,收入差距很大,那么主要靠再分配领域来提高居民收入和调节、缩小收入分配差距,则是很困难的。

7. 要重视科研人员脑力劳动报酬的提高

在《关于深化收入分配制度改革的若干意见》中,科研课题的经费使用被归入"清理规范"之列,这是不合理的。科研课题主要是把好立项关和成果关,在其经费使用中,应实行科研人员脑力劳动的合理补偿及相关个税的减免。同时,应尽快改变科研人员多年辛苦完成的写作成果却只按最后出版的一个月计算总稿酬和扣缴税收的不合理规定。

参考文献

国家发展与改革委员会、财政部、人力资源与社会保障部：《关于深化收入分配制度改革的若干意见》，《人民日报》2013 年 2 月 7 日。

贾康、刘微："提高国民收入分配'两个比重'，遏制收入差距扩大的财税思考与建议"，《财政研究》2010 年第 12 期。

马克思："《1857～1858 年经济学手稿摘选》导言"，《马克思恩格斯文集》第 8 卷，人民出版社，2009。

张车伟："中国劳动报酬份额变动与总体工资水平估算及分析"，《经济学动态》2012 年第 9 期。

·链接·

专访录　实现收入翻番还要靠深化改革*

中共十八大报告提出了全面建成小康社会的新目标，即到 2020 年，实现国内生产总值和城乡居民人均收入比 2010 年翻一番。

中国社会科学院学部委员、经济学部副主任刘树成多次参加中央经济工作会议和《政府工作报告》起草组工作。对于城乡居民人均收入翻番的问题，他认为，提高居民收入的最根本环节是把生产搞上去，提高居民收入的最重大举措是抓好国民收入分配大格局的改革和调整，提高居民收入的最基本途径是提高劳动者报酬收入。近日经济参考报记者专访了刘树成研究员。

一　目标贴近百姓　城镇农村应该统一

《经济参考报》：十八大报告把国内生产总值和城乡居民人均收入双翻番作为我国全面建成小康社会的新目标，其含义在什么地方？

刘树成："双翻番"既能反映我国生产活动总成果的发展变化，也能反映居民收入分配状况的发展变化；既包含了经济发展本身的要求，也包含了社会发展的新要求；既体现了以经济建设为中心的要义，又体现了转变经济发展方式、发展成果由人民共享的科学发展精神。

在我国国家统计局的国民经济核算《资金流量表（实物交易）》中，居民可支配收入由以下四个部分组成。

第一部分是劳动者报酬收入，即国内各部门劳动者报酬的总和，加上从国外获得的劳动者报酬，再减去支付给国外的劳动者报酬。国内的劳动者报酬包括劳动者获得的各种形式的工资、奖金和津贴（货币形式的和实物形式的），还包括劳动者所享受的公费医疗、医药卫生费、上下班交通补贴、单位支付的社会保险费、住房公积金等。

---

* 本链接选用的是《经济参考报》记者田如柱、金辉对作者的专访录"实现收入翻番还要靠深化改革"，《经济参考报》2013 年 2 月 22 日。

第二部分是属于住户部门的个体经营者（主要是农民）、国有和集体农场的经营利润收入，即他们所创造的增加值扣除劳动者报酬、扣除生产税净额之后的余额。

第三部分是居民获得的净财产收入，即居民从利息、红利、地租、其他财产所获得的收入，扣除居民所支付的利息、地租和其他财产使用的费用。

第四部分是居民获得的净经常转移收入，即居民所获得的社会保险福利、社会补助和其他经常转移收入，扣除居民所支付的收入税（个人所得税和财产税等）、社会保险缴款和其他经常转移。

以上前三部分为收入初次分配领域，形成居民初次分配收入。第四部分为收入再分配领域，最后形成居民可支配收入，即可用于居民最终消费和储蓄等的收入。将居民可支配收入按人口平均，就是居民人均可支配收入。可见，这是一个更加贴近百姓生活、关系群众切身利益、具有民生性的指标。

在我国国家统计局所进行的城镇和农村住户抽样调查中，城乡居民人均收入分为城镇居民人均可支配收入和农村居民人均纯收入。国家统计局已于2012 年 12 月 1 日开始实施城乡一体化住户调查制度，将把城镇和农村居民收入指标统一起来。

二　难度不可低估　亟须解决四个问题

《经济参考报》：有观点认为，实现城乡居民人均收入翻番所要求的这两个增长速度 6.7% 和 6.2% 并不算很高，实现起来并不难。还有观点认为，改革开放以来我国已多次提出和实现国内生产总值等翻番的目标。现在，提出国内生产总值和居民人均收入双翻番，并提出居民收入增长与经济发展同步。那么，只要国内生产总值实现了翻番，居民人均收入也就跟着翻番了，这并不难。您是否认同这些观点？

刘树成：2011～2020 年的 10 年内要实现居民人均收入翻一番（扣除价格因素），就需要居民人均收入年均增长 7.2%。从城镇居民人均可支配收入来看，考虑到 2011 年和 2012 年已分别比上年实际增长 8.4% 和 9.6%，今后 8 年仅需年均增长 6.7%，就能实现翻番。从农村居民人均纯收入来看，考虑到 2011 年和 2012 年已分别比上年实际增长 11.4% 和 10.7%，今后 8 年仅需年均增长 6.2%，就能实现翻番。

我们认为，到 2020 年居民人均收入翻番的目标可以实现，然而却具有一定的难度。这个难度不可低估，我们需付出极大的努力。

《经济参考报》：那么，主要难点在哪里？

刘树成：要实现居民人均收入翻番的目标需要解决四个问题。首先，居民人均收入增长与国内生产总值增长同步问题；其次，潜在经济增长率下降问题；再次，居民人均收入增速跑赢国内生产总值增速问题；最后，提高两个比重问题。

关于居民人均收入增长与国内生产总值增长同步问题。观察改革开放以来城镇居民人均可支配收入增长率与国内生产总值增长率的波动曲线，可以发现，在 1979～2012 年的 34 年里，有 25 年其增长低于国内生产总值增长，只有 9 年高于国内生产总值增长。这 34 年平均看，城镇居民人均可支配收入年均增长 7.4%，而国内生产总值年均增长 9.8%，前者低于后者 2.4 个百分点。

观察 1979～2012 年的 34 年里，农村居民人均纯收入增长率与国内生产总值增长率的波动曲线，发现其中有 26 年其增长低于国内生产总值增长，只有 8 年高于国内生产总值增长。这 34 年平均看，农村居民人均纯收入年均增长 7.5%，而国内生产总值年均增长 9.8%，前者低于后者 2.3 个百分点。

从我国改革开放以来的长期历史情况看，城乡居民人均收入增长与国内生产总值增长并不同步。在大部分年份里，城乡居民人均收入增长低于国内生产总值增长。在这种背景情况下，今后要求城乡居民人均收入与国内生产总值长期同步增长，是具有一定难度的。

关于潜在经济增长率下降问题。就以往 34 年里城乡居民人均收入的增速来说，分别为 7.4% 和 7.5%，并不算低。但这是在国内生产总值年均增长 9.8% 的情况下实现的。今后，由于国内外各种客观条件的变化，我国潜在经济增长率要下降，比如说下降到 7%。而如果按照过去的情况，城乡居民人均收入的增速仍低于国内生产总值增速 2.3～2.4 个百分点，那么，城乡居民人均收入的增速就要下降到 4.6%～4.7%。而按照城乡居民人均收入翻番的要求，今后 8 年它们的增速要分别达到 6.7% 和 6.2%。无疑，在潜在经济增长率下降的情况下，实现居民人均收入翻番的难度就加大了。

关于居民人均收入增速"跑赢"国内生产总值增速问题。从国内生产总值的宏观收入分配格局看，由三大主体构成，即企业、政府、居民个人。2012 年，我国国内生产总值增长 7.8%，而城镇居民人均可支配收入和农村居民人均纯收入扣除价格因素后分别增长 9.6% 和 10.7%，均"跑赢"了国内生产总值。同时，全国财政收入比上年名义增长 12.8%，扣除价格因素也"跑赢"了国内生产总值。居民个人收入和政府财政收入的增速都"跑赢"了国内生产总值增速，那么，企业收入的增速就必定"跑输"了国内生产总值增速。2012 年 1～9 月累计，全国规模以上工业企业实现利润呈现负增长，为 -1.8%；全年仅增长 5.3%，比 2011 年的增长率 25.4% 回落了 20.1 个百分点。可见，居民个人收入和政府财政收入的增速双双"跑赢"国内生产总值增速，是以企业收入的增速大大"跑输"国内生产总值增速为代价的，这种局面难以持续。

关于提高两个比重问题。实现居民人均收入翻番，要求提高劳动报酬在初次分配中的比重，提高居民收入在国民收入分配中的比重。而长时间来，这两个比重是下降的，学术界对此已有不少研究。国家统计局公布的《资金流量表（实物交易）》数据显示，2000～2008 年，劳动报酬在初次分配中的比重由 53.3% 下降到 47.6%，下降了 5.7 个百分点；居民收入在国民收入分配中的比重，即居民可支配总收入在国民可支配总收入中的比重由 67.5% 下降到 58.3%，下降了 9.2 个百分点；而政府收入在国民可支配总收入中的比重则由 14.5% 上升到 19%，上升了 4.5 个百分点；企业收入在国民可支配总收入中的比重由 17.9% 上升到 22.7%，上升了 4.8 个百分点。2009 年，劳动报酬在初次分配中的比重、居民收入在国民收入分配中的比重，略有上升；而政府收入在国民可支配总收入中的比重、企业收入在国民可支配总收入中的比重，略有下降。这是一种恢复性、暂时性的变化，还是趋势性、长期性、根本性、历史性的变化，尚需跟踪观察。今后，要进一步提高劳动报酬和居民收入的比重，是让政府收入还是让企业收入所占的比重下降呢？这就涉及难度很大的国民收入宏观分配大格局的调整问题了。

三 做大经济总量 改革收入分配格局

《经济参考报》：您刚刚分析了实现居民人均收入翻番需要解决的问题，这样看来，要真正实现双翻番的目标，难度确实不小，对此，您有何对策和建议？

刘树成：我们认为，实现居民人均收入翻番可以从七个方面入手。

第一，提高居民收入的最根本环节是，把生产搞上去。

生产是分配的基础，不能只就分配论分配。马克思曾指出："就对象说，能分配的只是生产的成果"。经济总量这个"蛋糕"做大了，不一定就能分好；但如果没有"蛋糕"的适度做大和质量做好，也就更难去分好"蛋糕"。企业是生产第一线。要为企业创造良好的宏观经济环境，并通过深化改革和完善相关的财政金融支持政策，推动企业技术创新和提高企业经营管理水平，从而提高企业的劳动生产率和经济效益，使企业有提高劳动者报酬的能力，有消化劳动成本上升和其他各种成本上升的能力。

第二，提高居民收入的最重大举措是，抓好国民收入分配大格局的改革和调整。

鉴于长期以来都是政府财政收入和企业收入的增速高于居民收入增速，以及在国民收入分配中政府财政收入和企业收入的比重呈上升趋势，而居民收入的比重呈下降趋势，为实现居民收入翻番，要努力做到"双让利"和"三协调"，即政府和企业二者都要为居民收入让利，政府财政收入、企业收入和居民收入三者的增速都要与 GDP 增速相协调。国民收入分配大格局的改革和调整，是绕不过去的"大坎"。而在最近发布的《关于深化收入分配制度改革的若干意见》中，对这个大格局的改革和调整并未提出明确的指导性意见。

第三，提高居民收入的最基本途径是，提高劳动者报酬收入。

观察 2009 年我国居民可支配收入的构成，可以看出，在四个组成部分中，第一部分劳动者报酬收入所占比重最高，为 80.54%。所以，提高居民收入的途径很多，但最基本的途径是提高劳动者报酬收入。

对于提高劳动者报酬来说，一要重在扩大就业数量，努力推进城镇化和农村劳动力转移；二要提升劳动者获取收入的能力，实现更高质量的就业；三要深化企业、机关、事业单位的工资制度改革，完善最低工资政策，建立健全工资决定和正常增长机制，这是收入分配制度改革的重点。换句话说，收入分配制度改革的重点应该在初次分配领域中劳动者报酬的提高。政府和企业都要为提高居民收入让利，首先是在初次分配领域中为提高劳动者报酬让利。政府要为企业特别是小微企业让利，减轻企业税费负担，使企业有能力为劳动者提高工资。

这里，有一种认识需要澄清，即一般认为，在市场经济条件下，政府在收入分配中的作用主要在再分配领域，而在初次分配领域中政府所能发挥的作用不大。认为初次分配主要是各种要素的价格和生产出来的商品的价格在市场上形成的过程，这是市场行为，政府不应干预。我们认为，这种认识是不全面的。因为各种要素的价格和生产出来的商品的价格在市场上形成之前，政府已规定了相应的税收。政府税收的高低，直接影响着初次分配的结果。所以，就政府税收对初次分配结果的影响来说，政府在初次分配中也起着重要的作用。

第四，提高居民收入的一个重要方面是，提高农民的经营利润收入。

在居民可支配收入中，第二部分住户部门（主要是农民）的经营利润收入所占比重为15.3%，是居民收入的一个重要组成部分。所以，在《关于深化收入分配制度改革的若干意见》中，"建立健全促进农民收入较快增长的长效机制"被单独作为一个重要章节列出。这里的重点是，增强农村发展活力，加快发展现代农业，加大强农惠农富农的政策力度，促进农民勤劳致富、增产增收。在住户部门参加的生产经营活动中，政府征收的生产税净额仅占居民可支配收入的0.29%，已经很少了。今后，在这方面的减税空间已经不大了。

第五，要多渠道增加居民财产性收入，但在中短期内难以对提高整体居民收入有明显作用。

在居民可支配收入中，目前居民从利息、红利、其他财产所获得的收入只占5.48%，比重较小。应该通过不断深化资本市场改革、利率市场化改革、征地制度改革、住房租赁市场改革等，多渠道增加居民财产性收入。但这些改革的难度是不小的，一下子难以对提高整体居民收入起到明显的作用。

第六，再分配领域的改革，重在帮扶低收入和困难群体。

在居民可支配收入中，低收入和困难群体所获得的社会保险福利、社会补助和其他经常转移收入所占比重为10.72%；较高收入群体所支付的收入税（个人所得税和财产税等）、社会保险缴款和其他经常转移所占比重为10.35%；从居民整体看，所获得的净经常转移收入则只占0.37%，相当少。说明在再分配领域，主要是提高低收入和困难群体的收入，而不是提高整体居民收入。再分配领域的改革任务重在"抽肥补瘦"，帮扶低收入和困难群体，在一定程度上缩小收入分配差距。总体来看，在居民收入分配中，初次分配和再分配都需要提高居民收入、缩小收入分配差距，但初次分配领域是提高居民收入和缩小收入分配差距的"大头"和重点。如果在初次分配领域中劳动者报酬就较低，收入差距就很大，那么主要靠再分配领域来提高居民收入和调节、缩小收入分配差距，则是很困难的。

第七，要重视科研人员脑力劳动报酬的提高。在《关于深化收入分配制度改革的若干意见》中，科研课题的经费使用被归入"清理规范"之列，这是不合理的。科研课题主要是把好立项关和成果关，在其经费使用中，应实行科研人员脑力劳动的合理补偿及相关个税的减免。同时，应尽快改变科研人员多年辛苦完成的写作成果却只按最后出版的一个月计算总稿酬和扣缴税收的不合理规定。

·链接·

政协大会发言　不可低估居民人均收入翻番的难度 *

中共十八大提出：到 2020 年，实现国内生产总值和城乡居民人均收入比 2010 年翻一番。首次将居民收入指标纳入全面建成小康社会目标，意义重大。居民收入翻番的目标可以实现，但却具有一定的难度。这个难度不可低估，这是因为以下几点。

第一，关于"同步"问题。实现居民收入翻番，要求其增长与经济增长同步。但从我国改革开放以来的情况看，二者并不同步。1979～2011 年的 33 年里，城乡居民人均收入的增长就分别有 25 年和 26 年低于国内生产总值增长。这 33 年中，国内生产总值年均增长 9.9%，而城乡居民人均收入年均增长均为 7.4%，低于经济增长 2.5 个百分点。今后要求居民收入与国内生产总值长期同步增长，是有一定难度的。

第二，关于经济增速下降问题。今后，由于国内外各种客观条件的变化，我国潜在经济增长率要下降，比如说下降到 7%。而如果按照过去的情况，居民人均收入增速低于国内生产总值增速 2.5 个百分点，那么，居民人均收入的增速就要下降到 4.5%，这就难以实现其翻番目标了。

第三，关于"跑赢"问题。GDP 的宏观分配格局由三大主体构成，即企业、政府、居民个人。2012 年，我国 GDP 增长 7.8%，而城乡居民人均收入扣除价格因素后分别增长 9.6% 和 10.7%，均"跑赢"了 GDP。全国财政收入比上年名义增长 12.8%，扣除价格因素也"跑赢"了 GDP。这显然是以企业收入的增速大大"跑输"GDP 为代价的。2012 年前三个季度累计，规模以上工业企业实现利润出现负增长，为 -1.8%；全年仅增长 5.3%。这种局面难以持续。

为实现居民人均收入翻番的目标，建议几点。

---

* 本链接选用的是 2013 年 3 月 7 日作者在全国政协十二届一次会议上的大会发言，见《人民政协报》2013 年 3 月 8 日。

一、**提高居民收入的最根本环节是，把生产搞上去**。生产是分配的基础，不能只就分配论分配。经济总量这个"蛋糕"做大了，不一定就能分好；但如果没有"蛋糕"的适度做大和质量做好，也就更难去分好"蛋糕"。

二、**提高居民收入的最重大举措是，抓好国民收入分配大格局的改革和调整**。鉴于长期以来都是国家财政收入和企业收入的增速高于居民收入增速，以及在国民收入分配中国家财政收入和企业收入的比重呈上升趋势，而居民收入的比重呈下降趋势，为实现居民收入翻番，要努力做到"双让利"和"三协调"，即国家和企业二者都要为居民让利，国家财政收入、企业收入和居民收入三者增速都要与 GDP 增速相协调。国民收入分配大格局的改革和调整，是绕不过去的"大坎"。而在最近发布的《关于深化收入分配制度改革的若干意见》中，对这个大格局的改革和调整并未提出明确的指导性意见。推进收入分配制度改革必须做到"两实"：一是要有实招，二是要见实效。应尽快出台相关的具体配套方案和实施细则，避免空喊漂亮的，但不切实际的口号。

三、**提高居民收入的最基本途径是，提高劳动报酬收入**。初次分配领域的改革，要重在提高劳动报酬；再分配领域的改革，要重在帮扶困难群体。这两个方面都有助于缩小收入分配差距。就提高劳动报酬来说，一要重在扩大就业数量，努力推进城镇化和农村劳动力转移；二要提升劳动者获取收入的能力，实现更高质量的就业；三要完善企业、机关、事业单位的职工工资正常增长机制。

四、**要重视科研人员脑力劳动报酬的提高**。在《关于深化收入分配制度改革的若干意见》中，科研课题的经费使用与"公务招待费"一起，被归入"清理规范"之类，这是不合理的。另外，应尽快改变科研人员多年辛苦完成的写作成果却只按最后出版的一个月计算总稿酬和扣缴税收的不合理规定。

五、**防止物价上涨蚕食居民收入的提高**。十八大提出的居民人均收入翻番，是指扣除物价上涨因素之后的实际收入的翻番。但居民收入的增长有可能从成本推动和需求拉动两方面使物价过快攀升，而物价上涨因素难以完全扣除，这就会使居民收入的增长打了折扣。我们要控制好物价上涨，实现没有水分的、实实在在的居民人均收入翻番。

第八章
新一轮改革的总突破口 *

邓小平在 1992 年南方谈话中曾高瞻远瞩地指出："恐怕再有三十年的时间，我们才会在各方面形成一整套更加成熟、更加定型的制度。在这个制度下的方针、政策，也将更加定型化。"① 在社会主义市场经济体制初步建立和初步完善之后，就需要通过改革，构建起一整套系统完备、科学规范、运行有效的制度保障体系。而在一整套制度保障体系中，最定型化、最有权威、最有效力的，就是法律制度保障体系。这里，对新一轮改革中突破口或重点任务的探讨，有助于加深对前四轮改革的认识，有助于加强对新一轮改革的理解。在新一轮全面深化改革中，应把加强制度建设，特别是加强法律制度建设贯穿于经济建设、政治建设、文化建设、社会建设、生态文明建设和党的建设等各个方面，并坚持法治国家、法治政府、法治社会一体建设，为实现中华民族伟大复兴的"中国梦"而奠定完善的制度基础。

第一节　问题的提出

当前，在新一轮经济体制改革中，能牵一发而动全身的突破口或重点任

---

* 本章选用的论文是"论新一轮改革的突破口"，《财贸经济》，2013 年第 6 期。该文还以《新一轮改革的突破口》为题（有删减），载《人民日报》2013 年 6 月 13 日。

① 邓小平："在武昌、深圳、珠海、上海等地的谈话要点"，《邓小平文选》第三卷，人民出版社，1993，第 372 页。

务是什么?[①] 对此，社会上有各种不同意见，归纳起来有如下7种。

其一，以深化行政体制改革，转变政府职能，简政放权为突破口。

其二，以深化收入分配体制改革，解决贫富差距过大问题为突破口。

其三，以财税体制改革为突破口。

其四，以打破垄断，大力发展民营经济为突破口。

其五，以反腐败为突破口。

其六，以推进城镇化为突破口。

其七，以保护资源环境为突破口。

以上不同意见，各有道理，也都很重要，但显得有些碎片化，有的是单项改革任务，有的相对来说是局部性的改革任务，均不能起到牵一发而动全身的作用，难以作为统领经济体制改革全局的突破口或重点任务。

为了选好新一轮改革的突破口或重点任务，明确选择的内在逻辑，我们有必要先回顾一下30多年来，在前四轮改革中，是怎样确定突破口或重点任务的。前四轮改革是以四个直接与经济体制改革有关的中共三中全会为标志的。总体来看，前四轮改革的突破口或重点任务的确定，均基于对社会基本矛盾的认识和对改革所处阶段的把握。

第二节　前四轮改革是怎样确定突破口的

第一轮改革，即1978年召开的中共十一届三中全会首次决定开展的改革，是以农村改革作为突破口或重点任务的。社会主义社会的基本矛盾，仍然是生产关系和生产力、上层建筑和经济基础之间的矛盾。中共十一届三中全会从生产力是社会发展的决定性力量这一马克思主义基本原理出发，果断地决定把党和国家的工作中心转移到社会主义现代化建设上来。明确提出，实现现代化就是要"大幅度地提高生产力"。在这次全会之前，1978年9月，邓小平就曾指出："我们是社会主义国家，社会主义制度优越性的根本表现，就是能够允许社会生产力以旧社会所没有的速度迅速发展，使人民不断增长的物质文化生活需要能够逐步得到满足。按照历史唯物主义的观点来

---

① 当然，"突破口"的含义可有大有小。可以是指整个经济体制改革的总体突破口，也可以是指其中某一领域、某一方面的突破口。这里讨论的是经济体制改革的总体突破口，也可视为经济体制改革的总体重点任务，具有牵一发而动全身的作用。

讲，正确的政治领导的成果，归根结底要表现在社会生产力的发展上，人民物质文化生活的改善上。"① 要大幅度地提高生产力，要使生产力迅速发展，就必然要求多方面地改变同生产力发展不适应的生产关系和上层建筑，改变一切不适应的管理方式、活动方式和思想方式。这就要对原有的、权力过于集中的经济管理体制进行改革。在当时，农业作为国民经济的基础十分薄弱，首先要把农业生产尽快搞上去，同时农村经济管理体制又是计划经济体制较为薄弱的部分，是改革易于突破的环节。这样，农村改革成为我国经济体制改革初始阶段的突破口或重点任务。

1984 年召开的中共十二届三中全会，通过了《中共中央关于经济体制改革的决定》。以此为标志展开的第二轮改革，是以增强企业活力作为突破口或重点任务的。该《决定》指出："马克思主义的创始人曾经预言，社会主义在消灭剥削制度的基础上，必然能够创造出更高的劳动生产率，使生产力以更高的速度向前发展。"改革经济体制就是在坚持社会主义制度的前提下，改革生产关系和上层建筑中不适应生产力发展的一系列相互联系的环节和方面。在此认识的基础上，更加坚定了改革的信心和决心。改革在农村成功之后，就进入了向城市全面推进的阶段。城市企业是工业生产、建设和商品流通的主要的直接承担者，是社会生产力发展的主导力量。城市企业是否具有强大的活力，对于经济发展全局是一个关键问题。这样，增强企业活力成为全面推进改革阶段的突破口或重点任务。

1993 年召开的中共十四届三中全会，通过了《中共中央关于建立社会主义市场经济体制若干问题的决定》。以此为标志展开的第三轮改革，是以构建社会主义市场经济体制基本框架作为突破口或重点任务的。在这次全会之前，1992 年初，邓小平在南方谈话中强调指出，"革命是解放生产力，改革也是解放生产力。社会主义基本制度确立以后，还要从根本上改变束缚生产力发展的经济体制，建立起充满生机和活力的社会主义经济体制，促进生产力的发展，这是改革，所以改革也是解放生产力。过去，只讲在社会主义条件下发展生产力，没有讲还要通过改革解放生产力，不完全。应该把解放生产力和发展生产力两个讲全了。"② 这就进一步明确了改革不仅是发展生

---

① 邓小平："高举毛泽东思想旗帜，坚持实事求是的原则"，《邓小平文选》第二卷，人民出版社，1994，第 128 页。

② 邓小平："在武昌、深圳、珠海、上海等地的谈话要点"，《邓小平文选》第三卷，人民出版社，1993，第 370 页。

产力，也是解放生产力。从这个意义上说，改革也是革命性的变革，而不是对原有体制进行零敲碎打、细枝末节的修修补补。这使我们对社会主义条件下社会基本矛盾的认识和对改革性质的认识，有了新的重大突破。中共十四届三中全会依据这些新的认识，在确定了改革的目标模式之后，提出加快改革步伐，到 20 世纪末初步建立起社会主义市场经济体制。这样，构建社会主义市场经济体制基本框架成为加快改革步伐阶段的突破口或重点任务。

2003 年召开的中共十六届三中全会，通过了《中共中央关于完善社会主义市场经济体制若干问题的决定》。以此为标志展开的第四轮改革，是以完善社会主义市场经济体制作为突破口或重点任务的。该《决定》指出，中共十一届三中全会以来，我国经济体制改革在理论和实践上取得重大进展。社会主义市场经济体制初步建立，极大地促进了社会生产力、综合国力和人民生活水平的提高。但目前经济体制还不完善，生产力发展仍面临诸多体制性障碍。为进一步解放和发展生产力，必须深化经济体制改革，进一步巩固、健全和完善社会主义市场经济体制。这样，在社会主义市场经济体制已初步建立之后，对新体制的进一步完善成为深化改革阶段的突破口或重点任务。

综上所述，在过去 30 多年的四轮改革中，我们对社会主义条件下社会基本矛盾的认识不断明确和深化。在此基础上，随着改革每一阶段的推进，改革突破口或重点任务的选择也在不断升级。但总体来说，对改革的目的——解放和发展生产力的内涵的理解，主要是指推动生产力在量上的扩大，使生产力以更高的速度发展。

第三节　第五轮改革突破口的选择

当前的第五轮改革，应以加强法律制度建设作为突破口或重点任务。这是基于对社会基本矛盾的新认识和对改革所处新阶段的把握。

改革是为了解放和发展生产力。经过 30 多年来经济的高速增长，我国已跃升为世界第二大经济体。到现在，解放和发展生产力的内涵已经发生了重大变化。如果说在过去 30 多年的改革中，解放和发展生产力的内涵主要是指推动生产力在量上的扩大，使生产力以更高的速度发展，那么，现在，解放和发展生产力的内涵已经改变为不仅是推动生产力在量上的适度扩大，而且更重要的是促进生产力在质上的提高，使生产力以更高的质量发展，也就是加快经济发展方式转变，把推动发展的立足点转到提高质量和效益上来。

"使生产力以更高的质量发展"，要比"使生产力以更高的速度发展"更困难、更复杂、更艰巨。使生产力以更高的速度发展，主要是通过改革，扫除权力过于集中的原有体制的束缚，发挥市场经济的活力，就可以做到。当然，这也并不容易。而使生产力以更高的质量发展，不仅要通过改革继续扫除原有体制的束缚，还要在社会主义市场经济体制初步建立和初步完善之后，通过改革构建起一整套系统完备、科学规范、运行有效的制度保障体系。正如邓小平1992年指出的："恐怕再有三十年的时间，我们才会在各方面形成一整套更加成熟、更加定型的制度。在这个制度下的方针、政策，也将更加定型化。"[①] 而在一整套制度保障体系中，最定型化、最有权威、最有效力的，就是法律制度保障体系。这也就是要求市场经济向着更高的发育和成熟程度升级。

市场经济本身虽具有活力，但不能自动地使生产力以更高的质量发展。市场经济本身具有三个属性和两重作用。三个属性包括：①经营活动的自主性，市场主体的地位和权益界定清晰，拥有独立于政府行政权力之外的自主财产权、自主经营权、自主决策权；②经营环境的竞争性，市场主体在价值规律的作用下，平等相处，等价交换，公平交易，通过竞争和技术进步，实现优胜劣汰；③经营目的的趋利性，市场主体自负盈亏，其经营活动的最终目的是要获取利润，有利可图。

市场经济的这三个属性，使市场经济的作用具有两重性。一方面是积极作用，可以发挥市场主体的积极性和能动性，发挥市场竞争的外在压力，发挥市场主体提高经济效益的内在动力，从而使市场经济充满活力，促进资源的合理、有效配置。另一方面是消极作用，市场主体在拥有自主权和处于市场竞争环境下，出于赢利的内在动机，有可能做出违反市场正常秩序、损害他人利益或社会公共利益的行为，诸如制造假冒伪劣产品、破坏资源环境、不正当竞争、垄断行为、偷税漏税、滋生钱权交易的腐败现象、扩大贫富差距，等等。

为了使生产力以更高的质量发展，一方面要充分发挥市场经济的积极作用，这就要保障市场主体的合法地位和权益，保障正常的市场竞争，保障市

---

① 邓小平："在武昌、深圳、珠海、上海等地的谈话要点"，《邓小平文选》第三卷，人民出版社，1993，第372页。

场主体合法的经营收益，从而在更大程度、更广范围发挥市场在资源配置中的基础性作用。另一方面又要有效抑制市场经济的消极作用，这就要约束市场主体履行法定的责任和义务，约束市场主体遵守市场竞争规则，约束市场主体维护他人正当利益和社会公共利益，不要为追逐利润而做出违法行为。要做到这两个方面，在市场经济条件下，靠市场机制本身、靠政府的行政权力、靠一般的政策规定、靠普通的道德教育，都难以奏效，必须靠一整套法律制度体系作为保障。法律制度具有规范性、权威性、强制性。规范性是指，以法律形式将市场主体的合法地位和权益定型化，将市场竞争规则定型化，将市场运行秩序定型化，可避免行政干预的随意性和一些政策的易变性。权威性是指，法律规定为全社会所接受、所遵循，具有普遍的社会约束力，在法律面前人人平等，任何人和任何组织都没有超越法律的特权。强制性是指，一切违法行为都要予以追究，依法给予惩处。如果说行政权力是原有计划经济得以存在和发展的最高保障，那么法律制度则是市场经济得以存在和发展的最高保障。所以人们常说："市场经济就是法治经济。"

由此，第五轮改革应以加强法律制度建设作为突破口或重点任务，这是在当前新条件下解放和发展生产力，使生产力以更高质量发展的内在要求，是市场经济本身成熟程度升级的内在要求，是改革进入深水区、攻坚期，以法律规范方式有效调节各方面利益关系的内在要求。

第四节　怎样展开改革

新一轮改革以加强法律制度建设作为突破口或重点任务，具有牵一发而动全身的作用。加强法律制度建设可以贯穿于经济建设、政治建设、文化建设、社会建设、生态文明建设和党的建设等各方面，以及其中的各领域、各环节。各方面、各领域、各环节的改革都能够以加强自身工作范围内的法律制度建设作为新一轮改革的突破口或重点任务。加强法律制度建设的内容是：按照习近平总书记所指出的，把国家各项事业和各项工作纳入法制轨道，实行有法可依、有法必依、执法必严、违法必究，实现国家和社会生活制度化、法制化。[①] 各方面、各领域、各环节首先要对自身是否做到"有法

---

① 习近平："在首都各界纪念现行宪法公布施行 30 周年大会上的讲话"，《人民日报》2012 年 12 月 5 日。

可依、有法必依、执法必严、违法必究"，进行大检查、大总结、大梳理。"无法可依"的，要按轻重缓急，拿出加强立法的路线图和时间表。已经"有法可依"的，要梳理出如何进一步做到"有法必依、执法必严、违法必究"，同样按轻重缓急，拿出加强执法、司法的路线图和时间表。所谓"按轻重缓急"是指，针对转变经济发展方式中最突出的矛盾，针对市场经济升级中最主要的难点，针对人民群众中最关切的问题。

以加强法律制度建设作为新一轮改革的突破口或重点任务，就要求提高各级党政领导干部运用法治思维和法治方式做好工作的能力，形成办事依法、遇事找法、解决问题用法、化解矛盾靠法的良好法治环境。早在1979年，邓小平就指出，"确实要搞法制，特别是高级干部要遵守法制。以后，党委领导的作用第一条就是应该保证法律生效、有效。没有立法之前，只能按政策办事；法立了以后，坚决按法律办事。"①

法国启蒙思想家卢梭在评论国家宪法时曾说，它既不是刻在大理石上，也不是刻在铜表上，而是铭刻在公民的内心里。以加强法律制度建设作为新一轮改革的突破口或重点任务，就要深入开展法制宣传教育，让法律制度深入人心，逐步在全社会形成学法、遵法、守法、用法的新局面。一个民族、一个国家，只有当形成了一整套健全的、为全体公民所遵从的法律制度的时候，才能算得上成熟的民族、成熟的国家。我们要坚持法治国家、法治政府、法治社会一体建设，为实现中华民族伟大复兴的"中国梦"而奠定坚实的制度基础。

第五节　进一步的分析

现以我国现实生活中的一个突出问题——假冒伪劣产品屡禁不止、食品药品安全犯罪层出不穷等市场经济秩序问题为例，进一步说明新一轮改革应以加强法律制度建设作为突破口或重点任务。

目前，在我国，假冒伪劣产品和食品药品安全问题已成为一个涉及众多方面的全局性问题。

一者，直接影响到生产力以更高的质量发展。提高生产力的发展质量，首先重要的是提高产品的质量。经济发展方式由数量型向质量型转变，一个

---

① 中共中央文献研究室编《邓小平年谱》，中央文献出版社，2004，第527～528页。

重要方面就是要体现在产品质量的提高上。如果不能有效解决假冒伪劣产品和食品药品安全问题，提高生产力发展质量、转变经济发展方式就会成为一句空话。

二者，严重影响到人民群众的切身利益和生活质量的提高，危及人体健康和生命安全。假冒伪劣产品和食品药品安全问题，是广大民众反映强烈、深恶痛绝的问题。广大民众对一些重要的国产品失去了信任，也严重影响到国家的信誉和声誉，影响到国产品的正常生产和经营，影响到消费需求的扩大。

三者，涉及反腐败问题。假冒伪劣产品、有问题的食品药品之所以能够生产出来，能够上市销售，且屡禁不止，总是与官商勾结、厂商串通、行贿受贿、权钱交易等有着密切关系。打击假冒伪劣产品，严惩食品药品安全犯罪，是反腐败的一个重要领域。

四者，关系到深化行政管理体制改革、政府机构改革和政府职能转变问题。能否有效解决假冒伪劣产品和食品药品安全问题，是对政府执行力、公信力的重要考验，是对行政管理体制改革、政府机构改革和政府职能转变是否收到成效的一个重要检验。

五者，关系到知识产权保护和科技创新驱动问题。一项科技创新，往往需要付出人、财、物和时间等重大成本。而假冒伪劣产品屡禁不止，严重侵扰了知识产权的保护，损害了创新者的利益，影响到创新者的积极性。

假冒伪劣产品屡禁不止、食品药品安全犯罪层出不穷等市场经济秩序问题的严重存在，最根本的原因是，对其打击和严惩没有制度化、法制化。这反映了我国社会主义市场经济体制刚刚初步建立和初步完善，市场经济的成熟程度还很低。具体表现在以下几个方面。

第一，有些问题尚"无法可依"或"有法难依"。"无法可依"是指，有些问题尚未列入法律，属于法律缺失、法律盲点。"有法难依"是指，有些问题虽然已经列入了法律，但由于规定的不够明确和细化，在实践中缺乏可操作性，仍难以处理。特别是一些新型疑难案件，犯罪方式不断翻新，犯罪手段更加隐蔽，犯罪认定的难度越来越大。比如，当前较为突出的食品非法添加问题。最近刚刚公布的《最高人民法院、最高人民检察院关于办理危害食品安全刑事案件适用法律若干问题的解释》中，才首次明确规定了食品非法添加行为的法律适用标准。该司法解释将"掺入有毒、有害的非食品原料，或者使用有毒、有害的非食品原料加工食品"的非法添加行为，如利用"地沟油"加工食用油等，确定为按刑法规定，以"生产、销售有毒、有害食品罪"定罪和处罚。同时，对食品非法添加行为，由原来刑法规定的"生产、销售"两个环节，细化为"食品加工、销售、运输、贮存等过程"，实现了对食品加工、流通等整个链条的全程覆盖。

第二，违法成本太低，法律没有震慑力。在相关法律中，对一些违法行为的惩罚力度不够，不足以起到法律的警示和震慑作用。比如，最近全国人大常委会组成人员审议了《消费者权益保护法修正案草案》，其中有一条款引起了热烈讨论。该条款规定，经营者有明知商品或者服务存在缺陷，仍然向消费者提供的欺诈行为，造成消费者或者其他受害人死亡或者健康严重损害的，依法追究刑事责任；受害人有权要求所受损失两倍以下的民事赔偿。对此，与会专家指出，仅仅规定"两倍以下的民事赔偿"，完全不是惩处明知故犯者，而是明确地告诉违法者不用承担多大的法律责任。有专家指出，在有的国家，类似的民事赔偿是上不封顶的，如在美国，造成健康损害的药品，就算不是故意的，赔偿金额也可以达到几亿美元。特别是针对我国目前食品药品领域的乱象，更需要用重典来惩罚。此外，该草案还新增了保护消费者个人信息的条款，规定未经消费者同意不得发送商业性电子信息。与会专家指出，在垃圾短信泛滥的今天，新增这一条款非常必要，但是如果消费者不同意，却仍然收到了这类信息，又该怎么办，草案并没有给出相应的规定。而如果不明确处罚措施，这个条款就只是一个概念，很难落实。（以上情况参见光明日报记者殷泓、王逸吟报道，2013）实践表明，在维护市场经济秩序中，如果没有让违法经营者付出高昂代价的法律惩罚机制，就谈不上有效地保障和引导守法经营者的正当经营，就谈不上有效地保障消费者的合法权益。

第三，政府监管不力、执法不严。有几种情况：一是有关部门的监管职责不清，或多头分管，或无人监管；二是有的玩忽职守，行政不作为，有法不依，执法不严，违法不究，甚至包庇纵容；三是"运动式""游击式"的监管，一阵风过后，一切照旧，反而使不法分子有机可乘；四是行政问责制度不健全，随意性较大，缺乏问责的法律实体规定和法律程序规定；五是无力监管，有关部门用于监管的人力、物力、财力远远不足，往往力不从心。实践表明，要有效地维护市场经济秩序，既需要日益严密的立法，更需要强有力的执法。如果制定了再严的法律，而没有执法的鼎力实施，法律的效果也将落空。

第四，尚未形成社会组织监督、行业自律监督、媒体舆论监督和人民大众监督共同发挥作用的全方位的社会监督体系。每年一次的"3·15"国际消费者权益保护日，堪称是消费者"最痛快"的节日。这一天，对消费者痛恨的一些违法行为"大火力"地集中曝光，可谓作用不小。但群众也调侃地说："'3·15'举国打假，'3·16'恢复日常。"群众期盼着"3·15"常态化。只有营造全方位的社会监督体系，才能建立起维护市场经济正常秩序的长效机制。

以上情况说明，要有效地解决这些问题，必须使市场经济秩序纳入法制轨道。扩展开来，就是通过新一轮改革，把国家各项事业和各项工作都纳入法制轨道，实现国家和社会生活的制度化、法制化。只有这样，才能使我国社会主义市场经济体制更加完善，使市场经济向着更高的发育和成熟程度升级，使生产力以更高的质量发展。

这里，我们不禁想起恩格斯在其晚年，对市场经济不同成熟程度的发展，曾有过一段非常精彩的描述。[①] 他把市场经济的发展分为三个阶段：第一个阶段，以当时波兰犹太人为代表的"欧洲商业发展最低阶段"；第二个阶段，以当时德国汉堡或柏林为代表的市场经济中级发展阶段；第三个阶段，以当时英国曼彻斯特为代表的高级"大市场"阶段。英国是当时资本主义工商业最为发达的国家，其市场经济具有较为健全的法律制度基础。恩格斯分析说，"波兰犹太人，即欧洲商业发展最低阶段的代表所玩弄的那些猥琐的骗人伎俩，可以使他们在本乡本土获得很多好处，并且可以在那里普遍使用，可是只要他们一来到汉堡或柏林，那些狡猾手段就失灵了"。而处于中级阶段的德国商人，采用的则是一套"已经稍加改进但到底还很低劣的手腕和花招"。比如，"先给人家送上好的样品，再把蹩脚货送去"。这些手腕和花招在德国"被看作生意场上的智慧顶峰"，但是，一到英国"大市场"，不仅会失灵，而且"已经不合算了"。因为在英国"大市场"，"那里时间就是金钱，那里商业道德必然发展到一定的水平，其所以如此，并不是出于伦理的狂热，而纯粹是为了不白费时间和辛劳"。恩格斯的这一段描述，今天结合中国情况读来，仍极有启发性。

---

① 恩格斯："《英国工人阶级状况》1892 年德文第二版序言"，《马克思恩格斯文集》第 1 卷，中译本，人民出版社，2009，第 366 页。

参考文献

邓小平："高举毛泽东思想旗帜，坚持实事求是的原则"，《邓小平文选》第二卷，人民出版社，1994。

邓小平："在武昌、深圳、珠海、上海等地的谈话要点"，《邓小平文选》第三卷，人民出版社，1993。

恩格斯："《英国工人阶级状况》1892 年德文第二版序言"，《马克思恩格斯文集》第 1 卷，中译本，人民出版社，2009。

习近平："在首都各界纪念现行宪法公布施行 30 周年大会上的讲话"，《人民日报》2012 年 12 月 5 日。

殷泓、王逸吟："为消费者撑开法律保护伞——全国人大常委会组成人员热议消法修正案草案"，《光明日报》2013 年 4 月 25 日。

中共中央文献研究室编《中国共产党第十一届中央委员会第三次全体会议公报》，《三中全会以来重要文献选编》上，人民出版社，1982。

中共中央文献研究室编《中共中央关于经济体制改革的决定》，《十二大以来重要文献选编》，人民出版社，1986。

中共中央文献研究室编《中共中央关于建立社会主义市场经济体制若干问题的决定》，《十四大以来重要文献选编》上，人民出版社，1996。

中共中央文献研究室编《邓小平年谱》，中央文献出版社，2004。

中共中央文献研究室编《中共中央关于完善社会主义市场经济体制若干问题的决定》，《十六大以来重要文献选编》上，人民出版社，2005。

中国社会科学院经济体制改革 30 年研究课题组："论中国特色经济体制改革道路（上）"，《经济研究》2008 年第 9 期。

中国社会科学院经济体制改革 30 年研究课题组："论中国特色经济体制改革道路（下）"，《经济研究》2008 年第 10 期。

最高人民法院、最高人民检察院：《最高人民法院、最高人民检察院关于办理危害食品安全刑事案件适用法律若干问题的解释》，2013 年 5 月 2 日，最高人民法院网站，www.court.gov.cn。

·链接·

专访录 把加强法制作为新一轮改革突破口 *

十八大后改革已成为时代最强音。习近平总书记多次强调实现"中国梦",要实现"中国梦"离不开改革。李克强总理多次讲到改革是中国最大的红利。社会各界都对改革充满了期待。起锚的号角已经吹响,当下最迫切而又至关重要的任务是,在新一轮经济体制改革中,找到能牵一发而动全身的突破口或重点任务。对此,中国社会科学院学部委员、经济学部副主任刘树成表示,基于对社会基本矛盾的新认识和对改革所处新阶段的把握,当前的第五轮改革,应以加强法律制度建设作为突破口或重点任务。

一 改革突破口要能统领经济体制改革全局

《经济参考报》:当前,对于改革突破口选在哪里,社会上有各种不同的声音,归纳起来有七种。其一,以深化行政体制改革,转变政府职能,简政放权为突破口;其二,以深化收入分配体制改革,解决贫富差距过大问题为突破口;其三,以财税体制改革为突破口;其四,以打破垄断,大力发展民营经济为突破口;其五,以反腐败为突破口;其六,以推进城镇化为突破口;其七,以保护资源环境为突破口。您怎么看待这些观点?

刘树成:"突破口"的含义有大有小,可以是指整个经济体制改革的总体突破口,也可以是指其中某一领域、某一方面的突破口。以上不同意见,各有道理,也都很重要,但显得有些碎片化,有的是单项改革任务,有的相对来说是局部性的改革任务,均不能起到牵一发而动全身的作用,难以作为统领经济体制改革全局的突破口或重点任务。

为了选好新一轮改革的突破口或重点任务,明确选择的内在逻辑,我们有必要先回顾一下 30 多年来,在前四轮改革中,是怎样确定突破口或重点

---

* 本链接选用的是《经济参考报》记者田如柱、金辉对作者的专访录"把加强法制作为新一轮改革突破口",《经济参考报》2013 年 5 月 9 日。

任务的。前四轮改革是以四个直接与经济体制改革有关的中共三中全会为标志的。总体来看，前四轮改革的突破口或重点任务的确定，均基于对社会基本矛盾的认识和对改革所处阶段的把握。

二 前四轮突破口随着改革推进不断升级

《经济参考报》：那请您给我们详细介绍一下，前四轮改革分别是如何确定突破口或重点任务的？

刘树成：第一轮改革，即 1978 年召开的中共十一届三中全会首次决定开展的改革，是以农村改革作为突破口或重点任务的。社会主义社会的基本矛盾，仍然是生产关系和生产力、上层建筑和经济基础之间的矛盾。中共十一届三中全会从生产力是社会发展的决定性力量这一马克思主义基本原理出发，果断地决定把党和国家的工作中心转移到社会主义现代化建设上来。明确提出，实现现代化就是要"大幅度地提高生产力"。在这次全会之前，1978 年 9 月，邓小平就曾指出："我们是社会主义国家，社会主义制度优越性的根本表现，就是能够允许社会生产力以旧社会所没有的速度迅速发展，使人民不断增长的物质文化生活需要能够逐步得到满足。按照历史唯物主义的观点来讲，正确的政治领导的成果，归根结底要表现在社会生产力的发展上，人民物质文化生活的改善上。"要大幅度地提高生产力，要使生产力迅速发展，就必然要求多方面地改变同生产力发展不适应的生产关系和上层建筑，改变一切不适应的管理方式、活动方式和思想方式。这就要对原有的、权力过于集中的经济管理体制进行改革。在当时，农业作为国民经济的基础十分薄弱，首先要把农业生产尽快搞上去，同时农村经济管理体制又是计划经济体制较为薄弱的部分，是改革易于突破的环节。这样，农村改革成为我国经济体制改革初始阶段的突破口或重点任务。

1984 年召开的中共十二届三中全会，通过了《中共中央关于经济体制改革的决定》。以此为标志展开的第二轮改革，是以增强企业活力作为突破口或重点任务的。该《决定》指出："马克思主义的创始人曾经预言，社会主义在消灭剥削制度的基础上，必然能够创造出更高的劳动生产率，使生产力以更高的速度向前发展。"改革经济体制就是在坚持社会主义制度的前提下，改革生产关系和上层建筑中不适应生产力发展的一系列相互联系的环节和方面。在此认识的基础上，更加坚定了改革的信心和决心。改革在农村成功之后，就进入了向城市全面推进的阶段。城市企业是工业生产、建设和商品流通的主要的直接承担者，是社会生产力发展的主导力量。城市企业是否具有强大的活力，对于经济发展全局是一个关键问题。这样，增强企业活力成为全面推进改革阶段的突破口或重点任务。

1993 年召开的中共十四届三中全会，通过了《中共中央关于建立社会主义市场经济体制若干问题的决定》。以此为标志展开的第三轮改革，是以构建社会主义市场经济体制基本框架作为突破口或重点任务的。在这次全会之前，1992 年初，邓小平在南方谈话中强调指出，革命是解放生产力，改革也是解放生产力。社会主义基本制度确立以后，还要从根本上改变束缚生产力发展的经济体制，建立起充满生机和活力的社会主义经济体制，促进生产力的发展，这是改革，所以改革也是解放生产力。过去，只讲在社会主义条件下发展生产力，没有讲还要通过改革解放生产力，不完全。应该把解放生产力和发展生产力两个讲全了。这就进一步明确了改革不仅是发展生产力，也是解放生产力。从这个意义上说，改革也是革命性的变革，而不是对原有体制进行零敲碎打、细枝末节的修修补补。这使我们对社会主义条件下社会基本矛盾的认识和对改革的性质的认识，有了新的重大突破。中共十四届三中全会依据这些新的认识，在确定了改革的目标模式之后，提出加快改革步伐，到 20 世纪末初步建立起社会主义市场经济体制。这样，构建社会主义市场经济体制基本框架成为加快改革步伐阶段的突破口或重点任务。

2003 年召开的中共十六届三中全会，通过了《中共中央关于完善社会主义市场经济体制若干问题的决定》。以此为标志展开的第四轮改革，是以完善社会主义市场经济体制作为突破口或重点任务的。该《决定》指出，中共十一届三中全会以来，我国经济体制改革在理论和实践上取得重大进展。社会主义市场经济体制初步建立，极大地促进了社会生产力、综合国力和人民生活水平的提高。但目前经济体制还不完善，生产力发展仍面临诸多体制性障碍。为进一步解放和发展生产力，必须深化经济体制改革，进一步巩固、健全和完善社会主义市场经济体制。这样，在社会主义市场经济体制已初步建立之后，对新体制的进一步完善成为深化改革阶段的突破口或重点任务。

综上所述，在过去 30 多年的四轮改革中，我们对社会主义条件下社会基本矛盾的认识不断明确和深化。在此基础上，随着改革每一阶段的推进，改革突破口或重点任务的选择也在不断升级。但总体来说，对改革的目的——解放和发展生产力的内涵的理解，主要是指推动生产力在量上的扩大，使生产力以更高的速度发展。

三　第五轮改革应以加强法律制度建设作为突破口

《经济参考报》：您刚刚给我们介绍了前四轮改革的情况，从中我们可以看到，改革突破口或重点任务的选择都是随着改革处于不同阶段的推进，不断升级。也正是因为突破口找得准，改革才能够顺利向前推进。您认为，当前第五轮改革的突破口在哪里？

刘树成：当前的第五轮改革，应以加强法律制度建设作为突破口或重点任务。这是基于对社会基本矛盾的新认识和对改革所处新阶段的把握。

改革是为了解放和发展生产力。经过30多年来经济的高速增长，我国已跃升为世界第二大经济体。到现在，解放和发展生产力的内涵已经发生了重大变化。如果说在过去30多年的改革中，解放和发展生产力的内涵主要是指推动生产力在量上的扩大，使生产力以更高的速度发展，那么，现在，解放和发展生产力的内涵已经改变为不仅是推动生产力在量上的适度扩大，更重要的是促进生产力在质上的提高，使生产力以更高的质量发展，也就是加快经济发展方式转变，把推动发展的立足点转到提高质量和效益上来。

"使生产力以更高的质量发展"，要比"使生产力以更高的速度发展"更困难、更复杂、更艰巨。使生产力以更高的速度发展，主要是通过改革，扫除权力过于集中的原有体制的束缚，发挥市场经济的活力，就可以做到。当然，这也并不容易。而使生产力以更高的质量发展，不仅要通过改革继续扫除原有体制的束缚，而且要在社会主义市场经济体制初步建立和初步完善之后，通过改革构建起一整套系统完备、科学规范、运行有效的制度保障体系。正如邓小平1992年南方谈话中曾高瞻远瞩指出的："恐怕再有三十年的时间，我们才会在各方面形成一整套更加成熟、更加定型的制度。在这个制度下的方针、政策，也将更加定型化。"而在一整套制度保障体系中，最定型化、最有权威、最有效力的，就是法律制度保障体系。这也就是要求市场经济向着更高的发育和成熟程度升级。

市场经济本身虽具有活力，但不能自动地使生产力以更高的质量发展。市场经济本身具有三个属性和两重作用。三个属性是：第一，经营活动的自主性，市场主体的地位和权益界定清晰，拥有独立于政府行政权力之外的自主财产权、自主经营权、自主决策权；第二，经营环境的竞争性，市场主体在价值规律的作用下，平等相处，等价交换，公平交易，通过竞争和技术进步，实现优胜劣汰；第三，经营目的的趋利性，市场主体自负盈亏，其经营活动的最终目的是要获取利润，有利可图。

市场经济的这三个属性，使市场经济的作用具有两重性。一方面是积极作用，可以发挥市场主体的积极性和能动性，发挥市场竞争的外在压力，发挥市场主体提高经济效益的内在动力，从而使市场经济充满活力，促进资源的合理、有效配置。另一方面是消极作用，市场主体在拥有自主权和处于市场竞争环境下，出于赢利的内在动机，有可能做出违反市场正常秩序、损害他人利益或社会公共利益的行为，诸如制造假冒伪劣产品、破坏资源环境、不正当竞争、垄断行为、偷税漏税、滋生钱权交易的腐败现象、扩大贫富差距，等等。

为了使生产力以更高的质量发展，一方面要充分发挥市场经济的积极作用，这就要保障市场主体的合法地位和权益，保障正常的市场竞争，保障市场主体合法的经营收益，从而在更大程度、更广范围发挥市场在资源配置中的基础性作用。另一方面又要有效抑制市场经济的消极作用，这就要约束市场主体履行法定的责任和义务，约束市场主体遵守市场竞争规则，约束市场主体维护他人正当利益和社会公共利益，不要为追逐利润而做出违法行为。要做到这两个方面，在市场经济条件下，靠市场机制本身、靠政府的行政权力、靠一般的政策规定、靠普通的道德教育，都难以奏效，而必须靠一整套法律制度体系作为保障。法律制度具有规范性、权威性、强制性。规范性是指，以法律形式将市场主体的合法地位和权益定型化，将市场竞争规则定型化，将市场运行秩序定型化，可避免行政干预的随意性和一些政策的易变性。权威性是指，法律规定为全社会所接受、所遵循，具有普遍的社会约束力，在法律面前人人平等，任何人和任何组织都没有超越法律的特权。强制性是指，一切违法行为都要予以追究，依法给予惩处。如果说行政权力是原有计划经济得以存在和发展的最高保障，那么法律制度则是市场经济得以存在和发展的最高保障。所以人们常说："市场经济就是法治经济。"

由此，第五轮改革应以加强法律制度建设作为突破口或重点任务，这是在当前新条件下解放和发展生产力、使生产力以更高质量发展的内在要求，是市场经济本身成熟程度升级的内在要求，是改革进入深水区、攻坚期，以法律规范方式有效调节各方面利益关系的内在要求。

四 各级政府应运用法治思维依法办事

《经济参考报》：按照您的说法，这个新一轮改革以加强法律制度建设作为突破口或重点任务，那么具体改革的路径是怎样的？

刘树成：以加强法律制度建设作为突破口或重点任务，具有牵一发而动全身的作用。加强法律制度建设可以贯穿于经济建设、政治建设、文化建设、社会建设、生态文明建设和党的建设等各方面，以及其中的各领域、各环节。各方面、各领域、各环节的改革都能够以加强自身的法律制度建设作为新一轮改革的突破口或重点任务。

加强法律制度建设的内容是：按照习近平总书记指出的，把国家各项事业和各项工作纳入法制轨道，实行有法可依、有法必依、执法必严、违法必究，实现国家和社会生活制度化、法制化。各方面、各领域、各环节首先要对自身是否做到"有法可依、有法必依、执法必严、违法必究"，进行大检查、大总结、大梳理。"无法可依"的，要按轻重缓急，拿出加强立法的路线图和时间表。已经"有法可依"的，要梳理出如何进一步做到"有法必依、执法必严、违法必究"，同样按轻重缓急，拿出加强执法、司法的路线图和时间表。所谓"按轻重缓急"是指，针对转变经济发展方式中最突出的矛盾，针对市场经济升级中最主要的难点，针对人民群众最关切的问题。

以加强法律制度建设作为新一轮改革的突破口或重点任务，就要求提高各级党政领导干部运用法治思维和法治方式做好工作的能力，形成办事依法、遇事找法、解决问题用法、化解矛盾靠法的良好法治环境。早在1979年，邓小平就指出，确实要搞法制，特别是高级干部要遵守法制。以后，党委领导的作用第一条就是应该保证法律生效、有效。没有立法之前，只能按政策办事；法立了以后，坚决按法律办事。

法国启蒙思想家卢梭在评论国家宪法时曾说，它既不是刻在大理石上，也不是刻在铜表上，而是铭刻在公民的内心里。以加强法律制度建设作为新一轮改革的突破口或重点任务，就要深入开展法制宣传教育，让法律制度深入人心，逐步在全社会形成学法、遵法、守法、用法的新局面。一个民族、一个国家，只有当形成了一整套健全的、为全体公民所遵从的法律制度的时候，才能算得上成熟的民族、成熟的国家。我们要坚持法治国家、法治政府、法治社会一体建设，为实现中华民族伟大复兴的"中国梦"而奠定坚实的制度基础。

·链接·

政协提案　关于选择全面深化改革总突破口的提案[*]

　　中共十八届三中全会通过的《中共中央关于全面深化改革若干重大问题的决定》，是指导我们全面推进改革、具有里程碑意义的行动纲领、进军号角。《决定》共分 16 个部分、60 条、300 多项改革举措，横跨经济、政治、文化、社会、生态、党建六大领域。在众多的改革任务中，其作用能贯穿经济、政治、文化、社会、生态、党建六大领域，且能牵一发而动全身的总突破口或总抓手是什么？本提案建议，以加强法律制度建设作为全面深化改革的总突破口。

　　理由如下。

　　一、这是实现全面深化改革总目标的直接要求。全面深化改革的总目标是完善和发展中国特色社会主义制度，推进国家治理体系和治理能力现代化。这就要求在各方面形成一整套更加成熟、更加定型的制度体系。而在一整套制度体系中，最科学规范、最定型化、最具权威、最有效力的，就是法律制度体系。

　　二、这是使市场在资源配置中起决定性作用的必然要求。市场经济是法治经济。市场经济具有三个属性：生产经营活动的自主性、生产经营环境的竞争性、生产经营目的的趋利性。因此，在市场经济条件下，为了维护市场秩序，维护生产者和消费者的正当权益，保障市场正常运行，保障市场在资源配置中起好决定性作用，就必须依靠一整套法律制度体系，而仅靠市场机制本身、靠政府的行政命令、靠一般的政策规定、靠普通的道德教育，都是难以奏效的。

　　三、这是贯彻习近平总书记在中央全面深化改革领导小组第一次会议上提出的"要在总体工作思路上多动脑筋、多下工夫"这一指示精神的重要要求。[①] 因为加强法律制度建设不是局部性的改革，而是可以涵盖和带动经

---

[*]　本链接选用的是 2014 年 3 月作者在全国政协十二届二次会议上提交的提案，见《人民政协报》2014 年 3 月 3 日。

[①]　《人民日报》2014 年 1 月 23 日。

济、政治、文化、社会、生态、党建六大领域的全局性改革，由此可使改革既整体推进、又重点突破，既全面展开，又抓住了龙头。

具体做法如下。

一、认真学习习近平总书记关于加强法律制度建设的一系列论述。党的十八大以来，习近平总书记就依法治国基本方略发表了一系列讲话，对于全面深化改革具有重要指导意义。

二、各地方各部门要拿出加强立法、执法、司法的路线图和时间表。按照习近平总书记关于"把国家各项事业和各项工作纳入法制轨道，实行有法可依、有法必依、执法必严、违法必究，实现国家和社会生活制度化、法制化"的指示，① 各地方各部门首先要对其管辖事务是否做到"有法可依、有法必依、执法必严、违法必究"进行大检查、大总结、大梳理。"无法可依"的，要拿出加强立法的路线图和时间表。已经"有法可依"的，要梳理出如何进一步做到"有法必依、执法必严、违法必究"，同样要拿出加强执法、司法的路线图和时间表。

三、各级党政领导干部要带头学法用法。提高各级领导运用法治思维和法治方法的能力，形成办事依法、遇事找法、解决问题用法、化解矛盾靠法的新局面，以保障在法制轨道上推动各项工作。

四、持久、广泛地开展法制宣传教育。让法制教育进社区、进课堂，家喻户晓，深入人心，在全社会形成学法、遵法、守法、用法的良好法治环境。

五、依法解决人民群众最为关切的问题。长期以来，在现实生活中，人民群众反映强烈的问题，诸如食品药品安全问题层出不穷、假冒伪劣产品屡禁不止、破坏生态环境事件频频发生等，之所以解决不好，最根本的原因是对其监管、打击和惩处没有法制化。在全面深化改革中，要抓住人民群众最为关切的问题，集中加强法律制度建设和行政执法力度，以取得明显突破，使人民群众切实感受到全面深化改革的成效。

---

① 习近平："在首都各界纪念现行宪法公布施行30周年大会上的讲话"，《人民日报》2012年12月5日。

图书在版编目（CIP）数据

中华民族复兴的经济轨迹：繁荣与稳定 . 4 / 刘树成著 . —北京：
社会科学文献出版社，2014.6
（中国社会科学院文库·经济研究系列）
ISBN 978 - 7 - 5097 - 6091 - 8

Ⅰ . ①中… Ⅱ . ①刘… Ⅲ . ①中国经济史 – 研究 – 现代
Ⅳ . ①F129.7

中国版本图书馆 CIP 数据核字（2014）第 114032 号

中国社会科学院文库·经济研究系列

中华民族复兴的经济轨迹
——繁荣与稳定 Ⅳ

著　　者／刘树成

出 版 人／谢寿光
出 版 者／社会科学文献出版社
地　　址／北京市西城区北三环中路甲 29 号院 3 号楼华龙大厦
邮政编码／100029

责任部门／经济与管理出版中心（010）59367226　　责任编辑／许秀江　王婧怡
电子信箱／caijingbu@ ssap. cn　　　　　　　　　　责任校对／程雷高
项目统筹／恽　薇　　　　　　　　　　　　　　　　责任印制／岳　阳
经　　销／社会科学文献出版社市场营销中心（010）59367081　59367089
读者服务／读者服务中心（010）59367028

印　　装／北京季蜂印刷有限公司
开　　本／787mm×1092mm　1/16　　　　　　　　　印　　张／17.5
版　　次／2014 年6月第1版　　　　　　　　　　　　字　　数／299千字
印　　次／2014 年6月第1次印刷
书　　号／ISBN 978 - 7 - 5097 - 6091 - 8
定　　价／59.00 元